世界主要国家新型产学研合作创新重点政策研究

陈　芳◎主编

科学技术文献出版社
SCIENTIFIC AND TECHNICAL DOCUMENTATION PRESS
·北京·

图书在版编目（CIP）数据

世界主要国家新型产学研合作创新重点政策研究 / 陈芳主编. —北京：科学技术文献出版社，2022. 1

ISBN 978-7-5189-8882-2

Ⅰ. ①世… Ⅱ. ① 陈… Ⅲ. ①产学研一体化—研究—世界 Ⅳ. ① G640

中国版本图书馆 CIP 数据核字（2021）第 274196 号

世界主要国家新型产学研合作创新重点政策研究

策划编辑：李　蕊　责任编辑：张　红　责任校对：王瑞瑞　责任出版：张志平

出 版 者　科学技术文献出版社
地　　址　北京市复兴路15号　邮编　100038
编 务 部　（010）58882938，58882087（传真）
发 行 部　（010）58882868，58882870（传真）
邮 购 部　（010）58882873
官方网址　www.stdp.com.cn
发 行 者　科学技术文献出版社发行　全国各地新华书店经销
印 刷 者　北京虎彩文化传播有限公司
版　　次　2022 年 1 月第 1 版　2022 年 1 月第 1 次印刷
开　　本　710 × 1000　1/16
字　　数　218千
印　　张　19.25
书　　号　ISBN 978-7-5189-8882-2
定　　价　78.00元

编委会

主　编

陈　芳（中国科学院科技战略咨询研究院）

编　委（按姓氏拼音排序）

葛春雷（中国科学院科技战略咨询研究院）

李　宏（中国科学院科技战略咨询研究院）

李梅芳（福州大学经济与管理学院）

惠仲阳（中国科学院科技战略咨询研究院）

前　言

产学研合作创新政策是一个国家科技创新政策体系的重要组成部分。美、欧、日等国家和地区长期以来非常重视支持产学研合作创新，中国也不例外，已形成一系列相对完善的战略与政策体系，有效促进科技成果转化，实现关键核心技术开发，提高国家发展质量和竞争力。然而，伴随新一轮科技革命和产业革命的需求挑战，以及各国科技创新战略调整的发展形势，这些主要国家的产学研合作呈现内容不断丰富、组织形式不断创新、结合层次不断提高等一些新的特征，以支撑关键核心技术联合攻关、系统创新等高层次高水平目标，以及提升企业、大学/科研机构、政府等不同主体自身创新能力目标。

当前，一些国家政府组织实施面向跨部门的重大计划、一体化的研发计划、颠覆性创新的合作计划、重点领域的单个计划、合作的专项计划等，进行资助支持产学研合作研发与创新，计划不断升级迭代；组建优化完善国家实验室、工程研究中心、创新联盟等国家科技创新平台与网络，强化企业、大学与研究机构等主体间的联合攻关，实现关键技术开发与重大创新。这些国家不断探索产学研合作创新的新型互动形式，取得了一定的成效，我们有必要对其进行梳理分析，以把握新型产学研合作创新政策的发展趋势。

我国也一直把产学研合作政策作为科技体制改革的主要内容。进入

21世纪后，我国已发展形成实施联合科技攻关计划、共同建立研发与创新平台、联合培养创新人才等多种产学研合作政策，支持产学研合作的多元化发展新模式。2012年，党中央、国务院发布《关于深化科技体制改革加快国家创新体系建设的意见》，标志着我国产学研合作已上升到国家战略高度，我国已进入创新驱动发展战略下的产学研合作新阶段，党中央、国务院高度重视产学研合作创新。为此，有必要梳理我国相关新型产学研合作创新政策重点，识别现有政策优势与不足，为完善优化政策体系奠定基础。

新形势下，新型产学研合作创新是把握新一轮科技革命和产业变革的一种必要手段，也是不同国家在建设完善国家创新体系中需要强化的重要部分和面临的共同难题。各国由于国情不同，而且发展阶段和基础条件存在差异，新型产学研合作创新的政策发展新方向和着力点不仅有共同之处，也存在差异，有所侧重，因此，新型产学研合作创新政策研究这项工作非常有价值，意义重大。本书的主要内容是构建政策分析框架，梳理中国、美国、英国、德国、日本等世界主要国家政府支持新型产学研合作创新政策体系建设的政策重点，把握其新型产学研合作创新的战略方向与重要举措，了解支持新型产学研合作创新政策趋势，以及我国支持新型产学研合作创新政策的基本情况与不足之处。

本书主编陈芳副研究员负责总体设计、构建框架、章节撰写、组织稿件与讨论、提修改建议等工作，编委李梅芳教授、李宏创新研究员、葛春雷助理研究员、惠仲阳助理研究员执笔撰写相关章节。本书共分为8章，具体如下：第1章为引言，主要介绍研究意义及框架，由陈芳执笔；第2章为中国新型产学研合作创新支持政策，由陈芳执笔；第3章为美国新型产学研合作创新支持政策，由李梅芳执笔；第4章为英国新型产学研合作创新支持政策，由李宏执笔；第 5 章为德国新型产学研合作创新支持政策，由葛春雷执笔；第 6 章为日本新型产学研合作创新支持政策，由惠仲阳执笔；第 7 章为中美新型产学研合作创新平台政策案例，由陈芳执笔；第 8 章为国际政策趋势与我国政策不足，由陈芳执笔。

本书主要基于前期相关研究积累编撰完成，而新型产学研合作创新政策正处于发展阶段，需要经历长期积累和实践检验的过程，本书的梳理研究主要基于各国发布的文件和报告，以及参考相关文献与调研资料，分析深度可能会受到可收集的公开信息限制，成果比较初步，也希望与广大读者分享一些初步研究成果。基于此，本书难免有不当之处，欢迎广大读者提出宝贵意见。

陈 芳

目 录

1 引 言

1.1 研究意义

产学研合作创新是国家创新体系有效运作的重要环节，其本质体现了科技、教育与经济的结合，世界主要国家长期以来非常重视产学研合作，出台一系列战略与政策。《补贴与反补贴措施协定》也明确规定，对企业或高校、科研机构与企业在合同基础上进行的科研资助为不可诉补贴①。伴随着新一轮科技革命和产业革命的到来，学科交叉、领域融合、数字技术主导的新兴技术发展推动着创新模式向以用户为中心、多元主体参与、更大范围合作的开放式创新转变，研发活动的公私合作将不断加强②。面临新的发展形势与要求，产学研合作创新更加强化不同创新主体优势互补，实现关键核心技术联合攻关、系统创新等高水平目标甚至是国家目标；更加强化促进创新要素流动、有效配置，提升企业、大学/科研机构、政府等不同主体自身创新能力。美、欧、日等世界主要发达国家和地区积极调整完善优化产学研合作创新政策，合作创新模式不断优化及多样化，体现新型互动形式，提高合作层次水平。各科技强

---

① 《补贴与反补贴措施协定》第8.2条（a）项对研发补贴做出了界定，即符合一定条件的"对公司进行研究活动的援助，或对高等教育机构或研究机构与公司签约进行研究活动的援助"。

② 马名杰，熊鸿儒．新时期创新政策转型思路与重点：以补短板为主向同时注重锻长板转变[J]. 经济纵横，2020（12）：54-62.

国政府组织实施科技计划，不断迭代升级各类重大计划，支持产学研合作已成为实施科技计划的一个重要特征，而且非常重视发挥政府的统筹协调作用，加强政府、科学界、企业界三方协作。例如，美国实施制造扩展计划（MEP），强化政府作用和公私合作计划，后续升级成为美国国家制造业创新网络计划（NNMI 计划）的主要内容之一。新发布的《数字时代的创新政策》（OECD）报告研究提出，数字化如何改变创新，要把促进与产业界共同创造作为数字时代创新政策调整的方向之一。

产学研合作也是我国科技体制改革的一项重要内容，产学研合作创新政策是中国创新政策体系的重要组成部分。从 20 世纪五六十年代原子弹和氢弹的科技联合攻关，到 80 年代高校探索的多种形式产学研合作人才培养模式，再到 90 年代开始建设多种国家级科技创新平台，进入 21 世纪实施重大科技计划和工程，以及重组专项计划，国家通过实施联合科技攻关计划、共同建立研发与创新平台、联合培养创新人才等不同方面的政策，整合科技、教育、经济等领域的力量和资源，进行联合攻关任务。党的十九届五中全会强调，推进科研院所、高校、企业科研力量优化配置和资源共享；推进国家实验室建设；推进产学研深度融合，支持企业牵头组建创新联合体。我国产学研合作创新层次不断提高、模式不断创新，取向更加市场化、路径更加多样化，国家实验室、创新联合体等新组织模式开始启动实施，将会大力促进我国产学深度融合。

产学研合作创新是把握新一轮科技革命和产业变革的必要手段，也是不同国家在建设完善国家创新体系中需要强化的重要部分和面临的共同难题。各国由于国情不同，而且发展阶段和基础条件存在差异，产学研合作创新的政策发展新方向和着力点也存在差异，有所侧重，因此，非常有必要研究新型产学研合作创新政策，梳理世界主要国家政府支持新型产学研合作创新政策体系建设，掌握新型产学研合作创新的重要方式和举措，分析政府在推动新型产学研合作中的作用，以及未来支持产学研合作创新政策趋势和方向，这项工作非常有价值，意义重大。

1.2 研究框架

1.2.1 理论模型

产学研合作创新经历了从产学研线性合作创新模式，到政产学三螺旋合作创新模式，再到政产学社多螺旋合作创新模式。总体上，不同合作创新模式的参与主体范围有差异，主体范围不断扩大，政府作用也表现不同。产学研合作创新理论模型演化如图 1–1 所示。

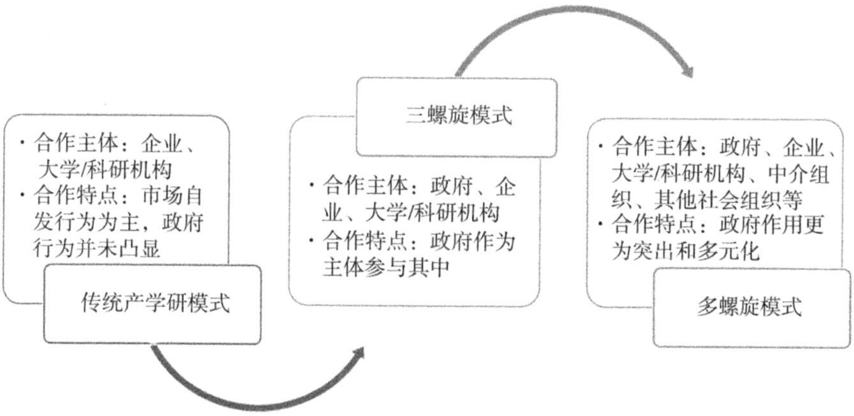

图 1–1 产学研合作创新理论模型演化

产学研线性合作创新模式。这种模式主要是产业界与学术界主体之间点对点合作，模式比较单一，涉及主体范围比较小；产业界与学术界双方主体根据需要自发合作，合作主要是促进成果转化；政府游离在产学研合作之外，政府作用并不显现，主要是依靠产学研不同主体间自发合作。

政产学三螺旋合作创新模式。Leydesdorff 和 Etzkowitz 两位教授首次提出政产学三螺旋模型，是通过借鉴生物学领域“基因、组织和环境”相互作用关系研究，来阐述政产学各自角色与定位，以及相互作用关系①。这种新的产学研非线性融合模式不同于产学研线性合作创新模式，该模型把政府、企业和大学 / 研究机构作为创新的基本要素，强调以需求为导向的三方主体相互交叉与影响的合作关系，而且三方主体均会受益。

政产学社多螺旋合作创新模式。合作创新模式近几年已从“政产学”三螺旋扩展到“政产学社”四螺旋，如欧盟发布《开放式创新 2.0》报告②认为，新的创新范式是从创新生态系统视角出发，建立“政府（公共机构）—企业（产业）—大学 / 科研机构—用户（市民）”四螺旋模式。新的范式中，政府、企业、大学 / 科研机构和用户在更大范围、更大空间的创新生态系统中相互作用，形成网络式、平台式创新；同时，更加突出政府干预合作创新的作用，体现跨部门、跨领域、跨组织等显著特征，形成多层次交叉复杂的相互作用的多螺旋合作创新机制。

产学研合作创新模式的演化，标志着对合作创新认识的深入和细化，也标志着在合作创新中更加强调政府和市场两种力量的交互作用。随着产学研合作的层次加深，研究越来越强调各创新主体之间作用机制的动

① LEYDESDORFF L, ETZKOWITZ H. Emergence of a triple helix of university-industry-government relations[J]. Science & public policy, 1996, 23（5）: 179-186.

② European Commission, Directorate-General for Communications Networks, Content and Technology. Open innovation 2013[R].Publications Office, 2013.

态演化，越来越强调创新要素之间的协调整合形成创新生态。合作主体范围不断拓展，政府、企业、大学 / 科研机构等不同创新主体合作的功能不断凸显；政府部门统筹组织能力、企业创新需求能力、大学 / 科研机构创新供给能力在“多螺旋”式发展过程中得以完善和提升；合作目标更加突出协同整体效应，多方力量保持有效匹配，促进产学研合作的持续健康发展，保持螺旋式上升。

1.2.2 政策框架

产学研合作创新的变化已经受到研究者的关注，比较典型的如 OECD《实现有效的科学：工业共同创造研讨会》提出，要更加注重不同形式的互动，工业界和科学家共同创造新知识和技术的目标①；《大学—产业合作：新证据和政策方案》报告从知识转移政策视角分析，提出应根据具体产业和研究的需要进行调整，应支持战略性、长期导向的共同创造②。薛姝等试图从共建研究机构、开展项目合作、人才交流等方面，梳理基础研究和前沿技术领域校企融合协同创新的国际经验③，但是相对简单和分散。

产学研合作创新是企业、大学 / 科研院所、政府等各类创新主体围绕一个统一目标，各方主体深度融合，集聚创新资源，形成创新合力，进行关键核心技术联合攻关、成果商业化产业化、培养创新型人才等创

① MIT Innovation Initiative, Organization for Economic Cooperation and Development. Towards effective science-industry co-creation[R]. 2018.

② Organization for Economic Cooperation and Development. University-industry collaboration: New evidence and policy options[R]. 2019.

③ 薛姝，何光喜，张文霞 . 基础研究和前沿技术领域校企融合协同创新的国际经验及启示 [J]. 全球科技经济瞭望，2021，425（5）：12-17，26.

新活动。产学研合作创新是一个复杂的系统，除了政府界、产业界和学术界的主体外，金融机构、社会组织等多方部门与机构也参与其中，相互作用和影响，有效整合优势资源，共同实现攻关目标。随着科技自身发展需求和合作创新不断推进深化，产学研合作创新更加强调创新主体间相互作用动态演化、互补性协作，形成系统功能强大的联合体；更加重视系统化集成创新，联合攻关关键核心技术，实现重大技术创新、任务导向型创新[①]；更加突出对国家经济社会发展产生巨大影响，向共创高端价值延伸[②]。产学研合作创新逐渐呈现一些高端化、网络化、平台化、动态性、生态性、共生性的新特征，即“3 化”+“3 性”的特征。

产学研合作创新政策是政府为促进产学等不同主体合作从事知识创造、技术研发、成果转化与产业化等创新活动而制定的各种法律法规和政策的总和。新型产学研合作创新政策重点主要关注进行重大技术创新、关键核心技术攻关、创新集成一体化等方面活动的不同支持政策。事实上，政府行为就是通过设计、选择和组合一系列政策工具，鼓励和支持产学研合作创新。为此，有两个问题需要明确，即需要政策干预的领域范围和采取哪些必要的政策工具[③]，也就是说，我们要知道政府应该干预什么和应该怎么干预。具体来说，如果涉及完成国家重大需求和公共共性需求领域任务，需要跨部门跨领域跨组织等完成，需要产学研协同推进，但主体间没有主动合作意识和基础条件，政府有必要强行介入，有时可

① MAZZUCATO M. From market fixing to market-creating: A new framework for innovation policy [J]. Industry and innovation，2016，23（2）：140–156.

② Organization for Economic Cooperation and Development. University–industry collaboration: New evidence and policy options[R]. 2019.

③ EDQUIST C. Innovation policy – a systemic approach[J]. Globalising learning economy，2001：219–239.

以直接参与组织，如设立国家科技计划和组建国家科技创新平台等，除此之外，政府还可通过建立健全法律制度和营造良好政策环境，以促进合作创新。

借鉴豪利特等①提出的按照政府介入程度逐步变强的顺序划分不同政策工具的思路分析，政府推动产学研合作创新政策体系由从依靠政策环境到政府强力介入的一系列不同政策工具组合而成，各种政策工具之间相互配合。从政府介入产学研合作创新的强弱程度视角来分，政策工具大致分为强制性政策工具、混合型政策工具和自愿性政策工具三大类。其中，强制性政策工具包括设立重大科技计划，组织多方力量包括产学进行联合攻关；混合型政策工具包括组建产业技术创新联盟等国家级科技创新平台与新型研发机构，并给予税收和金融优惠等辅助性政策；自愿性政策工具包括制定法律法规，营造良好环境。产学研合作创新政策体系由这 3 类工具构成，既体现政策体系的完整性，又体现不同政策工具之间的关联性。

根据上述产学研合作创新政策工具分析思路，结合主要国家产学研合作现实情况，本研究选取新型产学研合作创新的强制性、混合型和自愿性 3 类政策工具中的重点政策，着重从国家层面的发展战略与规划、科技与相关计划、科技创新平台、人才培养政策、法律法规政策环境 5 个方面，主要从政策背景、政策目标、政策内容、政策效果 4 个方面，分析新型产学研合作创新政策。具体分析框架如图 1–2 所示。

① 迈克尔·豪利特，M·拉米什．公共政策研究：政策循环与政策子系统 [M]. 庞诗，等译．北京：生活·读书·新知三联书店，2006：145.

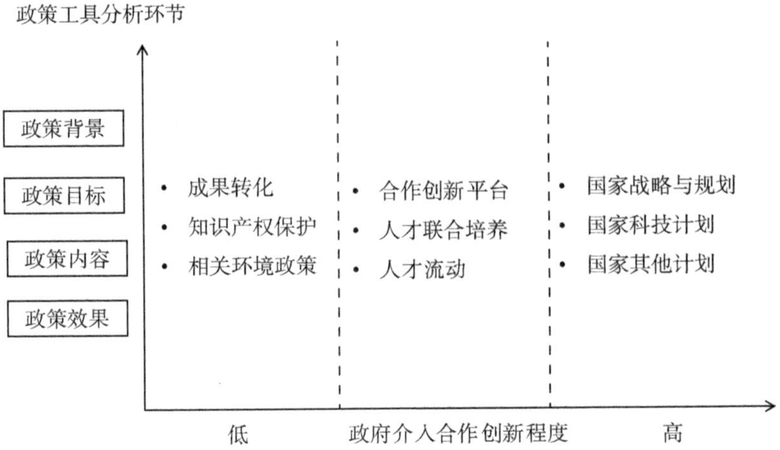

图 1-2　本研究的分析框架

发展战略与规划。战略与规划主要是涉及产学研合作创新的国家战略方向与重点，以及建立宏观协调机制与举措等。发展战略是国家科技创新政策体系的全局性纲领，为产学研合作政策指明方向。发展规划是分时期实现的经济社会与科技发展方向和重点，比发展战略具体一些，如我国的创新驱动发展战略、国民经济社会发展规划和科技规划，美国创新战略等。

科技与相关计划。国家科技计划是指国家政府部门或公立机构推行的有关特定科学技术领域攻关的重要方案布置，具有一定规模投入，以科技项目为载体实施。国家科技计划的实施非常重视跨领域跨学科跨部门的大力协作，积极引导支持产学研合作。例如，我国的科技重大专项和重点研发计划着力解决我国经济社会发展中的重大科技问题，强化科技为经济建设服务；美国在未来战略竞争领域实施国家纳米技术计划、量子信息计划、人工智能计划等。

科技创新平台。国家科技创新平台载体是解决科技与产业结合方面问题和产业关键共性技术问题的一种有效政策工具，主要是提供基础条件支撑。政府引导支持建设国家级科技创新平台，促进产学深层次互动协同，共同攻关解决跨行业跨领域关键共性技术问题，加快成果转化，如我国组建的国家技术创新中心、国家工程研究中心和国家制造业创新中心，美国的国家实验室和制造业创新中心，英国的弹射中心等。

人才培养政策。人才培养政策重点主要包括产业界和大学 / 科研机构联合培养人才，以及在促进单位之间人才的流动等方面给予支持。

法律法规政策环境。涉及促进合作创新的法律法规政策环境，包括知识产权保护方面，但也不是仅强调反垄断，也要结合国家发展现实与形势，大力促进合作，助力企业创新发展。例如，美国出台《合作研究法》，日本发布《产学官合作共同研究指导纲领》等。

本研究选择中国、美国、英国、德国、日本等世界主要国家，结合中美新型产学研合作创新平台政策案例，力求更为客观、准确、科学地详细描述与分析新型产学研合作创新政策重点，以期把握未来世界产学研合作创新政策发展趋势，识别我国产学研合作创新政策存在问题，为进一步寻找我国产学研合作创新政策支持的方向和措施提供有力支撑，为进一步深化产学研合作创新理论与政策研究实践奠定良好基础。本研究政策重点与案例分析主要基于各国发布文件和报告，以及参考相关文献与调研资料，分析深度可能会受到可收集的公开信息限制；另外，各国现实情况与发展不同，在不同国家重点政策分析结构上会有所差异，也显示出不同国家各自的特点。

2　中国新型产学研合作创新支持政策

改革开放以来，我国不断深化对产学研合作的认识，产学研合作现已上升到我国国家战略高度[①]，成为完善新时期国家创新体系的重要内容。政府制定一系列与产学研合作有关的法律法规与政策，总体上，在推动产学研合作创新、加快高质量发展中发挥了重要作用。目前，我国已经进入创新驱动发展战略下的产学研合作新阶段，国家关于产学研协同创新、深度融合的总体思路基本形成，政策导向日益清晰，政策手段形式多样灵活，成为创新驱动发展的重要政策支撑。本章主要就相关战略与规划、科技计划与其他计划、创新平台、人才培养与流动和其他政策环境等 5 个方面，分别进行相关政策重点分析。

2.1　发布国家宏观战略与规划方面

2.1.1　总体概述

2012 年，党中央、国务院发布《关于深化科技体制改革加快国家创新体系建设的意见》，标志着我国产学研合作已上升到国家战略高度，我国已进入创新驱动发展战略下的产学研合作新阶段，党中央、国务院

① 《中国科技创新政策体系报告》研究编写组．中国科技创新政策体系报告 [M]. 北京：科学出版社，2018.

高度重视产学研合作创新。随后，党中央、国务院从宏观层面颁布了一系列重要且具有代表性的战略与规划等政策文件，提出产学研合作的明确指导方针和总体部署，主要包括以下方面。

一是国家宏观战略层面，包括党的十八大报告、党的十九大报告，以及《关于深化科技体制改革加快国家创新体系建设的意见》《关于深化体制机制改革加快实施创新驱动发展战略的若干意见》《国家创新驱动发展战略纲要》等重要文件。二是国家相关规划层面，如 5 年一次的国民经济社会发展规划、历次国家中长期科学技术发展规划纲要，以及 5 年一次的国家科技创新规划。具体政策文件如表 2–1 所示。

表 2–1　党的十八大以来国家层面战略与规划的重点文件

序号	文件名称	发布部门	发布时间
1	党的十八大报告《坚定不移沿着中国特色社会主义道路前进　为全面建成小康社会而奋斗》	中国共产党第十八次全国代表大会	2012 年 11 月
2	党的十九大报告《决胜全面建成小康社会　夺取新时代中国特色社会主义伟大胜利》	中国共产党第十九次全国代表大会	2017 年 10 月
3	《关于深化科技体制改革加快国家创新体系建设的意见》	中共中央　国务院	2012 年 9 月
4	《关于深化体制机制改革加快实施创新驱动发展战略的若干意见》	中共中央　国务院	2015 年 3 月
5	《深化科技体制改革实施方案》	中共中央办公厅　国务院办公厅	2015 年 9 月
6	《国家创新驱动发展战略纲要》	中共中央　国务院	2016 年 5 月
7	《中华人民共和国国民经济和社会发展第十二个五年规划纲要》	全国人民代表大会	2011 年 3 月
8	《中华人民共和国国民经济和社会发展第十三个五年规划纲要》	全国人民代表大会	2016 年 3 月

续表

序号	文件名称	发布部门	发布时间
9	《中华人民共和国国民经济和社会发展第十四个五年规划和2035年远景目标纲要》	全国人民代表大会	2021年3月
10	《国家中长期科学和技术发展规划纲要（2006—2020年）》	国务院	2006年2月
11	《国家“十二五”科学和技术发展规划》	科学技术部	2011年7月
12	《“十三五”国家科技创新规划》	国务院	2016年7月

为探索产学研合作的新模式、新机制、新方法、新途径，大力促进政产学研金与用的紧密结合，2007年11月，我国成立中国产学研合作促进会。该单位是经国务院批准，由国家发展改革委、教育部、科技部、工业和信息化部、环保部、国务院国资委、国家知识产权局、中国科协、中国科学院、中国工程院、中华全国总工会、国家自然科学基金委、国家开发银行等相关部门和一批高校、科研院所、央企、国企、民企等政产学研界共同参与创办的全国性社会团体，是跨部门、跨区域、跨行业、跨学科，产学研、政金介、商媒用互动合作的资源整合型高层协同创新服务平台。由国务院国资委主管，是中国科协团体会员。宗旨是贯彻落实国家创新驱动发展战略，为推进国家创新体系建设、加快区域经济创新发展、提升企业自主创新能力服务；任务是充分发挥产学研与政府之间的桥梁和纽带作用，搭建政产学研金协同创新共享服务平台。

2.1.2 国家宏观战略

在新时代，我国产学研合作创新的政策导向进一步突出产学研用紧密结合，深化企业主导地位，引导各类主体和资金参与，实现重大技术创新。2012年7月，中共中央、国务院召开规模空前的全国科技创新大会，提出深化科技体制改革、加快国家创新体系建设的发展目标与任务；9月，中共中央、国务院发布《关于深化科技体制改革加快国家创新体系建设的意见》，明确指出深化科技体制改革，加快国家创新体系建设的指导思想、主要原则和主要目标，并做出全面部署。该意见强调强化企业技术创新主体地位，促进科技与经济紧密结合，提出支持行业骨干企业与科研院所、高等学校联合组建技术研发平台和产业技术创新战略联盟，合作开展核心关键技术研发和相关基础研究，联合培养人才；指出建立基础研究、应用研究、成果转化和产业化紧密结合、协调发展机制，支持和鼓励各创新主体根据自身特色和优势，探索多种形式的协同创新模式。可见，国家把建立以企业为主体、产学研结合的技术创新体系作为全面推进国家创新体系建设的突破口，产学研合作上升到国家战略高度。

进入21世纪，特别是党的十八大以来，按照建设创新型国家的部署，国家加强原始创新、集成创新和引进消化吸收再创新。2012年11月，党的十八大报告提出，实施创新驱动发展战略，要坚持走中国特色自主创新道路，以全球视野谋划和推动创新，提高原始创新、集成创新和引进消化吸收再创新能力，更加注重协同创新；加快建设国家创新体系，着力构建以企业为主体、市场为导向、产学研相结合的技术创新体系。2017年10月，习近平总书记在中国共产党第十九次全国代表大会上发表《决胜全面建成小康社会　夺取新时代中国特色社会主义伟大胜利》的报告。党的十九大报告明确提出，加快建设创新型国家；加强应用基础研究，拓展实施国家重大科技项目，突出关键共性技术、前沿引领技术、现代工程技术、颠覆性技术创新；加强国家创新体系建设，强化战略科技力量；深化科技体制改革，建立以企业为主体、市场为导向、产学研深度融合的技术创新体系，加强对中小企业创新的支持。报告中的提法已从“产学研相结合”转变为“产学研深度融合”，表明不同创新主体间结合要更加紧密，体现了“你中有我、我中有你”的发展特征；同时，新提出的应用基础研究，也是不同研究主体联合攻关实现重大创新活动的重要环节，成为产学研协同创新关注的新重点。

2015 年 3 月，中共中央、国务院印发《关于深化体制机制改革加快实施创新驱动发展战略的若干意见》，该文件提出建立产学研协同创新机制，强化企业在技术创新中的主体地位，推进应用型技术研发机构市场化、企业化改革，建设国家创新体系。距离 1985 年发布的《中共中央关于科学技术体制改革的决定》已有 30 年，相较之前“鼓励研究、教育、设计机构与生产单位的联合，开拓技术市场”的内容，更加强调企业技术创新的主体地位。随后，2016 年 5 月，中共中央、国务院印发《国家创新驱动发展战略纲要》，提出三步走战略目标，指出“到 2030 年跻身创新型国家前列，发展驱动力实现根本转换，经济社会发展水平和国际竞争力大幅提升，为建成经济强国和共同富裕社会奠定坚实基础”。并具体提出，国家创新体系更加完备，实现科技与经济深度融合、相互促进。建设国家创新体系的战略部署主要强调：一是建设各类创新主体协同互动和创新要素顺畅流动、高效配置的生态系统，形成创新驱动发展的实践载体、制度安排和环境保障；二是明确企业、科研院所、高校、社会组织等各类创新主体的功能定位，构建开放高效的创新网络。我国产学研合作发展方向越来越清晰，即突出产学研的各自功能定位与深度融合发展。

2.1.3　国家相关规划

国民经济社会发展规划纲要是全国各族人民共同的行动纲领，主要阐明国家战略意图，明确政府工作重点，引导规范市场主体行为，描绘我国 5 年期经济社会发展的宏伟蓝图。国民经济社会发展规划纲要是依据国民经济社会发展规划的建议而编制的，5 年发布一次。例如，《中华人民共和国国民经济和社会发展第十四个五年规划和 2035 年远景目标纲要》是根据《中共中央关于制定国民经济和社会发展第十四个五年规划和 2035 年远景目标的建议》编制。国民经济社会发展规划纲要对产学研合作创新有直接或者间接的阐述和要求，《中华人民共和国国民经济和社会发展第十二个五年规划纲要》提出，要加快建立以企业为主体的技术创新体系，将企业、科研院所和高校共同参与的创新战略联盟作为建设重点；加强科技基础设施建设。《中华人民共和国国民经济和社会发展第十三个五年规划纲要》要求，优化创新组织体系方面，明确各类创新主体功能定位，构建政产学研用一体的创新网络；提升创新基础能力方面，布局建设国家实验室、国家重大科技基础设施、综合性国家科学中心、国家技术创新中心等基础设施。《中华人民共和国国民经济和社会发展第十四个五年规划和 2035 年远景目标纲要》针对产学研合作创新强化两个方面：一方面，强化国家战略科技力量，以国家战略性需求为导向，加快构建以国家实验室为引领的战略科技力量，整合优化科技资源配置，制定实施战略性科学计划和科学工程，加强原创性引领性科技攻关，突出 2035 年“关键核心技术实现重大突破，进入创新型国家前列”的目标任务；另一方面，提升企业技术创新能力，完善技术创新市场导向机制，强化企业创新主体地位，促进各类创新要素向企业集聚，支持企业牵头组建联合攻关国家创新平台，承担国家重大科技项目，支持产业共性基础技术研发。近期的规划纲要突出协同创新组织的新模式，强化国家战略科技力量，以解决国家战略需求和长远安全发展的重大问题；同时，突出企业主导的技术创新体系建设，以解决产业关键共性技术开发和成果转化问题。

历次国家中长期科学技术发展规划纲要也涉及促进产学研合作的相关内容。例如，《国家中长期科学和技术发展规划纲要（2006—2020年）》提出，要推进中国特色国家创新体系建设，把建设以企业为主体、产学研结合的技术创新体系作为全面推进国家创新体系建设的突破口；在大幅提高企业自身技术创新能力的同时，建立科研院所与高等院校积极围绕企业技术创新需求服务、产学研多种形式结合的新机制。同期发布的关于实施《国家中长期科学和技术发展规划纲要（2006—2020年）》的若干配套政策中，明确写到鼓励和支持高等学校同企业、科研机构建立多渠道、多形式的紧密型合作关系，共同培养创新人才，并提出在高等学校和科研机构中设立面向企业创新人才的客座研究员岗位、高等学校或科研机构科技人才到企业兼职、支持企业为高等学校和职业院校建立学生实习与实训基地等建议。①

国家科技创新规划是贯彻落实国民经济社会发展规划纲要，深入实施中长期科技、教育、人才规划纲要的一类规划，也是5年发布一次。2011年7月，科技部发布《国家“十二五”科学和技术发展规划》，对“十二五”期间我国科技发展和自主创新的战略任务进行了部署，并指出加快实施国家科技重大专项，建立和完善社会主义市场经济条件下政

① 刘瑞，吴静，张冬平，等．中国产学研协同创新政策的主题及其演进 [J]. 技术经济，2016，35（8）：45-52，82.

产学研用相结合的新型举国体制，集中力量突破一批关键共性技术和重大战略产品；改革完善创新型人才的教育培养模式，推行产学研合作教育模式和“双导师”制，促进高等学校与科研院所、企业联合培养科技人才；全面推进国家创新体系建设，深入实施国家技术创新工程，推进产业技术创新战略联盟建设。2016 年 7 月，国务院印发《“十三五”国家科技创新规划》，明确“十三五”时期科技创新的总体思路、发展目标、主要任务和重大举措，是国家在科技创新领域的重点专项规划，是我国迈进创新型国家行列的行动指南。在“全面深化科技体制改革”篇章中提出，深化产学研协同创新机制，着力从以下方面强化相关工作：①坚持以市场为导向、企业为主体、政策为引导，推进政产学研用创紧密结合。②完善科技计划组织管理方式，确立企业在产业导向的科技计划中决策者、组织者、投资者的功能实现方式。③改革完善产业技术创新战略联盟形成和运行机制，深化产学研、上中下游、大中小企业的紧密合作，促进产业链和创新链深度融合。④加强产学研结合的中试基地和共性技术研发平台建设。⑤在战略性领域探索企业主导、院校协作、多元投资、军民融合、成果分享的合作模式。⑥开展高等学校和科研院所设立流动岗位吸引企业人才兼职试点，试点将企业任职经历作为高等学校新聘工程类教师的必要条件。

2.2 设立国家相关计划方面

2.2.1 总体概述

国家计划主要包括国家科技计划和其他计划，国家科技计划是我国加强产学研合作创新的重要政策工具之一。我国早期设立的国家科技支撑计划、国家 863 计划、国家 973 计划等系列科技计划和其他相关重大专项计划，在实施过程中都强调对产学研合作进行引导与支持。2014 年，国务院发布《关于深化中央财政科技计划（专项、基金等）管理改革的方案》，国家科技计划经过不断深化改革，目前形成以国家科技重大专项、科技创新 2030—重大项目、国家重点研发计划等为代表的国家科技计划，这些计划强化各创新主体通过共同申请或承担科技项目，优化科技合作创新模式，取长补短，发挥各自优势，促进跨部门跨领域跨学科产学研合作，加快重大有影响力的科技成果产出。国家科技重大专项着力解决制约经济社会发展和事关国家安全的重大科技问题，推动专项成果应用及产业化，控制专项数量，与其他科技计划（专项、基金等）加强分工与衔接，避免重复投入；科技创新 2030—重大项目是在实施好已有国家科技重大专项的基础上，从更长远的战略需求出发，进一步面向 2030 年再选择一批体现国家战略意图的重大科技项目；国家重点研发计划是通过聚焦国家目标一体化组织实施，为国民经济和社会发展主要领域提供持续性的支撑和引领。

2015 年，国家组建科技计划管理战略咨询与综合评审特邀委员会（简称咨评委），为国家科技计划提出咨询或评审意见。组建咨评委是落实国务院《关于深化中央财政科技计划（专项、基金等）管理改革的方案》的重大举措，是国家科技计划管理平台重要制度设计的组成部分。咨评委由国家科技体制改革和创新体系建设领导小组邀请的科技界、产业界和经济界的高层次专家组成，对科技创新发展战略规划和科技计划（专项、基金等）布局、重点任务设置和目标工作等提出科学的咨询或评审意见。2020 年 6 月，咨评委 2020 年第一次全体会议以视频形式组织召开，对国家重点研发计划“十四五”重点专项总体任务布局进行咨询评议。

本节后续除了重点介绍国家科技重大计划和国家重点研发计划之外，也重点介绍高等学校创新能力计划的政策内容与实施情况，该计划也是推进高校与高校、科研院所、行业企业、地方政府及国外科研机构深度合作的一种探索模式。

2.2.2 国家科技重大计划

（1）基本概述

国家科技重大计划包括国家科技重大专项和科技创新2030—重大项目。国家科技重大专项由2006年国务院发布的《国家中长期科学和技术发展规划纲要（2006—2020年）》提出，共16个，涉及信息、生物等战略产业领域，能源资源环境和人民健康等重大紧迫问题，以及军民两用技术和国防技术。重大专项是为了实现国家目标，通过核心技术突破和资源集成，在一定时限内完成的重大战略产品、关键共性技术和重大工程，是我国科技发展的重中之重。重大专项紧紧围绕国家重大战略目标和需求，主要采取自上而下、上下结合的方式广泛研究论证提出，由党中央、国务院批准设立。组织实施由国务院统一领导，国家科技教育领导小组、国家科技体制改革和创新体系建设领导小组加强统筹、协调和指导。重大专项的组织实施，根据国家发展需要和实施条件的成熟程度，逐项论证启动，充分调动部门、地方、企业、研究机构和高等院校等各方面的积极性联合攻关，突破事关国计民生和国家安全的重大关键技术，形成一支产学研结合、创新能力强的科技队伍，大力提升我国核心竞争力和国际地位。中央财政设立专项资金支持重大专项的组织实施，引导和鼓励地方财政、金融资本和社会资金等方面的投入。

科技创新2030—重大项目是在实施好已有国家科技重大专项的基础上，面向2030年，从更长远的战略需求出发部署新的重大科技项目，体现国家战略意图。2016年，国务院印发的《“十三五”国家科技创新规划》明确科技创新2030—重大项目包括重大科技项目和重大工程，重大科技项目包括航空发动机及燃气轮机、深海空间站、量子通信与量子计算机、脑科学与类脑研究、国家网络空间安全、深空探测及空间飞行器在轨服务与维护系统6类；重大工程包括种业自主创新、煤炭清洁高效利用、智能电网、天地一体化信息网络、大数据、智能制造和机器人、重点新材料研发及应用、京津冀环境综合治理、健康保障9类。同时，规划指出，要建立重大项目动态调整机制，综合把握国际科技前沿趋势和国家经济社会发展紧迫需求，在地球深部探测、人工智能等方面遴选重大任务，适时充实完善重大项目布局。目前，科技部会同相关部门结合国家发展的战略需求，在原先提出的15项重大科技项目和重大工程的基础上增加1项，形成“15+1”项。

国家科技重大专项和科技创新2030—重大项目是体现国家战略目标、集成科技资源、实现重点领域跨越发展的重要抓手，在电子信息、先进制造、能源、环境、农业、生物和健康、太空海洋开发利用等领域形成远近结合、梯次接续的系统布局。目前，国家公布了14个国家科技重大专项和16个科技创新2030—重大项目，具体见表2-2。由于科技创新2030—重大项目的组织管理参照国家科技重大专项，下面重点介绍国家科技重大专项的组织管理与实施情况。

表 2–2　国家科技重大专项和科技创新 2030—重大项目

序号	国家科技重大专项	所属领域	序号	分类	科技创新 2030—重大项目	所属领域
1	核心电子器件、高端通用芯片及基础软件产品	电子信息	1	重大科技项目	航空发动机及燃气轮机	先进制造
2	极大规模集成电路制造装备与成套工艺	电子信息	2		深海空间站	太空海洋深地开发利用
3	新一代宽带无线移动通信网	电子信息	3		量子通信与量子计算机	电子信息
4	高档数控机床与基础制造装备	先进制造	4		脑科学与类脑研究	生命健康
5	大型油气田及煤层气开发	能源环境	5		国家网络空间安全	电子信息
6	大型先进压水堆及高温气冷堆核电站	能源环境	6		深空探测及空间飞行器在轨服务与维护系统	太空海洋深地开发利用
7	水体污染控制与治理	能源环境	7	重大工程	种业自主创新	农业
8	转基因生物新品种培育	农业	8		煤炭清洁高效利用	能源
9	重大新药创制	生命健康	9		智能电网	能源
10	艾滋病和病毒性肝炎等重大传染病防治	生命健康	10		天地一体化信息网络	电子信息
11	大型飞机	先进制造	11		大数据	电子信息
12	高分辨率对地观测系统	太空开发利用	12		智能制造和机器人	先进制造
13	载人航天	太空开发利用	13		重点新材料研发及应用	先进制造
14	探月工程	太空开发利用	14		京津冀环境综合治理	环境
			15		健康保障	生命健康
			16	新增	新一代人工智能	电子信息

注：依据《国家中长期科学和技术发展规划纲要（2006—2020 年）》、《“十三五”国家科技创新规划》和其他资料整理。

（2）组织管理体系

围绕国家科技重大专项，政府发布重大专项相关的系列文件，从组织实施管理与提供专项资金等方面提供有力政策保障，如早期的《国家科技重大专项管理暂行规定》《民口科技重大专项资金管理暂行办法》。后续，根据《国务院办公厅关于印发国家科技重大专项组织实施工作规则的通知》和国家科技计划管理改革的有关要求，政府相继修订出台《国家科技重大专项（民口）管理规定》《国家科技重大专项（民口）资金管理办法》《国家科技重大专项（民口）验收管理办法》《国家科技重大专项（民口）档案管理规定》等政策文件。地方省市也出台配套资金管理办法。例如，上海市制定《国家科技重大专项资金配套管理办法》（2013年），研究修订《国家科技重大专项资金配套管理办法实施细则》（2020年）。系列政策进一步明确完善科技重大专项的组织管理和工作流程，进一步优化科研经费管理，适应新的项目管理工作要求，进一步推动科技重大专项的组织实施。

重大专项实施规模庞大，参与主体很多，整体组织管理体系涉及不同层次，强化系统设计和分工协作。重大专项组织管理体系如图2–1所示。

第一层，国家科技计划（专项、基金等）管理部际联席会议（简称部际联席会议）负责审议重大专项总体布局、新增重大专项立项建议和实施方案、重大专项发展规划和有关管理规定，以及遴选确定项目管理专业机构（简称专业机构）等重大事项。拟提交部际联席会议审议的重大专项议题，须按程序由咨评委咨询评议。第二层，在部际联席会议制度下，科技部会同国家发展改革委、财政部（简称三部门）负责重大专项综合协调和整体推动，研究解决重大专项组织实施中的重大问题，

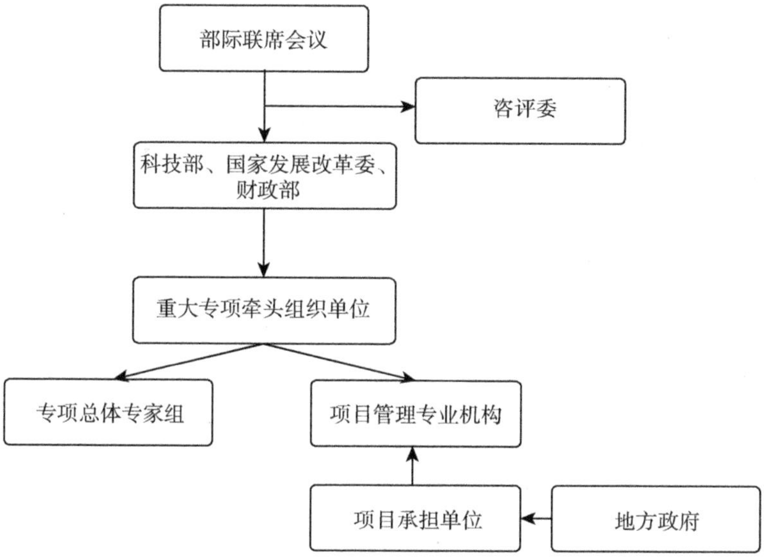

图 2–1　重大专项组织管理体系

各司其职，共同推动重大专项的组织实施管理。第三层，重大专项牵头组织单位负责重大专项的具体组织实施，强化宏观管理、战略规划和政策保障，建立多部门共同参与的机制，充分调动全社会力量参与重大专项实施，保证重大专项顺利组织实施并完成预期目标。成立重大专项实施管理办公室，具体负责本重大专项实施的日常工作。专项总体专家组配合重大专项实施管理办公室做好专项的具体组织实施工作，对专项发展实施工作提出咨询建议。总体专家组设技术总师，全面负责重大专项总体专家组的工作，各专项可根据需要设技术副总师。第四层，专业机构接受部际联席会议办公室与牵头组织单位的共同委托，负责对重大专项项目（课题）的具体管理工作。地方政府加强统一领导，根据实际情况，建立科技、发展改革、财政及有关部门的协调机制，做好相关国家科技重大专项工作的统筹协调和配套支撑条件的落实工作；组织力量积极承担重大专项的研究开发任务；做好地方科技项目（专项）

与国家科技重大专项的衔接配套；及时与三部门、牵头组织单位进行联络沟通。

（3）组织实施过程

重大专项组织实施管理包括重大专项实施方案编制、阶段实施计划编制、项目年度计划编制、项目立项评估验收等环节。具体组织实施过程如图 2–2 所示。

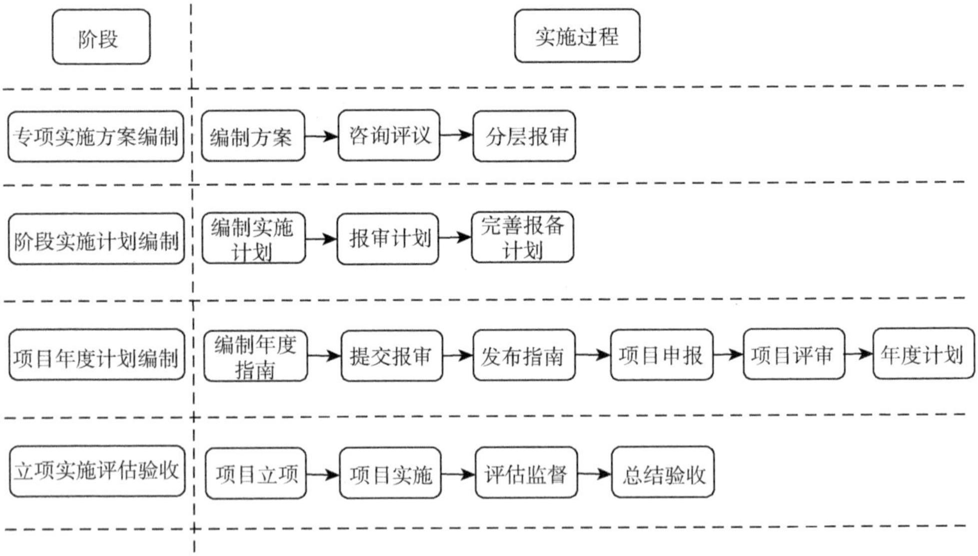

图 2–2　重大专项组织实施过程

专项实施方案编制。三部门与相关部门和单位共同组织成立由技术、经济、管理、财务等方面专家组成的编制论证委员会，编制论证重大专项实施方案。重大专项实施方案提交咨评委咨询评议后，报部际联席会议审议，经国家科技体制改革和创新体系建设领导小组审议通过后，按程序报国务院审定，特别重大事项报党中央审定。

阶段实施计划编制。根据国务院批复的重大专项实施方案，各牵头组织单位组织总体专家组、专业机构等编制重大专项阶段实施计划。将重大专项阶段实施计划报三部门综合平衡，根据综合平衡意见，组织修改和完善阶段实施计划，报三部门备案，涉及（重大）调整事项，可提出建议报审。

项目年度计划编制。重大专项牵头组织单位会同相关部门依据重大专项实施方案、阶段实施计划，组织总体专家组、专业机构等编制年度指南。报三部门合规性审核后，提交国家科技管理信息系统统一发布。专业机构受理项目（课题）申报，组织开展项目（课题）任务和预算评审，形成年度计划建议，报重大专项牵头组织单位审核。重大专项牵头组织单位将年度计划报三部门综合平衡，专业机构对经过综合平衡的拟立项项目（课题）进行公示。最后，科技部汇编形成重大专项项目（课题）年度计划。

立项实施评估验收。重大专项牵头组织单位根据三部门综合平衡意见和财政部预算批复，向专业机构下达项目（课题）立项批复。专业机构与项目（课题）承担单位签订《重大专项项目（课题）任务合同书》，按照项目（课题）任务合同书，检查、督促项目（课题）相关配套条件的落实，负责日常管理。并在总结本重大专项项目（课题）执行情况的基础上，形成重大专项年度执行情况报告。三部门负责开展重大专项实施总体进展情况的评估和监督工作，重大专项牵头组织单位负责对重大专项任务的执行情况进行监督检查和责任倒查。专业机构负责组织项目（课题）总结验收，验收结果报牵头组织单位，并抄送三部门。重大专项牵头组织单位根据重大专项任务目标完成及项目（课题）验收情况，形成实施情况报告并向三部门提出整体验收申请。三部门收到验收申请后，组织开展整体验收工作，形成验收报告和整体验收结论，并将各重大专项整体验收结论和实施情况总结报告上报党中央、国务院。

（4）计划实施情况

根据公开资料整理发现，大部分重大专项已启动实施，“十三五”末期“十四五”初期陆续开始结项验收，科技创新 2030—重大项目也开始了启动工作。根据公开资料整理的有关重大专项实施的基本情况如表 2–3 所示。

表 2–3　部分国家科技重大专项实施基本情况

重大专项名称	牵头组织单位	批准实施时间
核心电子器件、高端通用芯片及基础软件产品	工业和信息化部	2008 年
极大规模集成电路制造装备与成套工艺	北京市人民政府、上海市人民政府	2008 年
新一代宽带无线移动通信网	科技部	2008 年
高档数控机床与基础制造装备	工业和信息化部	2009 年
大型油气田及煤层气开发	科技部	2008 年
大型先进压水堆及高温气冷堆核电站	国家能源局	2008 年
水体污染控制与治理	生态环境部、住房和城乡建设部	2008 年
转基因生物新品种培育	农业农村部	2008 年
重大新药创制	国家卫生健康委员会、中央军委后勤保障部	2008 年
艾滋病和病毒性肝炎等重大传染病防治	国家卫生健康委员会、中央军委后勤保障部	2008 年

在推进重大专项任务实施中，积极探索协同创新的新机制，促进政产学研用的深度融合联合攻关。主要体现在以下方面：一是推动企业牵

头承担实施项目，强化企业创新主体地位。强调产业化和工程类项目由企业牵头承担，大飞机、大型核电站、油气开发3个专项依托行业龙头企业牵头实施，数控机床、核高基、集成电路装备、宽带移动通信4个专项2/3以上的课题由企业牵头。二是结合国家技术创新工程实施，以创建产业技术创新战略联盟为抓手，推动产学研用深度结合。集成电路装备、油气开发、新药创制等专项以建立由骨干企业牵头、联合科研院所和高校组成的产业技术创新联盟为抓手，发挥企业了解市场的功能，引导和组织相关承担单位围绕专项目标、产业链上下游合作，形成长期、稳定、制度化的产学研利益共同体，推动产学研深度融合。三是推动专项间的互动衔接，加强跨专项联合攻关。从体制机制层面，建立统筹协调机制，科技部牵头，会同国家发展改革委和财政部，强化重大专项综合协调、整体设计、协同推进。从具体领域推进层面，电子与信息领域的核高基、集成电路装备和宽带移动通信专项强化了专项间的互动衔接，促进了技术集成和成果互用，推动了芯片设计与制造力量的对接，联合部署在移动互联网方面的协同攻关。

专栏2-1　核高基重大专项

科技部是核高基重大专项的领导小组组长单位，工业和信息化部是核高基重大专项的牵头组织单位，是组织实施核高基重大专项的责任主体。核高基重大专项实施方案经专家委员会论证，于2008年4月经国务院常务会议审议并原则通过，正式进入实施阶段。主要目标是：在芯片、软件和电子器件领域，追赶国际技术和产业的迅速发展。攻克一批关键技术、研发一批战略核心产品。在核高基重大专项的实施方面，设立专门的领导小组、组织实施机构和相应的支撑服务体系，并根据核高基重大专项任务的不同性质和内容，选择有针对性的组织实施模式。坚持企业为主体、市场为导向、产学研用结合的原则，调动企业的积极性，发挥科研机构和高等院校的优势，鼓励应用单位参与重大专项，促进科技成果和产业化的衔接。

2.2.3 国家重点研发计划

（1）基本概述

国家重点研发计划是在整合归并科技部管理的国家重点基础研究发展计划（973 计划）、国家高技术研究发展计划（863 计划）、国家科技支撑计划、国际科技合作与交流专项，国家发展改革委、工业和信息化部管理的产业技术研究与开发资金，有关部门管理的公益性行业科研专项等基础上设立，与国家自然科学基金、国家科技重大专项、技术创新引导专项（基金）、基地和人才专项等加强统筹衔接。科技部是国家重点研发计划的牵头组织部门。该计划由中央财政资金设立，同时建立多元化的投入体系，鼓励地方、行业、企业与中央财政共同出资。

该计划面向世界科技前沿、面向经济主战场、面向国家重大需求，重点资助事关国计民生的农业、能源资源、生态环境、健康等领域中需要长期演进的重大社会公益性研究，事关产业核心竞争力、整体自主创新能力和国家安全的战略性、基础性、前瞻性重大科学问题、重大共性关键技术和产品研发，以及重大国际科技合作等。加强跨部门、跨行业、跨区域研发布局和协同创新，为国民经济和社会发展主要领域提供持续性的支撑和引领。

（2）组织管理体系

国家重点研发计划按照重点专项、项目分层次进行管理。重点专项是国家重点研发计划组织实施的载体，项目是国家重点研发计划组织实施的基本单元。项目可根据需要下设一定数量的课题。重点专项执行期一般为5年。科技部、财政部会同相关部门制定发布《国家重点研发计划管理暂行办法》《国家重点研发计划资金管理办法》，以及系列配套细则，保障国家重点研发计划组织实施的制度建设已经基本到位。

总体而言，该计划建立了咨询评议、决策监督和项目管理工作既相对分开又相互衔接的管理制度，并建立了战略咨询与综合评审委员会（简称咨评委）、国家科技计划管理部际联席会议（简称联席会议）、项目管理专业机构（简称专业机构）一体化的组织管理体系。咨评委由科技界、产业界和经济界的高层次专家组成，负责对国家重点研发计划的总体任务布局、重点专项设置及其任务分解等提出咨询意见，为联席会议提供决策参考。联席会议由科技部牵头，财政部、国家发展改革委等与国家科技计划管理密切相关的31个部门和单位组成，负责审议国家重点研发计划的总体任务布局、重点专项设置、专业机构遴选择优等重大事项。专业机构根据国家重点研发计划相关管理规定和任务委托协议，开展具体项目管理工作，对实现任务目标负责。目前主要由中国农村技术开发中心、中国21世纪议程管理中心、中国生物技术发展中心、科学技术部高技术研究发展中心、农业农村部科技发展中心、国家卫生计生委医药卫生科技发展研究中心、工业和信息化部产业发展促进中心、中国科学技术交流中心等八部委的科研管理类事业单位组成。不同的专业机构承担不同领域方向的重点专项具体项目管理工作，如科学技术部高技术研究发展中心主要承担国家重点研发计划基础前沿类和重大共性关键技术类相关领域重点专项科研项目管理工作，负责组织项目评审、立项、过程管理和结题验收等工作。

（3）组织实施过程

该计划组织实施管理包括重点专项任务布局与实施方案、项目申报指南编制与发布、项目立项实施验收等环节。具体组织实施过程如图 2–3 所示。

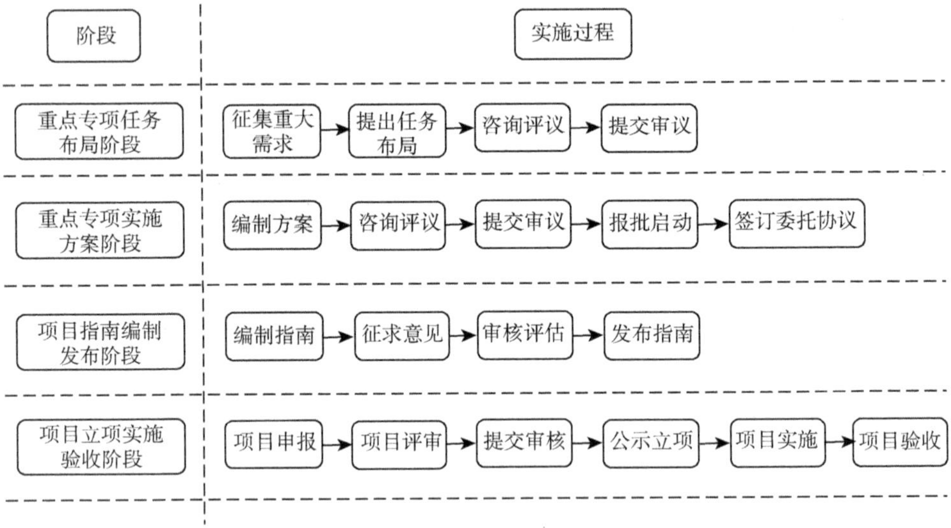

图 2–3　国家重点研发计划组织实施过程

重点专项任务布局阶段。科技部围绕国家重大战略和相关规划的贯彻落实，牵头组织征集部门和地方的重大研发需求，根据“自下而上”和“自上而下”相结合的原则，会同相关部门和地方研究提出国家重点研发计划的总体任务布局，经咨评委咨询评议后，提交联席会议全体会议审议。

重点专项实施方案阶段。根据联席会议审议通过的总体任务布局，科技部会同相关部门和地方凝练形成目标明确的重点专项，并组织编制重点专项实施方案。重点专项实施方案由咨评委咨询评议，并按照突出重点、区分轻重缓急的原则提出启动建议后，提交联席会议专题会议审议，并将审议结果向联席会议全体会议报告。联席会议审议通过的重点专项应按程序报批。拟启动实施的重点专项，应按规定明确承接具体项目管理工作的专业机构并签订任务委托协议。

项目指南编制发布阶段。重点专项的年度项目申报指南由科技部会同专项参与部门及专业机构编制。重点专项专家委员会为指南编制提供专业支撑。经公开征求意见与审核评估后，公开发布项目申报指南。发布指南时可公布重点专项年度拟立项项目数及相应的总概算。指南编制专家名单、形式审查条件要求等应与指南一并公布。

项目立项实施验收阶段。通过项目申报、项目评审，专业机构提出年度项目安排方案，报科技部进行合规性审核，通过合规性审核拟立项项目进行公示、立项，然后开始项目实施，最后进行项目验收工作。

此外，总体上，该计划建立全过程、嵌入式的监督评估机制。监督评估工作由科技部、财政部会同其他专项参与部门组织开展。

（4）计划实施情况

该计划瞄准国家目标，聚焦重大需求，着力解决当前及未来发展面临的科技瓶颈和突出问题，着力改变现有科技计划按不同研发阶段设置和部署的做法，按照基础前沿、重大共性关键技术到应用示范进行全链条设计，一体化组织实施。在组织实施各环节体现了协同推进的突出特点，该计划充分发挥部门、行业、地方、各类创新主体在总体任务布局、重点专项设置、实施与监督评估等方面的作用，强化协同联动，促进产学研结合，支持社会力量积极参与。从发布专项指南看，不少专项明确提出产学研用合作的要求，其中不乏明确要求企业牵头申报。

总体来看，该计划激发各类创新主体活力，企业积极参与，推动产学研协同创新。国家重点研发计划中企业参与实施的占75%；研发费用加计扣除比例从150%提高到175%，引导企业加大研发投入。[①] 以2016年国家重点研发计划重点专项为例，2016年国家重点研发计划共提出6个试点专项和59个重点专项任务，包括现代农业方向11个重点专项、节能环保和新能源方向5个重点专项、产业转型升级方向17个重点专项、资源环境和生态保护方向9个重点专项、人口健康方向9个重点专项、新型城镇化方向5个重点专项、战略性前瞻性重大科学问题方向9个重点专项。截至2017年年底，国家重点研发计划共启动实施50个重点专项，包括8个基础前沿类重点专项、15个高新技术类重点专项、17个社会民生类重点专项、8个农业科技类重点专项和2个国际合作类重点专项。

专栏2-2　2016年国家重点研发计划重点专项组织实施

重点专项根据《国家中长期科学和技术发展规划纲要（2006—2020年）》和《“十三五”国家科技创新规划》，落实“中国制造2025”、能源发展战略行动等国家重大战略部署。首先，向部门、地方、行业协会、工业界、企业界等广泛征集需求，数万名科研人员参与，提出近2700项任务建议，强化“自上而下”的顶层设计与“自下而上”的征询需求相结合；在此基础上，建立跨部门协作机制，兼顾国家战略目标和行业布局，共同凝练提出重点任务布局，并形

① 国新办举行深入实施创新驱动发展战略　加快建设创新型国家发布会[EB/OL].（2020-10-21）[2021-10-05]. http://www.gov.cn/xinwen/2020-10/21/content_5553134.htm.

成6个试点专项和59个重点专项。其次，进行各重点专项的实施方案编制，并由战略咨询与综合评审特邀委员会会同240多位领域专家进行咨询评议，经部际联席会议、国家科改领导小组审议后报国务院批准。

2.2.4 高等学校创新能力提升计划

（1）基本概述

高等学校创新能力提升计划（简称“2011计划”）旨在建立一批“2011协同创新中心”，大力推进高等学校与高等学校、科研院所、行业企业、地方政府及国际社会的深度融合，探索建立适应不同需求、形式多样的协同创新模式，促进高等教育与科技、经济、文化的有机结合，大力提升高等学校的创新能力，支撑创新型国家和人力资源强国建设。“2011协同创新中心”分为面向科学前沿、面向文化传承创新、面向行业产业和面向区域发展4种模式。其中，面向行业产业的协同创新中心以工程技术学科为主体，以培育战略新兴产业和改造传统产业为重点，通过高校与高校、科研院所，特别是与大型骨干企业的强强联合，成为支撑我国行业产业发展的核心共性技术研发和转移的重要基地；面向区域发展的协同创新中心以地方政府为主导，以切实服务区域经济和社会发展为重点，通过推动省内外高校与当地支柱产业中重点企业或产业化基地的深度融合，成为促进区域创新发展的引领阵地。面向行业产业和面向区域的发展模式充分体现产学研紧密合作创新与高质量人才培养。

该计划自2012年由教育部启动实施，4年为一个周期。中央财政设立专项资金，对经批准认定的“2011 协同创新中心”给予引导性或奖励性支持。例如，面向行业产业的协同创新中心要发挥行业部门和骨干企业的主导作用；面向区域发展的协同创新中心要发挥地方政府的主导作用，建立地方投入和支持的长效机制。创新对高校的资金支持方式，国家资助的是“协同创新中心”这个跨界新组织，而不是某些特定高校。

（2）组织管理体系

教育部、财政部联合成立领导小组，负责顶层设计、宏观布局、统筹协调、经费投入等重大事项决策。领导小组下设办公室，负责规划设计、组织实施、监督管理等工作，办公地点设在教育部。成立专家咨询委员会，为重大政策、总体规划、中心遴选、管理实施等提供咨询；委员会由来自有关部门、高等学校、科研机构、行业企业、社会团体的专家组成。确定相对独立的第三方机构，负责遴选评审专家、组织评审、开展定期检查和阶段性评估等工作。

“2011 计划”按照培育组建、评审认定、绩效评价 3 个阶段开展。国家每年组织一次评审，按照一定数量和规模，择优遴选不同类型的协同创新中心。政府发布《教育部　财政部关于实施高等学校创新能力提升计划的意见》（教技〔2012〕6 号）、《教育部　财政部关于印发高等学校创新能力提升计划实施方案的通知》（教技〔2012〕7 号），以及《2011 协同创新中心建设发展规划》《2011 协同创新中心政策支持意见》《2011 协同创新中心认定暂行办法》等政策文件给予指导与支持。

（3）计划实施情况

根据教育部网站公开资料显示[①]，该计划启动实施以来，教育部已认

① 教育部办公厅关于组织开展协同创新中心评估工作的通知 [EB/OL].（2018-10-12）[2021-10-05]. http://www.moe.gov.cn/srcsite/A16/kjs_2011jh/201810/t20181018_352045.html.

定两批共38个“2011协同创新中心”，其中首批认定的有14个，认定名单如表2-4所示。目前，中心均由高校牵头，联合科研院所、行业企业等组成。例如，行业类协同创新中心中，宇航科学与技术协同创新中心由哈尔滨工业大学牵头，中航科技集团等为主要协同单位；先进航空发动机协同创新中心由北京航空航天大学牵头，中航工业集团等为主要协同单位。“2011协同创新中心”项目后续与“十三五”期间“双一流”建设项目合并，目前广东、江西等部分地区还在运行此项目。

表2-4　38个“2011协同创新中心”认定名单

序号	中心名称	牵头高校	类型
1	量子物质科学协同创新中心	北京大学	前沿
2	先进航空发动机协同创新中心	北京航空航天大学	行业
3	轨道交通安全协同创新中心	北京交通大学	行业
4	钢铁共性技术协同创新中心	北京科技大学	行业
5	北京电动车辆协同创新中心	北京理工大学	区域
6	中国基础教育质量监测协同创新中心	北京师范大学	文化
7	辽宁重大装备制造协同创新中心	大连理工大学	区域
8	无线通信技术协同创新中心	东南大学	行业
9	高性能计算协同创新中心	国防科技大学	行业
10	宇航科学与技术协同创新中心	哈尔滨工业大学	行业
11	河南粮食作物协同创新中心	河南农业大学	区域
12	南方粮油作物协同创新中心	湖南农业大学	区域
13	人工微结构科学与技术协同创新中心	南京大学	前沿
14	中国南海研究协同创新中心		文化
15	江苏先进生物与化学制造协同创新中心	南京工业大学	区域

续表

序号	中心名称	牵头高校	类型
16	中国特色社会主义经济建设协同创新中心	南开大学	文化
17	出土文献与中国古代文明研究协同创新中心	清华大学	文化
18	先进核能技术协同创新中心		行业
19	能源材料化学协同创新中心	厦门大学	前沿
20	两岸关系和平发展协同创新中心		文化
21	IFSA 协同创新中心	上海交通大学	前沿
22	高新船舶与深海开发装备协同创新中心		行业
23	未来媒体网络协同创新中心		行业
24	生物治疗协同创新中心	四川大学	前沿
25	苏州纳米科技协同创新中心	苏州大学	区域
26	天津化学化工协同创新中心	天津大学	前沿
27	智能型新能源汽车协同创新中心	同济大学	行业
28	地球空间信息技术协同创新中心	武汉大学	行业
29	国家领土主权与海洋权益协同创新中心		文化
30	信息感知技术协同创新中心	西安电子科技大学	行业
31	高端制造装备协同创新中心	西安交通大学	行业
32	煤炭分级转化清洁发电协同创新中心	浙江大学	行业
33	感染性疾病诊治协同创新中心		前沿
34	长三角绿色制药协同创新中心	浙江工业大学	区域
35	量子信息与量子科技前沿协同创新中心	中国科技大学	前沿
36	司法文明协同创新中心	中国政法大学	文化
37	有色金属先进结构材料与制造协同创新中心	中南大学	行业
38	重庆自主品牌汽车协同创新中心	重庆大学	区域

2.3　组建国家创新平台方面

2.3.1　总体概述

20 世纪 90 年代，我国为联合企业、大学 / 科研机构等主体共同攻关关键共性技术，提升企业整体创新能力，在以项目为纽带“点对点”产学研合作创新形式的基础上，进一步拓展和加强创新平台载体建设，促进产学深层次高效地互动协同，强化共同攻关产业关键共性技术基础能力。经过近 30 年的建设与发展，特别是 2017 年出台《国家科技创新基地优化整合方案》后的优化整合，我国形成以国家技术创新中心、国家工程研究中心、产业技术创新战略联盟、国家产业创新中心、国家制造业创新中心等为代表性的创新平台载体，具体如图 2–4 所示。

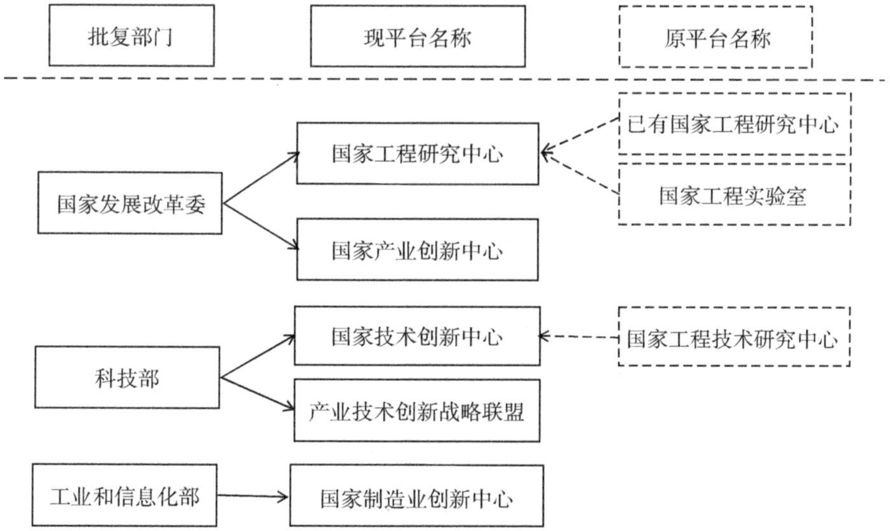

图 2–4　国家主要创新平台

国家工程研究中心和国家产业创新中心由国家发展改革委批复管理，国家工程研究中心是基于原有的国家工程研究中心和国家工程实验室重新定位合理归并而组建。国家技术创新中心和产业技术创新战略联盟由科技部批复管理，国家技术创新中心是基于原有的国家工程技术研究中心优化整合成立。后续，国家发展改革委不再批复新建国家工程实验室，科技部不再批复新建国家工程技术研究中心。国家制造业创新中心由工业和信息化部批复管理，也是整合联合行业内创新资源、构建高效协作创新网络的重要载体。国家产业创新中心和国家制造业创新中心是政府新启动建设的平台，目的是推动创新资源的集聚和高效利用，构建创新网络，强化产学研合作创新攻关，加强关键核心技术攻关和颠覆性技术创新，提升产业迈向价值链中高端的能力。国家制造业创新中心在本节不做具体介绍，将与美国制造业创新中心一起作为案例在第 7 章进行分析。

此外，新时期组建的国家实验室是要聚焦量子信息、光子与微纳电子、网络通信、人工智能、生物医药、现代能源系统等重大创新领域进行布局攻关；鼓励领军企业组建创新联合体也是要集中力量整合提升一批关键共性技术平台。这两类平台载体是“十四五”时期开始组织实施的，组建和运行整体情况后续值得关注，本书中暂不做详细介绍。

2.3.2 国家工程研究中心

1992 年，原国家计委启动实施国家工程研究中心建设计划，并相继发布《国家工程研究中心管理办法（试行）》（计科技〔1992〕2239 号）、《国家计委关于建设国家工程研究中心的指导性意见》（计办高技〔2002〕767 号）。国家工程研究中心是依托大型企业、研究院和大学建设的研究开发实体，主要功能是提高自主创新能力，促进科学成果的转化，实现科技成果的工程化和商业化，以提升相关产业的竞争力。2005年，国家发展改革委启动了国家工程实验室建设，为加强和规范国家工程实验室建设与运行管理，2007年制定发布《国家工程实验室管理办法（试行）》。国家工程实验室是依托企业、转制科研机构、科研院所或高校等设立的研究开发实体，主要任务是开展重点产业核心技术的攻关和关键工艺的试验研究、重大装备样机及其关键部件的研制、高技术产业的产业化技术开发、产业结构优化升级的战略性前瞻性技术研发，以及研究产业技术标准、培养工程技术创新人才、促进重大科技成果应用、为行业提供技术服务等。

2017年，科技部发布《国家科技创新基地优化整合方案》，提出围绕国家战略和创新链布局需求，大力推动基础研究、技术开发、成果转化协同创新，夯实自主创新的物质技术基础。国家科技创新基地按照科学与工程研究、技术创新与成果转化、基础支撑与条件保障3类布局建设。技术创新与成果转化类国家科技创新基地定位于面向经济社会发展和创新社会治理、建设平安中国等国家需求，开展共性关键技术和工程化技术研究，推动应用示范、成果转化及产业化，提升国家自主创新能力和科技进步水平。经过优化整合，技术创新与成果转化类国家科技创新基地主要包括国家工程研究中心和国家技术创新中心等。在国家科技创新基地相关政策调整的背景下，国家科技创新基地进一步优化整合，对新一轮产学研合作创新有了更深入的理解和认识，体现了一定的政策方向。

2020年7月29日，国家发展和改革委员会第34号令公布了《国家工程研究中心管理办法》。新办法指出，国家工程研究中心是国家发展改革委以服务国家重大战略任务和重点工程实施为目标，组织具有较强研究开发和综合实力的企业、科研单位、高等院校等建设的研究开发实体；以国家和行业需求为出发点，通过建立工程化研究、验证设施和有利于技术创新、成果转化的机制，培育、提高创新能力，搭建产业发展与科技创新之间的桥梁，推动产业关键共性技术、前沿引领技术、现代工程技术、颠覆性技术创新，加快科研成果向现实生产力转化，促进重大科研成果转化应用，以及产业基础高级化和产业链现代化。国家发展改革委负责指导协调国家工程研究中心建设及运行管理相关工作，根据有关重大战略部署、重大规划实施、重大工程建设、重点区域创新发展等需要，择优择需部署建设。可以看出，这类中心强化关键共性技术和工程化产业化技术研究，持续提升创新能力。

中心筹建期一般不超过 3 年。中心实行优胜劣汰、动态调整的运行评价制度，国家发展改革委制定发布《国家工程研究中心评价工作指南》，牵头原则上每 3 年对经正式确认的中心进行一次集中评价。中心建设可以获得创新能力建设项目研究支持、申请国家后补助资金支持、享受国家支持科技创新进口税收优惠政策支持等。

2020 年年底，国家工程研究中心（包括国家工程实验室）共 350 个。第一批纳入国家新序列管理的国家工程研究中心共 38 个，其中新材料领域 20 个，节能环保领域 18 个。

2.3.3 国家技术创新中心

（1）早期组建国家工程技术研究中心

伴随我国计划经济体制向市场经济体制转变，按照科技体制改革要求，20 世纪 90 年代初期开始，为促进科技成果向现实生产力转化，提高科技成果的成熟性、配套性和工程化水平，原国家科委推出国家工程技术研究中心组建计划，在对国民经济和社会发展有重要影响的行业开始建设国家工程技术中心，通过竞争择优支持。1993 年，原国家科委颁布《国家工程技术研究中心暂行管理办法》，以加强对中心的组建与运行管理。本办法明确国家工程技术研究中心的定位、定义、条件、管理、考评、优惠政策等关键内容。此时，组建该类中心的定位是在建立我国社会主义市场经济体制的过程中，探索科技与经济结合的新途径，加强科技成果向生产力转化的中心环节，缩短成果转化的周期；组建期限一般为 3 年左右，组建所需经费由国家拨款、银行贷款、主管部门或依托单位自筹各占 1/3。

中心作为准公益性质的科研开发实体，是社会主义市场经济条件下政府通过公共财政支持产业发展科研开发活动的一类支撑载体，是一种有益的试验发展。[①] 中心建设发展过程中创新管理体制，探索行之有效的产学研合作模式。中心的建设已成体系，各个工程中心在长期运行管理过程中进行了积极、有效的探索，采用独立型、相对独立型（依托单位二级机构）、整建制挂牌型和多依托单位联合组建等多种运作模式，逐步完善管理制度，积极协调国家、行业目标与依托单位目标，努力实现国家工程技术中心建设宗旨。中心建立了上下游单位合作网络和国际合作交流渠道，积极开展联合技术攻关、学术交流等活动。

（2）后续优化组建国家技术创新中心

国家技术创新中心是基于对现由科技部管理的国家工程技术研究中心加强评估考核和多渠道优化整合而成立。2017 年科技部发布《国家技

① 周琼琼，何亮 . 国家工程技术研究中心发展历程与现状研究 [J]. 科技管理研究，2013，33（2）：20–23.

术创新中心建设工作指引》，2020年又发布《关于推进国家技术创新中心建设的总体方案（暂行）》，加强国家技术创新中心建设布局的顶层设计，有序指导推进国家技术创新中心建设工作。本方案明确了中心建设的功能定位、建设布局、体制机制、保障措施等相关内容。例如，中心定位于实现从科学到技术的转化，促进重大基础研究成果产业化，以关键技术研发为核心使命，产学协同推动科技成果转移转化与产业化。中心由政府、有关部门、高校院所、骨干企业等主体共同参与建设，包括综合类和领域类，综合类采取“中心（本部）+若干专业化创新研发机构”的组织架构，形成大协作、网络化的技术创新平台，领域类支持符合相关定位和条件的国家工程技术研究中心转建国家技术创新中心。发挥财政资金引导作用，探索建立中央和地方财政联合投入机制，各级地方财政加强对创新中心建设的支持，中央财政资金主要通过“基地和人才专项”等支持技术创新中心建设。

2021年，科技部与财政部发布《国家技术创新中心建设运行管理办法（暂行）》，规范国家技术创新中心建设和运行。本办法明确了有关部门管理职责、组建程序和条件、运行管理、绩效评估等方面的内容。例如，在运行管理方面，技术创新中心实行理事会（董事会）决策制、中心主任（总经理）负责制、专家委员会咨询制，明晰企业、高校、科研院所和政府等主体的权利和义务；在绩效评估方面，绩效评估一般以3年为一个周期，绩效评估结果是后补助经费安排及动态调整的重要依据，科技部根据绩效评估结果对创新中心实行动态管理。可以看出，技术创新中心体制机制之一是加强产学协同创新。以技术、人才、资本等创新要素为纽带，通过共同出资、合作研发、平台共建、技术入股、兼职创业等不同途径和方式，统筹产学创新资源，构建应用基础研究、工程研发、技术推广相结合的人才队伍结构。

2021年年底，已建成高速列车、新能源汽车、合成生物等12个领域类国家技术创新中心。2020年12月，科技部召开综合类国家技术创新中心建设工作推进会，研究部署京津冀、长三角、粤港澳大湾区3个综合类国家技术创新中心建设工作，现均已成立。

2.3.4 产业技术创新战略联盟

产业技术创新战略联盟作为新型产学研协同创新组织形态，已成为实施国家创新驱动战略、建设我国技术创新体系的重要载体。产业技术创新战略联盟最初是作为实施技术创新引导工程的主要载体而推动建设，成为新的联合攻克关键共性技术的创新载体。2006年，国家成立由科技部、财政部、教育部、国家开发银行、全国总工会和国资委六部门组成的“推进产学研结合工作协调指导小组”，指导小组积极推动和鼓励产业技术创新战略联盟的构建和发展，以推动企业、大学和科研机构等在战略层面的有效结合，共同突破产业发展的技术瓶颈，当时成立了4家产业技术创新战略联盟。基于初期联盟试点建设，科技部、财政部等六部门发布《关于推动产业技术创新战略联盟构建的指导意见》，提出联盟的意义、构建原则、构建条件、政府的推动作用等内容，为构建联盟提供了政策方向。

该指导意见明确指出，产业技术创新战略联盟是指由企业、大学、科研机构或其他组织机构，以企业的发展需求和各方的共同利益为基础，以提升产业技术创新能力为目标，以具有法律约束力的契约为保障而形成的联合开发、优势互补、利益共享、风险共担的技术创新合作组织。构建联盟应具备的基本条件为：①要由企业、大学和科研机构等多个独立法人组成；②要有具有法律约束力的联盟协议，协议中有明确的技术创新目标，落实成员单位之间的任务分工；③要设立决策、咨询和执行等组织机构，建立有效的决策与执行机制，明确联盟对外承担责任的主体；④要健全经费管理制度；⑤要建立利益保障机制；⑥要建立开放发展机制。

随后，科技部又出台了规范联盟发展实施办法，如《国家科技计划支持产业技术创新战略联盟暂行规定》（2008 年）、《关于推动产业技术创新战略联盟构建与发展的实施办法（试行）》（2009 年）、《进一步鼓励和引导民间资本进入科技创新领域的意见》（2012 年）等，分别从强调政府支持联盟发展，规范联盟构建、试点工作，鼓励民营企业参与联盟建设等多方面倾斜支持，积极推进产业技术创新战略联盟构建和发展。自 2007 年 6 月全国产业技术创新战略联盟试点工作启动以来，陆续有 3 批共 146 家联盟参加了试点工作；2018—2019 年，有 11 家符合条件的产业技术创新战略联盟加入了中国产业技术创新战略联盟协同发展网，参与试点工作。

据《2019 年度产业技术创新战略联盟活跃度评价报告》显示，2019 年录入信息达到评价要求的联盟共 99 家，其中活跃度高和较高的联盟有 54 家，占参评联盟的 54.55%，占联盟总数的 34.39%，这些联盟开展了大量工作，取得显著的实际效果；有 22 家联盟连续 3 年（2017—2019 年）保持高活跃度，表明这些联盟在组织机构建设与运行、产学研深度融合协同创新、引领或支撑产业创新发展等方面取得了突出成效，起到了示范带动作用。科技部试点联盟联络组秘书长李新男表示，未来一段时期，试点联盟的重要任务包括推进产学研深度融合、支持企业牵头组建创新联合体、承担国家重大科技项目等。

2.3.5 国家产业创新中心

国家产业创新中心是整合联合行业内的创新资源、构建高效协作创新网络的重要载体。2018 年，国家发展改革委发布《国家产业创新中心建设工作指引（试行）》，明确了中心的功能定位、主要任务、治理机制、组建要求、运行管理、支持政策等有关内容。提出中心是整合联合行业内的创新资源、构建高效协作创新网络的重要载体，是特定战略性领域颠覆性技术创新、先进适用产业技术开发与推广应用、系统性技术解决方案研发供给、高成长型科技企业投资孵化的重要平台，是推动新兴产业集聚发展、培育壮大经济发展新动能的重要力量。

中心的重点任务包括 7 个方面：一是推动产业链、创新链、资金链和政策链深度融合，打造“政产学研资”紧密合作的创新生态；二是深化与国内外创新主体合作，整合联合国家和地方创新平台，构建长期稳定的协同创新网络；三是开展实验室技术熟化、产业前沿技术研发和竞争前商品试制，创制产业技术标准，推动产业技术变革；四是开展知识产权集中运营，整合利用高校、科研院所和企业等的专利技术，综合集成为系统解决方案；五是推动技术创新成果转移转化，扩散新技术、新模式，培育新业态、新产业，促进区域产业集群发展、创新发展；六是深化创新体制机制改革，先行先试成果转化、人才激励、科技金融等改革举措；七是开展军民科技协同创新，推动产业前沿技术、共性技术联合攻关，促进科技成果双向转移转化。

国家产业创新中心一般以法人实体形式运行。中心应联合现有国家工程研究中心、国家企业技术中心，以及行业、地方等创新平台，广泛吸纳高等院校、科研院所等创新力量，通过共同出资、协作研发、技术入股、创新平台共建或人才联合培养等方式，形成紧密合作的创新网络。组建国家产业创新中心的牵头单位，应在行业中具有显著的创新优势和较大的影响力，具备充分利用和整合行业创新资源的能力，能够为国家产业创新中心建设发展提供充足的资金支持和条件保障。相关主管单位按年度对中心运行情况进行考核，国家发展改革委委托第三方机构适时组织开展中心运行评价。

国家根据战略性领域创新发展的需要，结合地方产业转型和集聚发展的需求，引导和支持社会力量组建若干国家产业创新中心。2018 年，国家发展改革委高技术司巡视员伍浩表示，围绕突破核心关键技术，启动建设一批国家产业创新中心，推动创新资源的集聚和高效利用，构建创新网络，提升产业迈向价值链中高端的能力。截至 2019 年年底，已成立国家先进计算产业创新中心、国家智能铸造产业创新中心、国家生物育种产业创新中心 3 家国家产业创新中心。

2.4　加强人才培养与流动方面

2.4.1　总体概述

近年来，我国不断完善人才发展与管理的体制机制改革，加强科研人才培养和人才流动，营造良好的政策环境，积极发挥作用促进产学研合作创新，助力打通科技、教育、经济樊篱，大力推进科技成果转化。2016 年以来，国家发布一系列支持和鼓励人才培养与流动的政策文件，一些主要相关政策文件如表 2–5 所示，后续重点介绍相关政策文件中的政策要点内容与实施情况。

表 2-5 2016 年以来人才培养与流动主要相关政策文件

序号	政策名称	牵头部门	年份
综合性政策文件	《关于深化人才发展体制机制改革的意见》	中共中央	2016 年
	《关于实行以增加知识价值为导向分配政策的若干意见》	中共中央办公厅、国务院办公厅	2016 年
	《关于深化产教融合的若干意见》	国务院办公厅	2017 年
	《关于充分发挥市场作用促进人才顺畅有序流动的意见》	人力资源社会保障部	2019 年
	《国家产教融合建设试点实施方案》	国家发展改革委、教育部等六部门	2019 年
针对事业单位的政策文件	《关于支持和鼓励事业单位专业技术人员创新创业的指导意见》	人力资源社会保障部	2017 年
	《关于加快直属高校高层次人才发展的指导意见》	中共教育部党组	2017 年
	《关于抓好赋予科研机构和人员更大自主权有关文件贯彻落实工作的通知》	国务院办公厅	2018 年
	《关于进一步支持和鼓励事业单位科研人员创新创业的指导意见》	人力资源社会保障部	2019 年
	《关于加快建设发展新工科实施卓越工程师教育培养计划 2.0 的意见》	教育部、工业和信息化部、中国工程院	2018 年
	《未来技术学院建设指南（试行）》	教育部办公厅	2020 年
	《现代产业学院建设指南（试行）》	教育部办公厅、工业和信息化部办公厅	2020 年

总体来看，政策文件分为综合性政策文件和针对事业单位的政策文件两大类。综合性政策文件从管理制度、激励制度层面提供越来越宽松的基础性政策环境，促进企业、高校、科研单位进行创新创业和科技人

才培养与流动，加快协同创新推进和科技成果的转化。人才培养方面的政策点主要集中在人才培养模式、共建实训基地、专业人才培养、创新创业人才培养等方面。人才流动方面的政策目标是促进高等院校、科研机构、企业之间创新人才自由有序流动。例如，《关于实行以增加知识价值为导向分配政策的若干意见》提出，科研人员在履行好岗位职责、完成本职工作的前提下，经所在单位同意，可以到企业和其他科研机构、高校、社会组织等兼职并取得合法报酬。

针对事业单位的政策文件，无论是人力资源社会保障部发布的，还是教育部发布的关于促进高校等事业单位人才培养与流动的政策文件，在实践中都陆续看到针对高校科研单位创新创业“走出去”和“请进来”的方法举措。一方面，引导高校教师、科研人员走进科技企业，积极把科研成果通过孵化器等转化为具有社会经济价值的创业项目；另一方面，积极引导外界优秀创业人才来高校、科研机构交流先进的创业理念，并作为创新创业活动的带头人。

2.4.2 综合性政策

（1）深化人才发展体制机制改革

2016 年 3 月，中共中央印发了《关于深化人才发展体制机制改革的意见》，这是中国第一个针对人才发展体制机制改革的纲领性文件。人才管理体制更加科学高效，人才评价、流动、激励机制更加完善，全社会识才爱才敬才用才氛围更加浓厚。

①人才管理体制改革：保障和落实用人主体自主权。充分发挥用人主体在人才培养、吸引和使用中的主导作用，全面落实国有企业、高校、科研院所等企事业单位和社会组织的用人自主权。健全市场化、社会化

的人才管理服务体系。构建统一、开放的人才市场体系，完善人才供求、价格和竞争机制。深化人才公共服务机构改革。大力发展专业性、行业性人才市场，鼓励发展高端人才猎头等专业化服务机构，放宽人才服务业准入限制。

②人才培养：创新人才教育培养模式。突出经济社会发展需求导向，建立高校学科专业、类型、层次和区域布局动态调整机制。统筹产业发展和人才培养开发规划，加强产业人才需求预测，加快培育重点行业、重要领域、战略性新兴产业人才。注重人才创新意识和创新能力培养，探索建立以创新创业为导向的人才培养机制，完善产学研用结合的协同育人模式。改进战略科学家和创新型科技人才培养支持方式。构建科学、技术、工程专家协同创新机制。建立产教融合、校企合作的技术技能人才培养模式。加快构建现代职业教育体系，深化技术技能人才培养体制改革，加强统筹协调，形成工作合力。

③健全人才顺畅流动机制：破除人才流动障碍。打破户籍、地域、身份、学历、人事关系等制约，促进人才资源合理流动、有效配置。加快人事档案管理服务信息化建设，完善社会保险关系转移接续办法，为人才跨地区、跨行业、跨体制流动提供便利条件。高校、科研院所科研人员经所在单位同意，可在科技型企业兼职并按规定获得报酬。允许高校、科研院所设立一定比例的流动岗位，吸引具有创新实践经验的企业家、科技人才兼职。鼓励和引导优秀人才向企业集聚。总结推广各类创新创业孵化模式，打造一批低成本、便利化、开放式的众创空间。

（2）深化产教融合协同育人

2017 年 12 月，国务院办公厅发布《关于深化产教融合的若干意见》，从企业角度提出：鼓励企业依法参与举办职业教育、高等教育；支持引导企业深度参与职业学校、高等学校教育教学改革；支持校企合作开展生产性实习实训，鼓励企业直接接收学生实习实训；支持有条件的国有企业继续办好做强职业学校。从高校角度提出：要推进产教融合人才培养改革，将工匠精神培育融入基础教育；推进职业学校和企业联盟、与行业联合、同园区联结，实践性教学课时不少于总课时的50%；健全高等教育学术人才和应用人才分类培养体系，为学生提供多样化成长路径；大力支持应用型本科和行业特色类高校建设，提高应用型人才培养比重；鼓励有条件的地方探索产业教师（导师）特设岗位计划。

为深化产教融合，促进教育链、人才链与产业链、创新链有机衔接，2019年9月，国家发展改革委、教育部等六部门印发《国家产教融合建设试点实施方案》。明确：通过5年左右的努力，试点布局50个左右产教融合型城市，在试点城市及其所在省域内打造一批区域特色鲜明的产教融合型行业，在全国建设培育1万家以上产教融合型企业；面向高质量发展的若干重点领域，推动“双一流”建设等高校、地方政府、行业企业共建产教融合创新平台，协同开展关键核心技术人才培养、科技创新和学科专业建设；中央预算内投资支持试点城市自主规划建设产教融合实训基地，优先布局建设产教融合创新平台。目前，在北京大学、清华大学、复旦大学、厦门大学、南京大学、华中科技大学、电子科技大学、西安电子科技大学等8所高校建设集成电路产教融合创新平台。

（3）发挥市场作用促进人才流动

切实发挥市场作用，破除妨碍人才流动的各类障碍和制度藩篱，不断解放和增强人才活力，2019年1月，人力资源社会保障部印发《关于充分发挥市场作用促进人才顺畅有序流动的意见》。在畅通人才流动渠道方面，建立双向流动渠道，支持跨所有制流动，完善人才柔性流动政策；支持和鼓励事业单位专业技术人员到企业挂职、兼职和离岗创新创业，建立健全相关制度，保障其在职称评定、工资福利、社会保障等方面的权益；鼓励高校、科研院所建立人才驿站，推行特聘教授、特聘研究员、特聘专家制度。

2.4.3　针对事业单位的政策

（1）支持事业单位科研人员创新创业

2017 年 3 月，人力资源社会保障部发布《关于支持和鼓励事业单位专业技术人员创新创业的指导意见》，激发高校、科研院所等事业单位专业技术人员科技创新活力和干事创业热情，促进人才在事业单位和企业间合理流动。针对实践中出现的新情况、新问题、新需求给予政策引导。2019 年 12 月，又印发《关于进一步支持和鼓励事业单位科研人员创新创业的指导意见》，主要相关内容如下：①支持和鼓励事业单位选派专技人员到企业挂职或者参与项目合作。期间与原单位在岗人员同等享有相关权利，并可以依协议取得成果转让、开发收益，有助于实现企业、高校、科研院所协同创新。②支持和鼓励事业单位专技人员兼职创新或者在职创办企业。取得的成绩可以作为专技人员职称评审、岗位竞聘、考核的重要依据。支持和鼓励事业单位专业技术人员到与本单位业务领域相近企业、科研机构、高校、社会组织等兼职，或者利用与本人从事专业相关的创业项目在职创办企业，鼓励事业单位专业技术人员合理利用时间。③支持和鼓励事业单位专技人员离岗创新创业。可在 3 年内保留人事关系，离岗创业期间保留基本待遇；提出离岗创办企业申请应经事业单位批准，期限不超过 3 年，期满后创办企业尚未实现盈利的可以申请延长 1 次，延长期限不超过 3 年。④支持和鼓励事业单位设置创新型岗位。可以通过设置特设岗位、流动岗位选拔、吸引创新人才，探索实行灵活、弹性的工作时间，鼓励绩效工资分配向在创新岗位上做出突出成绩的人员倾斜等。

（2）加快高校高层次人才培养发展

2017年7月，中共教育部党组印发了《关于加快直属高校高层次人才发展的指导意见》。对于产学研协同创新发展关注的人才问题，该意见特别提到"促进高层次人才顺畅有序流动"的一些举措：支持高层次人才流动共享。鼓励高校在与科研机构、企业签署人才流动共享协议的基础上，通过协同创新、建立联合实验室、联合开展重大科研攻关等方式，实现人才资源优势互补。教学科研人员在学校同意的前提下，按规范的制度和程序到科研机构、企业兼职。高校可根据实际需要设立一定比例的流动岗位，吸纳企业、科研机构、行业部门和其他组织优秀人才到学校兼职。

加快培养具有前瞻交叉思维的科技创新人才，做好未来科技创新领军人才的前瞻性和战略性培养，抢占未来科技发展先机，2020年5月，教育部办公厅发布《未来技术学院建设指南（试行）》，明确未来技术学院立项建设和评估等事项；提出支持未来技术学院构建多学科交叉机制，探索多样化培养模式，提供多出口制度设计，促进多主体协同育人，催生多方位综合变革，打造能够引领未来科技发展和培养技术创新领军人才的教学科研高地。目前，教育部公布首批未来技术学院名单，北京大学、清华大学、北京航空航天大学、天津大学、东北大学、哈尔滨工业大学、上海交通大学、东南大学、中国科学技术大学、华中科技大学、华南理工大学、西安交通大学等12所大学入选。为深化产教融合，扎实推进新工科建设，完善人才培养协同机制，培养适应和引领现代产业发展的高素质应用型、复合型、创新型人才，同年7月，教育部办公厅、工业和信息化部办公厅发布《现代产业学院建设指南（试行）》，明确现代产业学院立项建设和评估等事项；提出面向行业特色鲜明、与产业联系紧密的高校，重点是应用型高校，建设一批现代产业学院，打造集产、学、研、转、创、用于一体，互补、互利、互动、多赢的实体性人才培养创新平台。教育部高教司司长吴岩出席2021年中国校企协同创新大会时的演讲指出，首批建设50个左右现代产业学院，以现代产业学院建设为抓手，为国家和区域经济发展提供高质量人才支撑。

（3）推动赋予科研单位和人员更大自主权

为了进一步推动赋予科研单位和科研人员更大自主权有关政策文件实施效果，2018年12月，国务院办公厅发布《关于抓好赋予科研机构和人员更大自主权有关文件贯彻落实工作的通知》。①明确科研人员兼职的操作办法。各单位要认真落实“科研人员在履行好岗位职责、完成本职工作的前提下，经所在单位同意，可以到企业和其他科研机构、高校、社会组织等兼职并取得合法报酬”的规定。②明确科研人员获得科技成果转化收益的具体办法。要求各高校、科研院所制定本单位转化科技成果的专门管理办法；请人力资源社会保障部会同有关部门按照《国务院关于优化科研管理提升科研绩效若干措施的通知》精神，落实“科研人员获得的职务科技成果转化现金奖励计入当年本单位绩效工资总量，但不受总量限制，不纳入总量基数”的要求，制定出台具体操作办法，推动各单位落实到位。

2.5 其他相关政策环境方面

政府出台相关法律法规与政策文件，如《科学技术进步法》和《促进科技成果转化法》，旨在促进研发成果应用与技术升级，加快经济高质量发展。《科学技术进步法》于 1993 年 7 月 2 日由第八届全国人民代表大会常务委员会第二次会议通过，2007 年 12 月 29 日第十届全国人民代表大会常务委员会第三十一次会议进行修订，2021 年 8 月 17 日第十三届全国人大常委会第三十次会议对《科学技术进步法（修订草案）》进行审议。此次修订突出强化国家战略科技力量，推动关键核心技术攻关；提出国家鼓励企业、科学技术研究开发机构、高等学校和其他组织建立优势互补、分工明确、成果共享、风险共担的合作机制。草案明确，构建和强化以国家实验室、国家科学技术研究开发机构、高水平研究型大学、科技领军企业为重要组成部分的国家战略科技力量；完善社会主义市场经济条件下关键核心技术攻关新型举国体制，组织实施体现国家战略需求的重大科技任务等。草案规定，建立健全创新人才教育培养机制，实行科学技术人员分类评价制度，突出创新价值、能力、贡献导向，激发科学技术人员创新创造活力。草案还对完善和优化国家创新体系、扩大科学技术开放与合作、营造良好创新环境等内容进行了规定。

2015 年 10 月，国家正式实施修订后的《促进科技成果转化法》（简称《成果转化法》）①，《成果转化法》对科技成果转化全过程进行了法律化规范，实现了科技成果转化有法可依、有法必依的新突破。主要思想是在法律层面为研究开发机构、高等院校赋予了科技成果自主管理

---

① 《促进科技成果转化法》1996 年首次出台，2015 年 8 月 29 日第十二届全国人民代表大会常务委员会第十六次会议对其进行了修订，2015 年 10 月 1 日起实施。

权限，是我国科技成果转化、知识产权管理及协同创新政策的“重点突破”。新修订的《成果转化法》增加了一些新的规制，在整个技术转让体系的完备方面又前行了一大步。相关内容主要有两个方面：一是鼓励产学研合作，强化企业科技成果转化的主体地位。该法修订版中多处强调了这一点。例如，第十条“在制定相关科技规划、计划和编制项目指南时应当听取相关行业、企业的意见”；第二十四条“对利用财政资金设立的具有市场应用前景、产业目标明确的科技项目，政府有关部门、管理机构应当发挥企业在研究开发方向选择、项目实施和成果应用中的主导作用，鼓励企业、研究开发机构、高等院校及其他组织共同实施”；第二十五条“国家鼓励研究开发机构、高等院校与企业相结合，联合实施科技成果转化”；第二十六条“国家鼓励企业与研究开发机构、高等院校及其他组织采取联合建立研究开发平台、技术转移机构或技术创新联盟等产学研合作方式，共同开展研究开发、成果应用与推广、标准研究与制定等活动”。二是提出国务院和地方各级人民政府应当加强科技、财政、投资、税收、人才、产业、金融、政府采购等政策协同，为科技成果转化创造良好环境。

随着科技成果转移转化相关系列政策的出台实施，2016—2019 年，全国出现井喷式成果转化热潮，高校院所的成果转化快速升温。值得关注的是，高校院所结合实际，探索形成符合自身特点的成果转化模式。①集成电路模式。中国科学院微电子研究所围绕集成电路产业链的关键环节和重大需求，探索“产业链、创新链、金融链”三链融合创新模式，与合肥市等发起设立总规模 102 亿元的集成电路相关产业基金，累计成功孵化企业 116 家，2019 年企业实现营业收入超 90 亿元。②合工大模式（天长模式）。形成企业出题、政府立题、高校解题、市场阅卷的新阶段合作发展特色。先由企业提出需要解决的关键核心技术问题，由企业与政府共同出资设立课题，企业出资 70%，政府出资 30%，还可享受税收优惠政策，政府与高校科研团队对接，由高校组织交叉团队去解决问题，满足企业真实需求，学界研究后可以发表论文，企业研发后可以申请专利。

高校院所趋向于以产学研合作方式转化科技成果。《中国科技成果转化 2020 年度报告（高等院校与科研院所篇）》显示，2019 年，3450 家公立高等院校和科研院所以转让、许可、作价投资方式转化科技成果的合同总金额为 152.4 亿元，较上年下降 19.1%；而高校院所技术开发、咨询、服务合同金额为 933.5 亿元，比上年增长 22.9%；高校院所兼职从事成果转化和离岗创业人员数量为 14 210 人，比上年增长 23.4%。[①] 数据表明，产学研合作稳定增长。国家科技评估中心副总评估师、中国科技评估与成果管理研究会秘书长韩军也表示，“2015 年《促进科技成果转化法》修订前积累的可转化的高价值科技成果近几年逐渐实施转化后，未转化及新产出的科技成果因成熟度有限，高校院所更趋向于以产学研合作方式（技术开发、技术咨询、技术服务）进行转化。”

2.6 本章小结

创新驱动发展战略导向下的新型产学研合作创新政策设计思路，总体上，一方面，延续已有的建立以企业为主体、产学研结合的技术创新

① 中国科技评估与成果管理研究会，国家科技评估中心，中国科学技术信息研究所．中国科技成果转化 2020 年度报告（高等院校与科研院所篇）[M]. 北京：科学技术文献出版社，2021.

体系，加快科技成果转化的政策思路；另一方面，更加重视体现国家战略目标和产业关键需求的重点领域，鼓励支持企业、大学、科研机构等共同依托国家科技计划和重大专项，以及共同组建科技创新平台等，实施产学研联合攻关。新形势下，政府在新型产学研合作创新中的主要作用是：一方面，营造有利于产学研合作的政策环境，提供基本的法律法规制度保障，更多地依靠产学研机构自行组织合作；另一方面，强势的政策干预，主张政府在产学研合作中发挥主导或引导作用，政府的强力介入推进新型产学研合作积极发展。政府在推动新型产学研合作创新中运用不同政策工具组合，体现多层次多样化支持，强化政策效果。例如，依托重大科技计划组织产学研联合攻关，依托领军企业组建产业技术创新联盟、建立各类技术创新平台等强制性政策工具；给予产学研合作税收和金融优惠等配套政策，对产学研合作产品优先政府采购等混合型政策工具。

3　美国新型产学研合作创新支持政策

3.1　国家战略与规划方面

美国是世界上科技最为发达的国家之一，在制定相关科技创新战略方面历史悠久，经验丰富，本节将从国家宏观战略层面梳理美国产学研合作创新的重点政策。

3.1.1　科学：无止境的前沿

产学研合作在美国国家创新体系中的地位明确且相当重要。1945 年，美国国家科学顾问范内瓦·布什向杜鲁门总统递交了《科学：无止境的前沿》（*Science: the Endless Frontier*）这份“改变美国历史”的报告，使得美国迅速摆脱对于欧洲基础研究及科研人才的依赖，成就了美国今日的科技强国地位，成为美国科技政策的蓝图和里程碑。

《科学：无止境的前沿》缘起于罗斯福总统的 4 个问题，即战时所获得的科学知识的传播和民用，科学与疾病的斗争，政府如何促进科研活动，以及发现和发展青年科学人才。该报告认为，基础研究对于国家战略目标是至关重要的，美国不能仅依赖于从国外输入知识，而应将大力支持本国的基础研究作为一项国策。范内瓦·布什论述了科学带来的巨大作用，没有科学进步，即使在其他方面取得了辉煌的成就，也不能保证国家的繁荣和安全。该报告为推动美国将科学研究确定为永久国策、提升美国国家科技竞争力起到了关键作用，报告中详细阐明了美国的重点科学研究方向：①与抗击疾病有关的研究；②涉及国家安全的研究；③与国民福祉有关的研究，如涉及创造就业机会、发明新的产品等的研究；④关注基础科学研究。直到今天，美国科研的目标依然围绕这4个方面展开。同时，范内瓦还在报告中提出了要注重人才培养和促进科学传播的理念。为实现上述任务，范内瓦提出成立国家科学研究基金会（National Science Foundation，NSF），并为未来的NSF设计了组织机构，5年后NSF的成立标志着美国科技政策进入新纪元，《科学：无止境的前沿》也因此成为美国历史上最有影响力的政策性文献之一。

2020年是范内瓦·布什《科学：无止境的前沿》报告出版的第75年，也是美国国家科学基金会成立的第70年。2020年5月，民主党参议员Chuck Schumer等人提出《无尽前沿法案》（*Endless Frontier Act*）的提案①，其目的是让政府加大对科技领域的扶植和投资，使美国在全球范围内继续保持科技领先优势。该法案提议把国家科学基金会更名为国家科学技术基金会，并在基金会下面增设一个类似于国防部高级研究计划局（DARPA）的技术理事会。法案还提议在5年内向国家科学技术基金会投资1000亿美元，提议商务部在5年内授权100亿美元，拨付给高校、科研机构的十大主要领域，用于发展高科技产品，并最终通过公司引入市场。这十大领域分别是：①人工智能和机器学习；②高性能计算、半导体和先进的计算机硬件；③量子计算和信息系统；④机器人技术、自动化和先进制造；⑤自然或人为灾害的预防；⑥先进的通信技术；

① American Institute of Physics. Lawmakers Propose Dramatic Expansion of NSF to Boost US Technology[EB/OL]. [2021-10-18]. https://www.aip.org/fyi/2020/lawmakers-propose-dramaticexpansion-nsf-boost-us-technology.

⑦生物技术、基因研究和合成生物学；⑧网络安全、数据存储和数据管理技术；⑨先进能源技术；⑩材料科学、工程学和勘探等其他关键技术。其后的提案《2021美国创新和竞争法案》（*United States Innovation and Competition Act of 2021*，USICA）[①]是对《无尽前沿法案》的补充。USICA提议投资2500亿美元，重点开展包括5G、半导体行业、量子计算、人工智能、生物技术、先进能源、空间技术等关键技术领域的基础及高级研究，以及理工科人才培养、STEM教育等政策举措，旨在提升美国在国际上的科技创新竞争力，重塑美国创新体系，强化国家产业和区域创新能力，维护美国先进技术的全球领先地位。

2020年12月17日，美国国家科学院出版报告《无止境的前沿：科学的未来75年》（*The Endless Frontier*：*The Next 75 Years in Science*）[②]，建言美国未来的科技政策，该报告是美国国家科学院于2020年2月26日召开的科技政策专题研讨会的研讨成果。

3.1.2 美国竞争力计划

2006年2月，布什总统提出了《美国竞争力计划》，以确保美国在科学和技术领域处于世界领先地位，保持美国的强大和安全。持续的科学进步和创新是保持美国竞争优势的关键，该计划列举了美国政府的资金和政策支持，包括：①对尖端基础研究进行投资，以产生有价值和可销售的技术、工艺和产品；②对科学设施和仪器工具进行投资，确保研

① Congress of the United States. S.1260–United States Innovation and Competition Act of 2021 [R/OL]. [2021–10–18]. https://www.congress.gov/.

② The National Academies Press. The Endless Frontier：The Next 75 Years in Science （2020）[R/OL]. [2021–10–18]. https://www.nap.edu/catalog/25990/the–endless–frontier–the–next–75–years–inscience.

究和开发工作的顺利进行；③实施中学教育制度，为每一代美国人提供教育基础，为未来的技术课题研究和兴趣激发打下基础；④为美国学生提供世界一流的数学、科学、工程和技术方面的教育与研究机会；⑤制定移民政策使美国能够吸引世界各地最优秀和最聪明的科学家；⑥鼓励企业对R&D进行投资，使科学发现转化为有用和可销售的技术、工艺和产品；⑦完善知识产权制度，以保护公共部门和企业对研究的投资所产生的知识产权；⑧打造一个通过自由灵活的劳动力、资本和产品市场来刺激和鼓励创业的商业环境，使新的生产技术得到迅速传播。

《美国竞争力计划》的一个重要内容是美国政府对研发的投资。具体来说，《美国竞争力计划》主要做以下工作：①在计划实行后的10年内，为支持物理科学和工程高杠杆领域的关键联邦机构的创新研究提供双倍资金支持；②通过使研究和试验税收抵免永久化，鼓励企业对创新进行更多投资；③加强K-12数学和科学教育，以提高学生的学习效率；④通过支持全面的移民改革，提高美国竞争力和留住世界各地最优秀和最聪明的高技能人才的能力[①]。

3.1.3 美国创新战略

奥巴马总统自2009年上任后，先后制定了《美国创新战略》2009版、2011版、2015版，希冀为美国未来的创新经济奠定基础。2009版《美国创新战略》依赖于美国人民的创造力和充满创新活力的企业，侧重于关键领域制定政策，为创新奠定基础，从而带来高质量的就业和经济繁荣，其框架如图3-1所示。

① BUSH G W. American competitiveness initiative[R/OL]. America: Domestic Policy Council, Office of Science and Technology Policy, 2006.

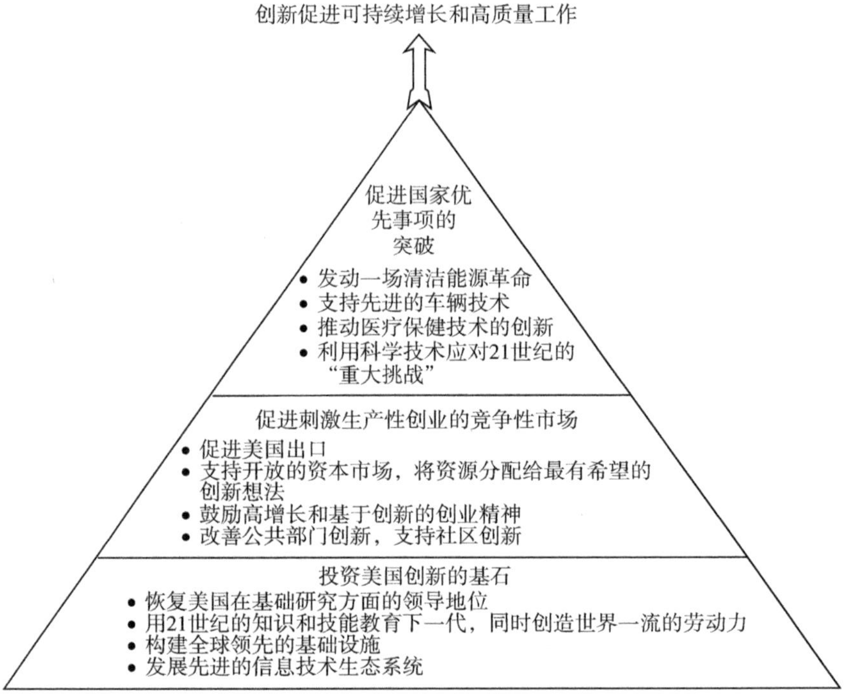

图 3–1 《美国创新战略》（2009 版）框架 ①

①投资美国创新的基石。奥巴马总统认识到政府在促进突破性科技发展方面的根本作用，强调恢复美国在基础研究方面的领导地位。同时，他意识到美国要继续在科技创新方面领先世界，就必须拥有世界上最有知识和技能的工人，所以他注重加强知识和技能教育，以打造世界一流的劳动力。

②促进刺激生产性创业的竞争性市场。奥巴马政府支持开放的资本市场，鼓励高增长和基于创新的创业精神，改善公共部门创新，支持社

① OBAMA B H. A strategy for American innovation： Driving towards sustainable growth and quality jobs [R/OL]. America： Executive Office of the President， National Economic Council， Office of Science and Technology Policy， 2009.

区创新，致力于帮助企业家建立新的充满活力的企业，并提高政府促进和利用创新的能力，为创业和冒险创造一个成熟的国家商业环境，使美国公司在全球思想和创新交流中具有国际竞争力。

③促进国家优先事项的突破。奥巴马总统关注政府在市场可能自行失灵的行业发挥作用。例如，发动一场清洁能源革命，致力于帮助美国在未来新型清洁能源经济中取得的领导地位；支持先进的车辆技术，致力于将美国置于先进车辆技术行业的前沿，加强美国制造业基础；推动医疗保健技术的创新，卫生信息技术的创新将提高医疗保健效率。

创新能力将决定美国未来的经济增长和国际竞争力，奥巴马总统的《美国创新战略》利用美国人民的创造力，为确保美国未来的繁荣提供了一个多方面和可持续的方法。2011 年 2 月，奥巴马总统更新了《美国创新战略》，深刻阐释了创新在美国过去和未来经济繁荣中的重要作用和企业作为创新引擎的核心重要性，以及政府在支持创新系统中发挥的重要作用。如图 3–2 所示，在 2009 年《美国创新战略》的基础上，《美国创新战略》（2011 版）提出进一步增加政府对 3 个关键领域的关注。

①投资美国创新的基石。刺激推动美国未来经济增长和竞争力提升的创新需要对基础条件进行重点投资。因此，奥巴马总统采取措施，从早期的中小学教育到大学和研究生教育全方位改善美国的教育系统，并利用公私伙伴关系促进学生在科学、技术、工程和数学领域的学习和就业。同时，奥巴马政府认为要加强和扩大美国在基础研究方面的领导地位，因为推动经济进步的创新通常取决于基础科学的突破。

②促进基于市场的创新。美国企业是创新的动力源泉，它们将美国的创造力带到市场上，让创新成果在市场得以应用、商业化和传播。因此，奥巴马总统呼吁实施研究与实验税收抵免并使其永久化，以加速美国企

业创新，制定有效的知识产权政策为商业创新提供保障与激励，鼓励基于创新的创业精神并支持创新型企业家，促进创新、开放和竞争的市场，催化创新中心，促进创业生态系统的发展。

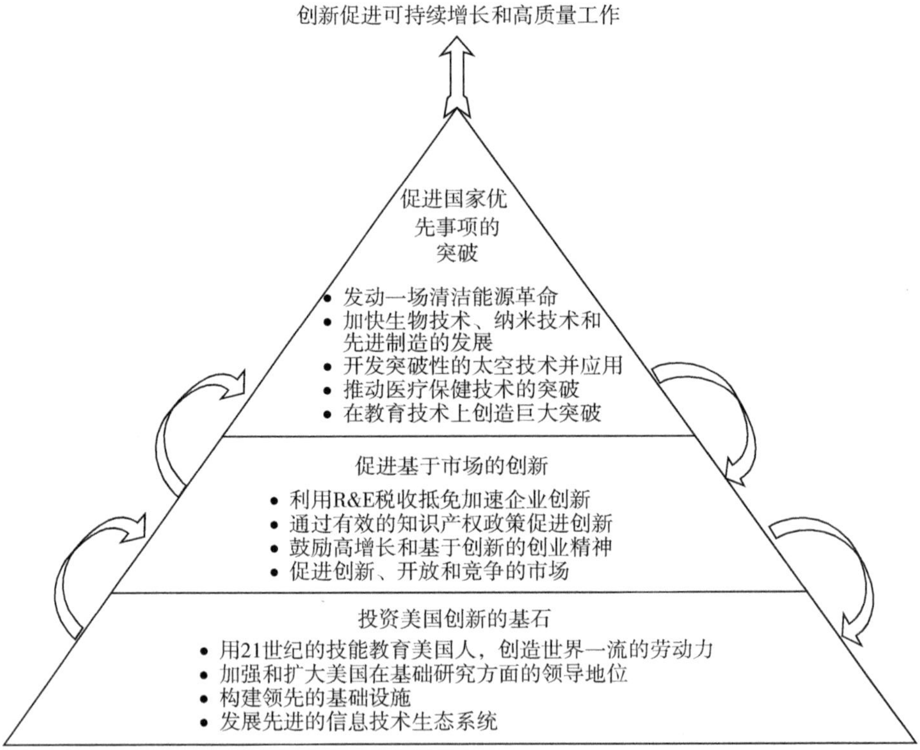

图 3–2 《美国创新战略》（2011 版）框架[①]

③促进国家优先事项的突破。对于创新至关重要但市场调节失灵、阻碍进步的国家优先事项，美国政府可以帮助其刺激技术进步。因此，奥巴马政府发动清洁能源革命，致力于研究能把美国经济转向清洁、安

① OBAMA B H. A strategy for American innovation: Securing our economic growth and prosperity [R/OL]. America: National Economic Council, Council of Economic Advisers, Office of Science and Technology Policy, 2011.

全和独立的未来能源。同时，奥巴马政府强调应加速生物技术、纳米技术和先进制造的发展，开发突破性的太空技术并应用，推动医疗保健技术的突破，并在教育技术上创造巨大突破。

同时，奥巴马政府还提出了新举措：①通过专利改革立法议程减少美国专利商标局（USPTO）积压的大量专利申请；②推出美国创业计划（Startup America Initiative），提高创办高增长初创企业的成功率，并通过新的企业加快大学实验室研究成果的转移。

2015 年，奥巴马政府再次更新《美国创新战略》，确定了维持创新生态系统的新政策，以推动美国未来几十年的经济增长和繁荣。如图 3-3 所示，奥巴马总统 2015 年的《美国创新战略》认识到联邦政府在投资创新的基石、推动企业创新，以及赋予创新者权力方面的重要作用。该战略有 6 个关键要素，与产学研合作创新高度相关的包括以下几点。

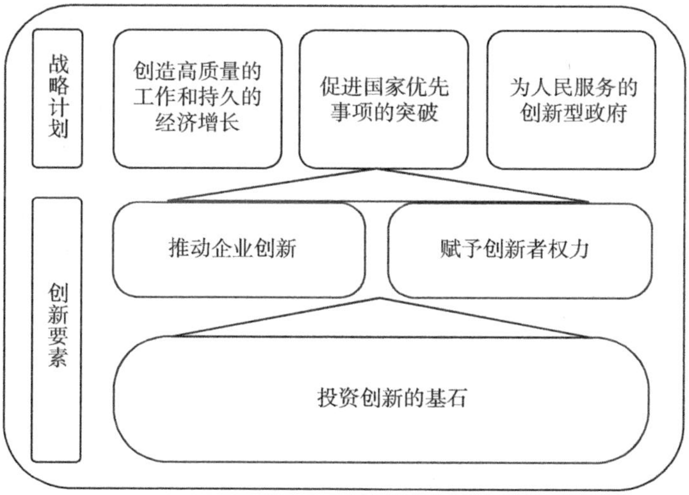

图 3-3 《美国创新战略》（2015 版）框架[①]

① OBAMA B H. A strategy for American innovation [R/OL]. America: National Economic Council, Office of Science and Technology Policy, 2015.

①投资创新的基石。美国创新生态系统的基石是那些联邦政府为创新过程提供基础投入的领域，主要包括以下 3 个方面：a. 在基础研究方面进行世界领先的投资；b. 增加获得高质量科技教育的机会；c. 为移民扫清道路，帮助推动创新经济。

②推动企业创新。美国政府将通过解决阻碍创新活动的市场失灵问题和确保有利于实验和创新的结构性条件来增强企业创新者的能力，具体举措包括：a. 加强研究和试验税收抵免；b. 支持创新型企业家；c. 确保合适的结构性条件以促进创新；d. 开放联邦数据赋予创新者权力；e. 从实验室到市场，联邦资助研究的商业化；f. 支持区域创新生态系统的发展。

③赋予创新者权力。奥巴马政府采取了比以往任何一届政府更多的措施，让新群体参与创新过程，并赋予创新者广泛的权力，以帮助解决美国面临的紧迫挑战，如通过奖励发挥美国人民的创造力；通过定制、科研众包和公民科学等方式发掘创新人才。

④创造高质量的工作和持续的经济增长。奥巴马政府采取催化创新生态系统方法，加快新一代技术的发展，培育符合国家优先事项的新产业，或者确保包容性创新经济的发展，如启动全国制造业创新网络计划，增强美国先进制造业的优势；致力于投资新兴技术，如纳米、机器人、大数据、生物、能源、基因、自动驾驶汽车等技术。

⑤促进国家优先事项的突破。从自动驾驶汽车到精密医疗和智能城市，对创新的集中投资可以对国家优先事项产生变革性影响，以应对国家和世界面临的挑战。2015 年版《美国创新战略》提出要重点支持九大领域的发展与突破，具体内容及其经费情况如表 3–1 所示。

表 3–1 2015 年版《美国创新战略》提出优先突破的九大领域

序号	领域	主要内容及经费资助情况
1	先进制造	推出国家制造业创新网络来恢复美国在高精尖制造业创新中的领先地位，重新投资供应链创新，支持扩大技术密集型制造业公司等
2	精密医疗	2016 年，美国预算投资 2.15 亿美元启动精密医学倡议，推动基因组学、大型数据集分析和健康信息技术的发展
3	大脑计划	通过基因对大脑进行全方位的认知，协助科学家和医生更好地诊断和治疗神经类疾病，奥巴马政府预算 3 亿美元支持大脑计划
4	先进汽车	奥巴马总统 2016 年财政预算加倍投资汽车技术研究，提升全自动汽车的性能和安全标准
5	智慧城市	奥巴马政府 2016 年财政预算 3000 多万美元用于投资智慧城市新研究和部署智慧城市设施
6	清洁能源与节能技术	联邦政府预算高达 76 亿美元，用于支持新能源技术的开发，鼓励投资倾向于解决环境问题的方案
7	教育技术	为全国 99% 的学生在 2018 年之前接通高速宽带网络。此外，为在教育领域取得新技术突破，2016 年将投资 5000 万美元建立教育高级研究计划局（ARPA–ED）
8	太空探索	2016 年，美国财政预算 12 亿美元用于美国宇航局的商业航天计划，7.25 亿美元用于美国宇航局的太空技术任务理事会
9	计算机新领域	刺激创建和部署前沿计算技术，建造高速运算的计算机

资料来源：根据 2015 年版《美国创新战略》整理。

3.1.4 关键技术和新兴技术国家战略

美国在科学技术方面的成就和世界领导地位是美国人民生活、经济繁荣和社会安全的驱动因素。特朗普执政下的美国政府认为，美国在关键技术和新兴技术领域的领导地位面临着来自战略竞争对手的挑战，故 2020 年 10 月 15 日特朗普总统发布了《关键技术和新兴技术国家战略》，以推进国家安全创新基地（NSIB）建设，力求美国在关键技术和新兴技术领域继续保持全球领先地位。

推进 NSIB 建设将考虑或采取以下措施来促进关键技术和新兴技术的发展[①]：①培养世界上最高质量的 S&T 劳动力；②吸引并留住发明家和创新者；③利用私人资本和专业知识进行建设和创新；④迅速推动发明和创新；⑤减少抑制创新和行业增长的烦琐法规、政策和程序；⑥支持发展一个强大的 NSIB，包括学术机构、实验室、基础设施支持、风险投资、企业支持和工业支持；⑦在制定政府预算时提高 R&D 的优先地位；⑧在政府内部开发和应用先进技术，并提高政府作为企业客户的期望值；⑨鼓励公私伙伴关系；⑩与志同道合的盟友和合作伙伴建立强大而持久的技术伙伴关系；⑪ 与企业一起，释放积极的信号，以提高关键技术和新兴技术的公众接受度。

3.1.5 国家战略计算储备：蓝图

计算能力在科研领域和社会的各个方面发挥着越来越重要的作用，它能促进新科学与工程（S&E）的发现和创新。2021 年 10 月，拜登总统行政办公室发布《国家战略计算储备：蓝图》（*National Strategic Computing Reserve*：*A Blueprint*，NSCR），NSCR 被设想为一个由专家、计算、软件、数据及技术专业知识等资源提供者和管理 NSCR 的项目办公室组成的联盟，跨越政府、学术界、非营利组织和行业，在紧急需要时提供关键的计算能力和服务，旨在维护在国家紧急需要时提供的储备

① TRUMP D. National strategy for critical and emerging technologies [R/OL]. 2020.

计算能力。NSCR 的主要功能包括[①]：①制定明确的政策、流程和程序，以在危机时刻启动和运行 NSCR；②在政府、行业内和学术界招募一批具有先进计算能力和提供数据资源服务的人员；③与成员制定有关协议，以便在紧急情况下能够提供相关服务；④开发方法和工具，以便在需要时将关键的专有数据集安全地提供给计算平台和研究人员；⑤制定一套协议促使 NSCR 能够与联邦机构和行业合作；⑥执行一系列演练来测试和维护 NSCR；⑦在危急时刻，NSCR 接收项目提案，审查项目的优先级，并将计算资源分配给已批准的项目并跟踪项目进展，确保资源的有效使用；⑧危急解除后，整合相关资源恢复正常运营，并总结经验教训。

3.2 重要方向与领域设立方面

本部分主要梳理美国产学研合作创新中面向未来的重大创新与关键核心技术攻关设立的科技计划与项目政策。

3.2.1 融合研究相关计划

2016 年中旬，美国国家科学基金会（NSF）公布了一项针对美国中长期科技发展的计划蓝图——NSF 未来投资的十大理念（10 Big Ideas for Future NSF Investments），由六大科学前沿与 4 项改革举措构成。该计划旨在定义一套前沿的研究议程和过程来匹配 NSF 未来的投资组合，并要求 NSF 加大与工业界、私人基金会、其他机构、科学院、大学和社会各界的合作。展望未来几十年，设想一些具有远见性的计划，

---

① EOP. About NSCR [R/OL]. [2021-10-18].https://www.whitehouse.gov/wp-content/uploads/2021/10/National-Strategic-Computing-Reserve-Blueprint-Oct2021.pdf.

从而推动NSF的长期研究议程，以使美国人民可以在未来的基础研究领域获得收益。NSF未来投资的十大理念主要包括[①]：①多元人才计划（NSF INCLUDES）；② NSF 2026计划；③理解生命规则：预测基因表型（Understanding the Rules of Life： Predicting Phenotype）；④人－技前沿的未来工作（The Future of Work at the Human–Technology Frontier）；⑤中型研究基础设施资助机制（Mid–scale Research Infrastructure）；⑥宇宙之窗：多信使天体物理学时代（Windows on the Universe： The Era of Multi–messenger Astrophysics）；⑦探索新北极（Navigating the New Arctic）；⑧驾驭面向21世纪科学和工程的大数据（Harnessing Data for 21st Century Science and Engineering）；⑨量子跃迁：引领下一个量子革命（The Quantum Leap： Leading the Next Quantum Revolution）；⑩持续发展的融合研究（Growing Convergent Research at NSF）。

2016年美国国家科学基金会（NSF）将不断增长的融合研究（Growing Convergence Research，GCR）列为NSF未来投资的十大理念之一，标志着融合研究成为NSF的长期投资议题。NSF把融合研究作为单列预算，并在2018年编制的《构建未来：投资发现和创新战略规划2018—2022》中把融合研究看作其制定新一轮战略规划要考虑的重要因素之一，明确要求瞄准具有潜在高回报的极具挑战性的融合研究问题[②]。NSF与所有科技领域有着深厚的联系，几十年来一直支持跨学科研究，使得其在促进融合方面处于有利地位。融合研究以一种协调、互惠的方式融

① NSF. 10 Big Ideas for Future NSF Investments [R/OL]. [2021–10–18]. https://www.nsf.gov/about/congress/reports/nsf_big_ideas.pdf.

② 樊春良，李东阳，樊天．美国国家科学基金会对融合研究的资助及启示 [J]. 中国科学院院刊，2020，35（1）：19–26.

合了不同学科，建立和支持创造性的伙伴关系和扩展解决复杂问题所需的创造性思维。

NSF认为，融合研究具有两个关键特征[①]：一是由特定且引人注目的问题驱动的研究。无论融合研究是来自深层次的科学问题，还是紧迫的社会需求，它一般都通过应对特定挑战或机遇的需求而启发。二是跨学科深度融合。随着来自不同学科的专家共同解决具有挑战性的研究问题，他们的知识、理论、方法、数据和语言变得越来越融合。为了建立一个真正支持融合科学的系统，NSF将战略性地投资于面临科研难题和重要社会问题激励的研究项目。可见，融合研究是学科交叉研究的延续。融合研究相关计划的主要内容如下。

3.2.1.1　“不断增长的融合研究”项目计划（Growing Convergence Research）

（1）项目背景

2016年，美国国家科学基金会（NSF）公布了“十大创意（NSF's 10 Big Ideas）”，即10项大胆、长期的研究议程，它确定了科学和工程前沿领域的未来投资领域。十大创意代表了独特的机会，通过汇集不同学科的观点来支持融合研究，将美国置于全球科学和工程领导的前沿。

（2）项目目标

一方面，“不断增长的融合研究”项目希望催化融合方法，来解决现有学科交叉领域引人注目的科学和工程研究问题；另一方面，它将通过优化NSF的审查流程，以更有效地评估融合研究提案的价值。

① NSF. About Growing Convergence Research [EB/OL]. [2021-09-23]. https://beta.nsf.gov/funding/opportunities/growing-convergence-research-gcr.

（3）项目内容

保护人类健康，理解食物、能量和水的联系，以及在所有尺度上探索宇宙，这些并不会仅通过一门学科知识就能解决。它们需要融合来自不同学科领域的想法、方法和技术，以刺激创新和发现。“不断增长的融合研究”作为美国国家科学基金会未来投资的十大理念之一，是主要用于解决棘手的研究问题，特别是关注社会需求的复杂问题的一种手段，并需要整合来自不同学科的知识和方法，形成新的框架来促进科学发现和创新[①]。这样，不仅是科学家，每个人都可以从物理学、生物学、计算机科学、工程学、社会学和行为科学等的融合中获益。

（4）机制手段

“不断增长的融合研究”项目将使用多种机制来实现规划的目标，包括：

①能力建设活动（Capacity-Building Activities）。“不断增长的融合研究”项目将寻求扩大参与融合研究人员的范围。美国国家科学基金会仍然对研究人员和其他利益相关者提出的能力建设方法持开放态度。能力建设的一个目标将是促进美国学术研究人员与行业、联邦实验室、非营利性研究组织和国际研究界等其他部门之间建立新的伙伴关系。另一个重点将是扩大参与融合研究团队的人口统计学多样性。

②探索性资助（Exploration Grants）。美国国家科学基金会将支持探索性资助，使研究团队能够证明他们有效合作的能力。探索性资助的预算高达 360 万美元，持续时间将长达 5 年。探索性资助将通过科学和技术中心、工程研究中心和美国国家科学基金会研究培训师等项目为更大

① NSF. About Growing Convergence Research [EB/OL]. [2021-09-23]. https://beta.nsf.gov/funding/opportunities/growing-convergence-research-gcr.

规模的融合研究奖项做准备。

③改进的绩效评审流程（Enhanced Merit Review Process）。融合研究项目将采用改进的绩效评审流程。NSF 将利用数据挖掘工具、项目工作人员的知识和来自学术界的建议，确定一批经验丰富的融合研究人员组成评审小组。在这个小组中，NSF 将要求不同的研究人员加入评审学院（College of Reviewers，CoR）。CoR 将是一种资源，使 NSF 工作人员能够为融合研究招募合适的评审员。

3.2.2.2 “融合加速器”项目计划（Convergence Accelerator）

（1）项目背景

2019 年，美国国家科学基金会通过其融合加速器试点颁发了第一批奖项，利用多学科研究团队为与财富 500 强公司的公私合作奠定基础，将大数据应用于科学和工程领域，并开发可以改善美国人生活的技术。

（2）项目目标

“融合加速器”项目的目标是在具有国家重要性的领域加速基于应用的融合研究，并围绕特定主题的探索性、潜在高风险性提案启动融合团队建设能力。它旨在通过来自不同行业、政府、非营利组织和其他部门的利益相关者的合作伙伴关系，扩大和完善 NSF 支持基础科学探索的努力。

（3）项目内容

“融合加速器”项目将团队聚集在一起，以应对需要采用融合研究方法的全国范围内的社会挑战。它利用基础知识，包括多学科研究和创新过程的整合。“融合加速器”项目主要由开放知识网络（Open Knowledge Network）、人工智能和未来工作（AI and Future Jobs）及国家人才生态系统（National Talent Ecosystem）3 个部分构成[①]。

①开放知识网络支持构建非专有的共享知识基础设施，允许根据语义级别理解的实际工作对象关系来定位存储的数据。知识网络汇集了多种类型的信息和想法，以便可以访问和利用它们来创造新的理解。这些网络已成为许多利用当前大数据革命的大型组织的重要工具。

②人工智能和未来工作支持开发将工人与未来工作联系起来的机制，如用于预测的人工智能工具、未来工作场所所需技能的经济和劳动力市场分析，以及成人学习所需的教育技术。

③国家人才生态系统将帮助雇主持续开展动态、数字密集型工作。它将支持概念、结构和技术的开发，如学习环境、平台、界面或模拟、分析、评估或预测工具，以及招聘和参与工具。

3.2.2 构建未来：投资发现和创新战略规划 2018—2022

美国国家科学基金会（NSF）自成立以来，不仅重视支持基础研究，而且在整个国家的教育和研究的基础设施建设中一直扮演着重要的角色。2018 年 2 月，NSF 发布了《构建未来：投资发现和创新战略计划 2018—2022》（*Building the Future*：*Investing in Discovery and Innovation 2018–2022*），对上一轮科学基金战略规划（2014—2018）进行更新。新的战略规划设定了 NSF 未来 5 年的方向，确立了 3 个战略目标：扩大科学、工程和学习知识，提高国家应对当前和未来挑战的能力，提高 NSF 履行使命的能力，并对 NSF 的使命、愿景和价值做了新的论述。该规划具体

① NSF. About Convergence Accelerator [EB/OL]. [2021-09-23]. https://www.nsf.gov/pubs/2019/nsf19065/nsf19065.jsp.

的战略方向大致包括以下内容[①]。

①生物科学（BIO）。该活动通过支持分子、细胞、有机体和生态系统等各个层次的研究，以及这些层次组织之间的相互作用，促进生物学的科学进步。

②计算机及信息科学与工程（CISE）。该活动支持计算机及信息科学与工程所有领域的研究者发起的研究，以促进社会进步，帮助开发和维护先进的网络基础设施，以促进和加速所有学科的发现和创新，并有助于培养下一代计算机和信息科学家和工程师，使他们掌握在竞争日益激烈的全球市场上取得成功所必需的技能。

③地球科学（GEO）。该活动支持地球科学相关的研究和基础设施建设，以增进对我们赖以生存的星球的特性和动力学的研究，包括了解气候变化、地震等破坏性过程的原因和影响等。

④数学与物理科学（MPS）。该活动支持数学科学、物理学、天文科学、化学、材料科学中的自然定律和现象的研究，以及相关基础设施建设。

⑤社会、行为与经济科学（SBE）。该活动支持社会、行为、认知和经济科学的研究，并资助科学和工程企业统计数据的收集和传播。

⑥国际科学与工程办公室（OISE）建设。该活动促进了国际科学和工程的综合战略，补充和提高了 NSF 更广泛的研究和教育目标，促进了国际合作。

⑦极地计划。该活动支持美国极地研究项目的北极、南极研究和运筹学，以及其他相关活动，包括为由美国南极计划（USAP）支持的后勤和其他相关活动提供资金。

① NSF. Building the Future： Investing in Discovery and Innovation 2018 – 2022 [EB/OL]. [2021-09-23]. https://www.nsf.gov/publications/pub_summ.jsp?ods_key=nsf18045.

⑧综合活动（IA）。该活动支持新兴的跨学科研究工作、主要研究工具、能力建设、规划和政策支持，同时为科技政策研究所提供支持。

⑨主要研究设备和设施建设（MREFC）。主要研究设备和设施建设活动支持采购、建设和调试独特的国家研究平台和主要研究设施及设备。每一个建设项目的绩效都要根据一个既定的基准和主要的指标进行度量。

3.2.3 制造业振兴相关计划

从20世纪初开始，美国制造业在国际上占据着主导地位。然而，到20世纪80年代，美国制造业的国际竞争力逐渐削弱。为了恢复国际竞争优势并保持主导地位，美国政府先后推出了一系列用来促进制造业发展的计划。例如，1988年实施了“霍林斯制造业拓展合作伙伴关系”（Manufacturing Extension Partnership，MEP）项目计划。20世纪90年代以后，去工业化带来的美国制造业空心化、失业加剧、贸易逆差不断上升，加之新兴国家或地区的有力竞争，以及2008年国际金融危机等因素引发的经济萧条，促使美国当局寻求新的经济增长点，提出“再工业化”口号，以期通过发展先进制造业占领产业制高点[①]。2009年4月，奥巴马在乔治敦大学演讲时首次提出将重振制造业作为美国经济长远发展的重要战略[②]。同年12月，美国发布“重振美国制造业框架”（A Framework for Revitalizing American Manufacturing）项目计划，论述美国重振制造业的依据，提出要加大对先进交通基础设施建设和新技术的投入。2011年6月，奥巴马总统在卡内基·梅隆大学发起了“先进制造合作伙伴计划”

① 贾根良，楚珊珊．产业政策视角的美国先进制造业计划[J]．财经问题研究，2019（7）：38–48.

② 余翔．美国制造业振兴战略的成效及前景[J]．现代国际关系，2014（4）：16–23，63–64.

（Advanced Manufacturing Partnership，AMP），将工业界、大学和联邦政府召集在一起进行研发，增强美国制造业的全球竞争力[①]。2016年2月，美国总统执行办公室、国家科学技术委员会和先进制造国家项目办公室联合发布了国家制造创新网络项目（National Network of Manufacturing Innovation，NNMI）的第一个战略计划，即“国家制造业创新网络计划战略规划”（National Network of Manufacturing Innovation Program Strategic Plan，NNMI）。特朗普总统在他的任期内于2018年10月发布了“国家先进制造领导战略计划”（Strategy for American Leadership in Advanced Manufacturing），该战略的目的是通过连接人、思想和技术，确保美国在先进制造业领域的全球领先地位。

3.2.3.1 “霍林斯制造业拓展合作伙伴关系”项目计划

（1）项目简介

“霍林斯制造业拓展合作伙伴关系”（MEP）项目计划于1988年由美国国家标准与技术研究院（National Institute of Standards and Technology， NIST）实施，它是一个国家中心网络，为中小型制造商提供定制服务，以改进生产过程、升级技术能力和促进产品创新。MEP计划通过州和地区中心促进与工业、大学、教育机构、州政府、美国国家标准与技术研究院和其他联邦研究机构合作，加速制造技术的转移。

（2）项目经费情况

虽然布什总统的年度预算普遍要求大幅减少对“霍林斯制造业拓展合作伙伴关系”（MEP）项目计划的支持，但从每年的拨款来看，国会除了2004财年和2008财年外，每年的拨款资金总体上是稳定的。奥巴

① BONVILLIAN W B. Advanced manufacturing：A new policy challenge[J]. Annals of science and technology policy，2017，1（1）：1–130.

马总统时期要求国会对 MEP 的预算不断增加，如在 2010 财年，MEP 获得了 1.247 亿美元的预算，在 2018 财年上升到了 1.4 亿美元的预算。图 3–4 显示了 1990—2019 财年 MEP 的预算资金水平。

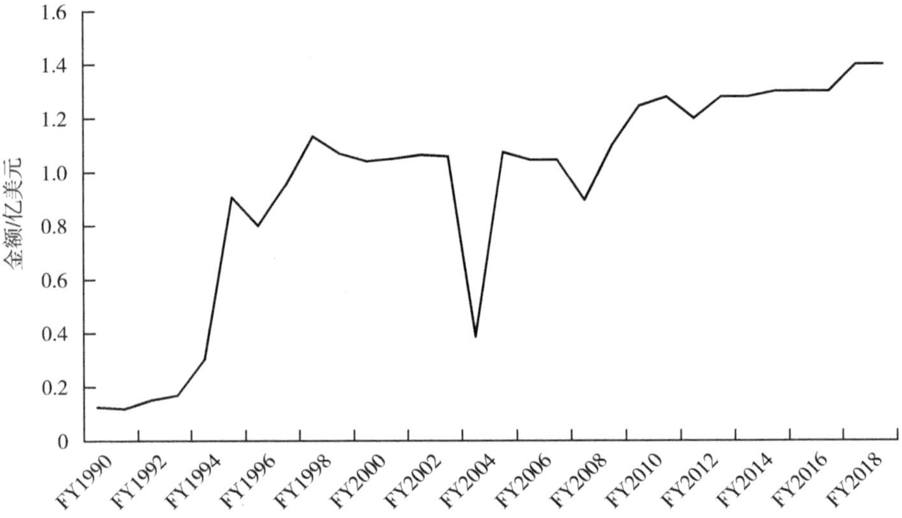

图 3–4　1990—2019 财年完成拨款情况

（资料来源：根据美国国会研究服务机构报告整理）

（3）执行项目的部门或机构

“霍林斯制造业拓展合作伙伴关系”（MEP）项目计划是美国国家标准与技术研究院（NIST）的一个项目，由美国国家标准与技术研究院的 MEP 项目办公室、MEP 咨询委员会、51 个 MEP 中心及其监督委员会来管理。

（4）项目进展及成果

MEP 项目为一系列活动提供了额外的资助机会，以支持该项目的总体使命。竞争奖励计划、支持 MEP 员工在美国制造业机构嵌入的奖励（也称嵌入计划）和 MEP 辅助技术和技术资源计划都是此类活动的例子。

①竞争奖励计划（The Competitive Awards Program，CAP）。2017年，美国国会设立了CAP计划，旨在“开发项目以解决新的或正在出现的制造业问题”，NIST利用滚动融资机会通知（Notice of Funding Opportunity，NOFO）来征集合作资助申请，每个项目的资助金额为5万～100万美元。只有NIST资助的具有特定性能评级的MEP中心才有资格申请。

②嵌入计划（The Embedding Program）。在2016年和2017年，NIST在三轮比赛中获得了14项约120万美元的奖金，以建立MEP与14个美国制造研究所（也称美国制造创新网络）之间的合作关系，这种努力有时被称为嵌入计划。

这些奖项的目的是进一步将美国制造创新网络开发的技术过渡到中小型制造商[①]。具体来说：a.嵌入式工作人员将技术从制造美国（the Manufacturing USA）项目的支持机构应用到美国中小型制造商当中；b.通过亲自协助和服务，吸引中小型制造商参与研究所的工作；c.开发和测试商业模式，使MEP中心和研究所能够有效地满足美国中小型制造商在技术领域的需求，并促进知识和最佳实践的共享；d.在各研究所和MEP中心之间加强建立全国性的伙伴关系网络。

③MEP辅助技术和技术资源计划（The MEP-Assisted Technology and Technical Resource Program，MATTR）。MEP辅助技术和技术资源计划为中小型制造商提供了实验室的核心科学和工程能力，NIST还利用该计划来提高中小型制造商对NIST专利和可授权产品库的认识[①]，NIST通过MATTR项目为中小型制造商提供了很多的帮助。

总体而言，MEP是一个覆盖各州、空间关联不断拓展的非营利性区

① Jr Sargent J F. The Hollings Manufacturing Extension Partnership[EB/OL]. [2021-05-12]. https://fas.org/sgp/crs/misc/R44308.pdf.

域中小型制造企业技术服务网络。每个MEP中心均为非营利性机构，由联邦、州及地方三级政府联合实施，与技术研发方（联邦实验室、商务部下属的国家标准技术研究院、科研机构、科技型企业）、技术扩散方（行业协会、专业社团、行业领袖和智库、经济发展组织、咨询公司等）和技术使用方（全国各地成熟的中小型制造企业）紧密协作，建立广泛的公私合作伙伴关系，形成了以MEP地方中心为核心的多元化协作型技术服务网络[①]。MEP还通过提供企业对接、供应商匹配和教育培训等服务，形成了互联互动的全国性技术扩散服务网络。此外，MEP计划虽然由联邦政府和州政府联合实施，但该计划体系具有很强的开放性，其他非营利性组织、学术机构、企业集团、公立或私立技术援助机构、企业服务供应商等机构都能共同参与[②]。

3.2.3.2 “重振美国制造业框架”项目计划

（1）项目简介

“重振美国制造业框架”项目计划于2009年12月提出，其中，支持制造业的政策和举措可以分为7个部分，包括：①为工人提供机会，以获得高效生产所需的技能；②投资于创造新的技术和商业实践；③发展稳定、高效的商业投资资本市场；④帮助社区和工人实现更美好的未来；⑤对先进的交通基础设施进行投资；⑥确保市场准入和公平的竞争环境；⑦改善商业环境，特别是在制造业方面。

① 马丽仪，陶秋燕，贺俊，等.美国“制造业拓展合作伙伴计划”的经验及启示[J].科技导报，2020，38（4）：99-102.

② 王海燕，梁洪力，张寒.美国制造拓展伙伴计划的新动向及其对我国创新方法工作的启示[J].中国软科学，2015（1）：59-66.

（2）项目经费情况

美国政府在资助方面做了很多努力。例如，由于所接收到的资助申请量远超项目资助额度，2009 年 12 月 16 日，美国政府宣布将该计划的资助额度增至 50 亿美元，从而可以将更多有意愿为美国清洁能源事业进行私人投资的申请者纳入资助范围。这笔资金将用于启动准备就绪的项目，并继续维持美国在未来清洁能源产品制造业中的领先地位。

（3）执行项目的部门或机构

由奥巴马政府主导提出了振兴制造业的框架，基于关键领域分析了制造过程中每一步的成本动因，并提出了在这些领域设计适当的政府支持提案。

（4）项目进展及成果

①基础研究与前沿技术。基础研究是任何社会经济发展的基础，奥巴马政府通过使重点科研机构研发预算翻倍来支持基础与前沿技术研究，如在 2010 财年预算中，将 3 个关键科学机构（国家科学基金会、能源部科学办公室和国家标准与技术研究所的实验室项目）的研究预算增加一倍。

②探索新的选择来刺激创新和技术突破。政府将探讨利用奖励和反向拍卖作为投资、税收抵免和其他刺激创新技术的机制。使用奖励和反向拍卖的优点是，成功的人可以在客观、有证明的基础上直接获得奖励，联邦资金可以有针对性地利用私营部门的资源。

③使研究和实验的税收抵免永久化。为了增加企业在美国进行长期研究和试验投资的确定性，美国政府的 2010 财年预算包括了在未来几年内使研发信贷永久存在的全部成本。税收抵免永久化将使企业更有信心启动新的研究项目，以提高生产率、提高生活水平和增强竞争力。

④通过增加技术创新计划（TIP）来刺激制造业的创新。TIP 通过在关键的国家需求领域进行高风险、高回报的研究，支持、促进和加速美国的创新，其中一个重点领域是先进制造工艺和材料的研究。奥巴马政府致力于该计划的成功和促进创新，使 TIP 计划从 2009 财年的 6000 万美元预算增长到 2015 财年的 1 亿美元。

⑤推进支持创新和生产的结构性改革和保护知识产权。结构和监管改革有利于支持创新和增加生产，奥巴马政府在此过程中探讨一系列此类改革，包括知识产权保护制度。

3.2.3.3　先进制造合作伙伴计划

（1）项目简介

2011 年 6 月，奥巴马总统在卡内基 · 梅隆大学发起了先进制造合作伙伴计划（AMP），这是一项全国性的努力。它将工业界、大学和联邦政府召集在一起，对新兴技术进行投资，这些新技术将创造高质量的制造工作机会，并增强美国的全球竞争力。

（2）项目经费情况

奥巴马总统计划将利用现有计划和提案，将投资超过 5 亿美元以启动这项工作，商务部、能源部、国防部等部门都将共同努力。例如，美国国防部在 2011 财年投资了 2400 万美元用于国内制造技术，以解决紧急操作需求，包括改进透明装甲、隐身技术和瞄准系统，以提高对美国国家安全至关重要的行业的国内制造能力[①]。

① The White House. The Advanced Manufacturing Partnership [EB/OL]. [2021-05-12]. https://obamawhitehouse.archives.gov/the-press-office/2011/06/24/president-obama-launches-advancedmanufacturing-partnership.

（3）执行项目的部门或机构

由来自行业和学术界的领先专家组成 AMP 指导委员会，为先进制造合作伙伴计划提供建议。

（4）项目进展及成果

①在关键的国家安全行业中构建国内制造能力。从 2011 年开始，国防部、国土安全部、能源部、农业部、商务部和其他机构将协调政府范围内的努力，以利用其现有资金和未来预算，并达成初步目标 3 亿美元用于与行业共同投资创新技术，这些技术将提升与国家安全至关重要的行业的国内制造能力①。初步目标包括对小型高功率电池、高级复合材料、金属制造、生物制造和替代能源的投资等。

②减少开发和部署先进材料的时间。“材料基因组计划”将在研究、培训和基础设施上投资超过 1 亿美元，以使美国公司能够以 2 倍于当今速度发现、开发、制造和部署先进材料，而费用却很少②。

③投资于下一代机器人技术。美国国家科学基金会、美国国家航空航天局、美国国立卫生研究院和农业部联合提供 7000 万美元，以支持下一代机器人的研究。这些投资将帮助创建与人类操作员紧密合作的下一代机器人，用来执行关键的难以完成的任务。

④开发创新的高能效制造流程。能源部努力利用其现有资金和未来预算，最初目标为 1.2 亿美元，用于开发创新性的制造流程和材料，使公司能够降低制造成本，同时减少能源消耗。

---

① The White House. The Advanced Manufacturing Partnership [EB/OL]. [2021-05-12]. https://obamawhitehouse.archives.gov/the-press-office/2011/06/24/president-obama-launches-advancedmanufacturing-partnership.

② 同①。

总的来说，先进制造合作伙伴计划的目标是在未来 10 年内，建立先进制造技术发展路线，将新的设计理念用到生产车间，发展基础设施和公用设施，增强中小企业制造商的创新能力和扩大竞争力[①]。

3.2.3.4 国家制造业创新网络计划战略规划

（1）项目简介

国家制造业创新网络计划战略规划（NNMI）于 2016 年提出，是美国国家制造业创新网络项目的第一个战略计划。NNMI 项目有 4 个主要目标：①提高美国制造业的竞争力；②促进创新技术转变为可扩展、具有成本效益和高性能的国内制造能力；③加快先进制造劳动力的发展；④支持帮助研究机构实现稳定和可持续发展的商业模式。

（2）项目经费情况

奥巴马总统认识到一个充满活力的先进制造业对美国经济和国家安全至关重要，他提议投资 10 亿美元建立一个全国制造业创新网络项目[②]。

（3）执行项目的部门或机构

国家制造业创新网络计划战略规划由跨部门的先进制造国家计划办公室（AMNPO）负责，该部门隶属于商务部的国家标准与技术研究院（NIST）。其中，参与美国制造业发展的机构包括商务部（DOC）、国防部（DOD）、教育部（ED）、能源部（DOE）、美国国家航空航天局（NASA）和国家科学基金会（NSF）等。

① 冯莉 . 基于政策要素的美国创新政策研究 [D]. 成都：电子科技大学，2016.

② AMNPO. National Network of Manufacturing Innovation Program Strategic Plan [R/OL]. [2021-05-13]. https://www.manufacturingusa.com/sites/prod/files/docs/resource/2015-NNMI-Strategic-Plan.pdf.

（4）项目进展及成果

①提高美国制造业的竞争力。美国竞争力的一个关键方面是国内制造商提高其制造能力和及时响应全球市场需求的能力。国家制造业创新网络（NNMI）项目通过创建有效的先进制造研发基础设施发挥了重要作用。该项目汇集了私营部门、学术界和各级政府，以开发和部署加强美国竞争力的先进制造技术。

②促进创新技术转变为可扩展、高效和高性能的国内制造能力。从2012年开始，美国政府在俄亥俄州建立了第一批关于制造创新的研究所，这些研究所的一个关键功能是向各种规模的美国制造商提供通过研究所主导的活动开发的创新技术、设备和技术专长。此外，企业家和工业制造专家之间的合作可以推进生产技术，以应对这些研究所、其成员和更大的美国制造业所面临的挑战。

③支持帮助研究机构实现稳定和可持续发展的商业模式。为了最好地支持一个可持续的美国创新生态系统，每个研究所都必须开发一种可持续的商业模式，为其成员提供帮助。

总体而言，国家制造业创新网络计划战略规划通过鼓励联合申报科技计划项目、加强专业化科技服务机构和科技金融机构的专业化精准服务、设立人员交流培训平台等方式，对现有国家工程技术（研究）中心、工程实验室、企业国家重点实验室按领域加强协同，形成协同创新网络，同时加强与国家重点实验室的衔接，建立伙伴关系，从源头推动高技术快速高效产业化[①]。发展政府和市场的作用，努力构建协同创新网络。此外，努力打造一批技术创新中心，围绕高新技术和产业技术领域，如

① 丁明磊，陈宝明．美国国家制造业创新网络战略规划分析与启示[J]. 全球科技经济瞭望，2016，31（4）：1–5.

增材制造、数字机器人等方面，进行新一轮科技体制改革探索；探索技术创新中心建设多元化的模式，面向国内外整合优质的资源，积极搭建与国家重点科技项目的连接桥梁。

3.2.3.5　国家先进制造领导战略计划

（1）项目简介

2018 年，特朗普政府发布了“国家先进制造业领导战略计划”，这一战略计划是由国家科学技术委员会和先进制造小组委员会等共同制定的，它提出建立美国在工业部门先进制造业的领导地位，以确保国家安全和经济繁荣的愿景。

（2）项目经费情况

特朗普政府为先进制造业的发展做了很多努力。例如，美国能源部位于橡树岭国家实验室（ORNL）的制造演示设施（MDF）已经接待了超过 25 000 名追求最先进的增材制造技术的参观者，基于 130 多个合作研究和开发协议，MDF 与业界合作开发了先进的添加剂系统。如今，MDF 使用的系统已经超过 35 个，总价值超过 1200 万美元。

（3）执行项目的部门或机构

该战略计划由美国国防部、能源部、商务部、卫生部、国家科学基金会、宇航局、教育部等多个部门负责推进和执行。

（4）项目进展及成果

①开发和转换新的制造技术。该计划提出了一项最新研究，该研究表明，通过应对先进制造业中的科学和技术挑战，美国可以保守地为其国内制造商每年节省超过 1000 亿美元，同时进一步提高联邦政府对私营部门的经济价值。为了实现这些目标，可以实施跨机构协调的基于投资组合的策略，这将更有效地开发和过渡新的制造技术。

②提高国内制造供应链的能力。美国必须加强支持其国防工业基础的供应链，这个目标需要更好地利用现有机构。重要的是，美国的农村社区应该持续发展，在这里可以为重要的农业部门量身定制先进的制造技术和工艺。

总体而言，国家先进制造业领导战略计划选取引领世界制造业发展的关键领域进行重点支持，确保持续的技术创新。领域选取仅是第一步，如何实现这些关键领域持续性的技术创新和产业化应用才是关键。此外，美国政府每年投入1000多亿美元支持科技研发、技术发明和产品创新，不断推动中小企业进入国内供应链体系，减少对国外某些产品的依赖，保障产业供应链安全[①]，完善供应链体系。

3.2.4 重点领域研发相关计划

美国为确保其在科技创新方面的领先地位，选定一些重点研发领域进行优先资助。20世纪90年代，美国开始集中关注纳米科学与工程领域，2000年，正式启动国家纳米技术计划（NNI）；2011年6月，奥巴马总统提出了材料基因组计划（MGI），旨在通过解决材料创新基础设施中的重要缺口，提高美国制造业的全球竞争力；2015年7月，发起了国家战略计算计划（NSCI），其目标是提高美国在高性能计算（HPC）中的领导地位；2016年发布的联邦大数据研究与发展战略计划的重点在数据科学、数据密集型应用，以及大规模数据管理和分析领域，为不同领域大数据的决策提供依据；2017年宣布的电子复兴计划（ERI）用于推动美国电子界的创新与合作，以应对摩尔定律所面临的一系列挑战；2020

① 顾强，王瑞妍，董瑞青，等. 美国到底有没有产业政策？——从《美国先进制造业领导战略》说起 [J]. 产业经济评论，2019（3）：113-124.

年 7 月，美国能源部公布了构建国家量子互联网的计划，准备利用量子力学世界的奇异特性构建安全传递信息的量子通信网络，这将改变全世界人类的生活。

在一系列连续计划支持的重点研发领域中，国家机器人计划（NRI）由 2011 年提出 NRI 到 2017 年发展为国家机器人计划 2.0：无所不在的协作机器人（NRI–2.0），2021 年 2 月发展为国家机器人计划 3.0：机器人集成创新（NRI–3.0），这项连续计划推动了美国机器人科学的基础研究。为了建立在人工智能领域的领导地位，2016 年美国颁布了人工智能发展报告，2019 年 2 月启动了美国人工智能计划（AII），标志着美国正式将人工智能上升为国家战略。

3.2.4.1 国家纳米技术计划（National Nanotechnology Initiative，NNI）

（1）项目简介

国家纳米技术计划（NNI）于 2000 年正式启动，现在是 20 个联邦机构和在纳米技术研究、开发和商业化方面有共同利益的内阁级部门的合作计划。在理解和利用纳米层面上出现的新现象方面取得的进展，已经推动了革命性的新材料、新设备的出现。

（2）项目经费情况

NNI 的资金支持直接来自 11 个参与机构（国家科学基金会、国家航天局、能源部等），NNI 预算落实的第一年（2001 年）就获得了 4.95 亿美元的资金，自 NNI 成立以来，这些机构已投资超过 230 亿美元用于该计划相关的研究。

（3）执行项目的部门或机构

国家纳米技术计划（NNI）的活动由国家科学技术委员会（NSTC）的纳米科学、工程和技术（NSET）小组委员会协调。NEST 小组委员会由白宫科技政策办公室（OSTP）负责，同时由国家科学基金会、国防部、能源部、国立卫生研究院、农业部、国家宇航局等20个联邦部门、独立机构的代表组成。

（4）项目进展及成果

NNI的发展可以大概分为以基础研究为主的第一阶段（2000—2010年）和面向应用的第二阶段（2011年至今）。

第一阶段的主要特点是以推进基础研究和跨学科研究为主。目标是推进世界级的纳米技术研发计划，实现纳米技术的全部潜力；促进新技术转化为产品，促进经济增长、就业等公众利益；发展教育资源，培育高技能的劳动力，支持促进纳米技术发展的基础设施和工具；支持负责任的纳米技术发展。

第二个阶段聚焦于纳米科学与纳米工程的整合，面向应用。2011年，NNI战略规划把促进机构间合作、解决国家重大应用问题列为未来的重要方向[①]。

总体而言，在国家纳米技术计划（NNI）的支持下，美国在纳米材料和纳米器件的制造方面建立了世界一流的设施，培养了数万名本科生和博士后研究人员，将基于纳米技术的产品从实验室转移到市场。在NNI中建立的强大合作对于维持一个良性生态系统至关重要，该生态系统投资促进纳米材料和设备的下一次突破，同时促进纳米技术发现从实验室到市场的过渡[②]。

---

① 樊春良，李东阳．新兴科学技术发展的国家治理机制：对美国国家纳米技术倡议（NNI）20年发展的分析[J]．中国软科学，2020（8）：55-68.

② NANO. National Nanotechnology Initiative Strategic Plan [R/OL]. [2021-05-10]. https://www.nano.gov/about-nni/what.

3.2.4.2 材料基因组计划（Materials Genome Initiative，MGI）

（1）项目简介

2011年6月，美国国家科学技术委员会（NSTC）发布白皮书——《全球竞争力材料基因组计划》①，奥巴马总统提出了材料基因组计划（MGI），旨在通过解决材料创新基础设施中的重要缺口，促进美国制造业的全球竞争力②。2014年12月，国家科学技术委员会发布《材料基因组战略规划》，进一步明确了材料基因组计划的目标、研究内容、重点方向及组织实施。

（2）项目经费情况

能源部（DOE）投入1200万美元，集计算工具、实验工具和数据于一体，研发高性能材料，开展基础能源项目，以大学和国家实验室为平台，致力于预测理论和仿真建模，斥资1.2亿美元建成关键材料创新中心（CMI）③。国家标准与技术研究院（NIST）斥资2500万美元，计划用5年建成分级材料设计中心④。

（3）执行项目的部门或机构

在材料基因组计划小组委员会（SMGI）的协调下，四大主要执行联邦机构——国防部（DOD）、能源部（DOE）、国家科学基金会（NSF）、

① ABOUT J，COUNCIL T. Materials Genome Initiative for Global Competitiveness[R]. [2021-05-24]. https://www.mgi.gov/sites/default/files/documents/materials_genome_initiative-final.pdf.

② RFI. Economic Analysis of National Needs for Technology Infrastructure to Support the Materials Genome Initiative[R]. [2021-05-24]. https: //www. nist. gov/system/files/documents/2018/06/26/mgi_econ_analysis.pdf.

③ 刘俊聪，王丹勇，李树虎，等．材料基因组计划及其实施进展研究[J]. 情报杂志，2015，34（1）：62.

④ 王同涛．美国材料基因组战略的进展及我国的对策建议[J]. 全球科技经济瞭望，2020，35（2）：18-19.

国家标准与技术研究院（NIST）携手众多高校、企业、科研院所等机构按照 MGI 的执行任务计划和宗旨原则，先后对基础平台搭建、协同创新等任务指标展开详细计划与部署，以加快材料研发，并缩短由材料至产品的市场化或商业化进程[①]。

（4）项目进展及成果

康涅狄格大学和康涅狄格州建成了先进工业园，吸引赛默飞世尔、惠普、通用电气等数十家跨国公司进行研发合作[②]。威斯康星大学麦迪逊分校建立材料创新研究所，为不同的材料团体提供基础设施。国家标准与技术研究院（NIST）与美国材料信息学会（ASM）共同建立了开放数字存储库，为研究人员通过数据分析进行创新研究创造条件，并为其提供解决方案。能源部资助的加州大学伯克利分校材料工程项目，将其通过高性能计算和最先进的理论工具确定的材料属性储存在开放数据库中。国家标准与技术研究院（NIST）创建了材料数据知识库（MDR），这些材料数据可公开获取。此外，高校、国家实验室和学术出版商等团体机构筹建国家数据服务中心，以实现数据便捷输入与共享[③]。

2018 年的报告提出，该计划每年给美国带来的潜在经济效益的估值在 1230 亿～2700 亿美元[④]。

① 刘俊聪，王丹勇，李树虎，等．材料基因组计划及其实施进展研究 [J]. 情报杂志，2015，34（1）：62.

② 王同涛．美国材料基因组战略的进展及我国的对策建议 [J]. 全球科技经济瞭望，2020，35（2）：18-19.

③ 同②。

④ RTI. Economic Analysis of National Needs for Technology Infrastructure to Support the Materials Genome Initiative Final Report[R/OL]. [2021-06-12]. https://www.nist.gov/system/files/documents/2018/06/26/mgi_econ_analysis.pdf.

3.2.4.3 国家战略计算计划（National Strategic Computing Initiative，NSCI）

（1）项目简介

2015年7月，行政命令（EO）13702发起了国家战略计算计划（NSCI），以提高美国在高性能计算中的领导地位。NSCI的目标是确保美国在科学、技术和创新方面的领导地位，并与工业界和学术界合作执行。美国将开发出一套全面的技术和科学方法，以及相应的生态系统，将高性能计算在硬件、系统软件、开发工具和应用方面的研究用于开发阶段，最终有效地投入运营。

（2）项目经费情况

在2016财年，各机构通过先前计划的高性能计算研究、开发和部署活动来实施这一战略，也在为未来支持NSCI原则和目标的活动做准备。总统2017财年预算支持联邦政府的NSCI投资，包括美国能源部（2.85亿美元）和美国国家科学基金会（3300万美元）的关键投资。

（3）执行项目的部门或机构

该计划确定了牵头机构、基础研发机构和部署机构。牵头机构由3个主要机构组成，即能源部（DOE）、国防部（DOD）和国家科学基金会（NSF）。牵头机构还将与基础研发机构和部署机构合作，以支持NSCI的目标并满足整个联邦政府的广泛需求。基础研发机构由2个主要机构组成，即情报高级研究项目活动（IARPA）和美国国家标准与技术研究院（NIST）。部署机构由5个主要机构构成，包括美国国家航空航天局、联邦调查局、美国国立卫生研究院、国土安全部及美国国家海洋与大气管理局[①]。

（4）项目进展及成果

NSCI 的目标是构建超级计算机，找到将大规模数值计算与大数据分析相结合的方法。这将使新的计算形式成为可能，包括天气模拟和气象卫星的实际观测结果。它还将启用需要更广泛的数值处理的新分析方法，如使用人工智能从大量示例中自动学习新功能的新兴技术。它对国家安全也有好处，包括使用建模和仿真来改进抗瞬时弹性变形（IED）的车辆设计。

美国对高性能计算的投资极大地促进了国家经济繁荣，并迅速加快了科学发现，这项计划对于提升政府的工作重点和促进创新至关重要。它旨在促进核心技术的发展，以解决困难的计算问题，促进公共和私营部门对新功能的更多使用，确保美国在未来几十年中继续在这一领域保持领先地位。

3.2.4.4 联邦大数据研究与发展战略计划（The Federal Big Data Research and Development Strategic Plan）

（1）项目简介

2016 年 5 月发布的联邦大数据研究与发展战略计划为在数据科学、数据密集型应用及大规模数据管理和分析领域开展或资助研发的联邦机构定义了一套相互关联的战略。该计划是继 2012 年奥巴马政府发布的《大数据研发倡议》之后，更为全面、深入和具体的国家大数据战略性文件。该战略支持基于大型、多样和实时数据集做出决策和发现的能力，为联邦机构和整个国家提供了新的决策依据；加快科学发现与创新进程；

① NITRD. National Strategic Computing Initiative（NSCI）Strategic Plan [R/OL]. [2021-05-10]. https://www.nitrd.gov/pubs/NSCI-Strategic-Plan-2016.pdf.

引导新的研究领域和新的探索领域；培养21世纪的下一代科学家和工程师；促进新的经济增长。

（2）项目经费情况

联邦大数据研究与发展战略计划由国家科学基金会、国家卫生研究院、能源部、国防部、国防部高级研究计划局、地质勘探局6个部门提供总额超过2亿美元的资金，用于本领域先进工具与核心技术的研发和应用。

（3）执行项目的部门或机构

该计划由“大数据高级督导组”（Big Data Senior Steering Group，BDSSG）编制，总统行政办公室和国家科技委员会印发。BDSSG是为推进国家大数据战略而专门成立的，其成员由来自国家航空航天局、能源部、国防部等13个单位的专家或领导共16人组成[①]。

（4）项目进展及成果

在联邦大数据研究与发展战略计划的促进下，联邦机构、科研院所及社会企业在大数据研发、管理及应用等方面进行了积极探索，取得明显进展。例如，能源部研发的本地气候数据交互可视化项目，能够测判气候变化对国家能源基础设施的影响；国土安全部与联邦急救管理署和美国消防局合作，开发出计算机系统分析模型，能够预判火灾程度及走势，提供火灾处置和损失减免方案。在《大数据研发倡议》颁布后取得的诸多进展解决了不少关键技术难题，在软件工具、硬件设施、人才准备、管理经验等方面皆有突破，为大数据战略的全面实施打下了坚实基础[②]。

---

① 贺晓丽.美国联邦大数据研发战略计划述评[J].行政管理改革，2019（2）：85-92.

② NITRD. Federal Big Data Research and Development Strategic Plan [R/OL]. [2021-05-10]. https://www.nitrd.gov/pubs/bigdatardstrategicplan.pdf.

总体而言，联邦大数据研究与发展战略计划的目的是保持国家在数据科学和创新方面的竞争力，并为未来的数据密集型挑战做好准备。作为一项战略计划，为联邦机构和决策者决定如何将有限的资源用于具有最大潜力、产生最大影响的活动提供了指导。该计划可以促进政府、私营企业和学术界的研究人员和技术专家之间的合作。

3.2.4.5 电子复兴计划（Electronics Resurgence Initiative，ERI）

（1）ERI 的提出和目标

电子复兴计划（ERI）于 2017 年由美国国防部高级研究计划局（DARPA）的微系统技术办公室（MTO）宣布启动并负责其管理，该计划为期多年，投资超过 15 亿美元，用于推动美国电子界的创新与合作，以应对摩尔定律所面临的一系列挑战[①]。以摩尔定律为代表的电子小型化道路正在逐步触及物理学和经济学的极限，先进微电子设计和制造的成本和复杂性的快速增加正在挑战摩尔定律半个世纪的进步，这促使美国迫切需要找到应对传统晶体管缩放的替代方法，微电子技术的发展将需要一个新的创新阶段。与此同时，成本驱动的代工厂整合限制了美国国防部（DOD）获得领先电子产品的机会，挑战了美国的经济和安全优势[②]。美国布局 ERI 计划是为了下一个十年乃至百年的领先，同时为国防部在一些顶级技术重点领域，包括量子计算、人工智能、先进制造、太空和生物技术等打下重要的基础[③]。

① DARPA. DARPA ERI Summit Expands to Include Workshops Regarding DARPA's Future Electronics Investments [EB/OL]. [2021-10-11]. https://www.darpa.mil/news-events/2018-06-26.

② DARPA. What is ERI? [EB/OL]. [2021-10-11]. https://eri-summit.darpa.mil/what-is-eri.

③ 深入解读 DARPA 电子复兴计划 [EB/OL].（2019-01-06）[2021-10-11]. http：//www.semiinsights.com/s/electronic_components/23/35920.shtml.

（2）ERI 的组织模式与流程

ERI 计划的项目组织模式遵循美国国防部高级研究计划局（DARPA）的“项目经理负责制”模式。项目经理由 DARPA 负责挑选，任期一般为 3 ~ 5 年，项目经理在其任期内主导项目的构思、团队组建、提案选择及最终授予等工作，深度参与到项目执行过程中，必要时会对项目进行调整以确保项目取得重要进展。短期任职促使项目经理选择最有可能成功的变革性项目，以便在任期内进入原型或实施阶段，从而加速创新进程，但同时极易放弃一些长期性研究项目。

ERI 计划自提出后的组织实施过程中的关键节点如图 3-5 所示。

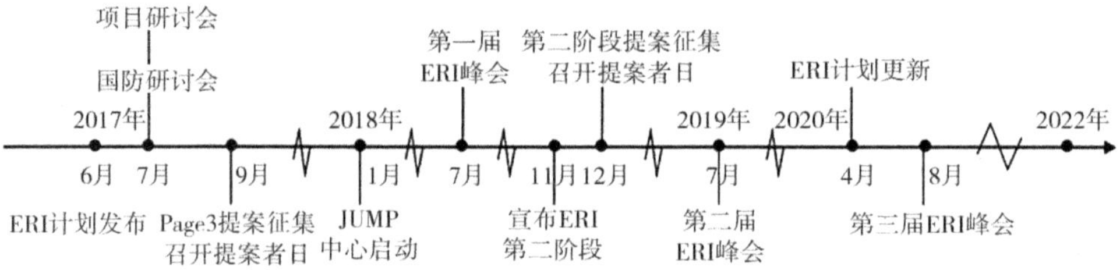

图 3-5　ERI 计划的关键节点[①]

从图 3-5 展示的关键节点可知，ERI 计划启动后，首先在第一时间举办项目研讨会，并针对芯片架构、设计，以及材料和集成 3 个领域展开针对性讨论；其次，发布广泛机构公告（Broad Agency Announcement，BAA），这是美国政府机构针对特定研发对外征求提案的一种途径，如 ERI 计划第一阶段发布 3 个领域的 BAA，公布了上述 3 个领域的项目结构、技术领域、任务目标、任务进度，以及相关要求和标准等，并召开提案

① 王丽，于杰平，刘细文 . 美国电子复兴计划进展分析与启示 [J]. 世界科技研究与发展，2021，43（1）：54-63.

者日征集项目提案。最后，根据 BAA 公布的评估标准对提案进行评审和遴选，陆续公布项目执行者并启动项目。

ERI 计划的年度峰会在每年 7—8 月举行，是邀请业界利益相关者广泛参加的多日论坛，致力于与风险投资公司、各种规模公司，以及项目承担者和项目申请者等建立联系，突出工业界和政府部门的角色，培育政产合作伙伴[①]，有助于建立先进的微电子学技术社区，培育技术联盟。ERI 计划在组织过程中注重为政产学研合作提供桥梁作用，为项目承担者融入技术社区创造条件[②]。

（3）ERI 的三大关注重点

ERI 计划将进一步补充美国国防部高级研究计划局（DARPA）的 JUMP（联合大学微电子学项目）。ERI 专注的三大重点领域如下。

①开发用于电子设备的新材料与集成（Materials and Integration）。探索使用非常规电路元件而非更小的晶体管来大幅提高电路性能。硅是最常见的微系统材料，硅锗等化合物半导体也在特定应用中发挥了一定的作用，但这些材料的功能灵活性有限。元素周期表为下一代逻辑和存储器组件提供了大量候选材料、研究将着眼于在单个芯片上集成不同的半导体材料、结合处理和存储功能的“黏性逻辑”（Sticky Logic）设备，以及垂直而非平面集成微系统组件。

②开发将电子设备集成到复杂电路中的新体系结构（Architectures）。探索针对其执行的特定任务而优化的电路结构。GPU（Graphics

① DARPA. DARPA ERI Summit Expands to Include Workshops Regarding DARPA’s Future Electronics Investments [EB/OL]. [2021-10-11]. https://www.darpa.mil/news-events/2018-06-26.

② 王丽，于杰平，刘细文 . 美国电子复兴计划进展分析与启示 [J]. 世界科技研究与发展，2021，43（1）：54-63.

Processing Unit，图形处理器）是机器学习持续进展的基础，已经证明GPU从专用硬件体系结构中能够获得大幅性能提升。ERI还将探索其他机遇，如能根据所支持的软件需求进行重新配置的物理结构。

③进行软硬件设计上的创新（Design）。重点开发用于快速设计和实现专用电路的工具。与通用电路不同，专用电子设备可以更快、更节能。尽管DARPA一直投资于这些用于军事用途的专用集成电路（ASIC），但ASIC的开发可能会花费大量时间和费用。新的设计工具和开放源代码设计范例需要具有变革性，使创新者能够快速便宜地为各种商业应用创建专用电路[①]。

作为应对摩尔定律极限的方法，美国DARPA电子复兴计划（ERI）通过在半导体材料与集成、架构和设计等3个方面的新研发，将促进电路专业化，作为提高晶体管规模的补充，推动美国电子产业从通用硬件时代向专用系统迁移[②]。

具体而言，ERI的投资主要集中在以下方面[③]：提高信息处理密度和效率；加速人工智能硬件的创新，以更快地在边缘做出决策；克服二维电子产品的固有吞吐量限制；减轻电子设计飞涨的成本；克服整个硬件生命周期中的安全威胁；彻底改变通信（5G及以后）。

（4）ERI的项目构成

ERI的项目构成主要包括由大学主导研究的联合大学微电子学项目

① 深入解读DARPA电子复兴计划[EB/OL].（2019-01-06）[2021-10-11]. http：//www.semiinsights.com/s/electronic_components/23/35920.shtml.

② 张新征.集成电路发展模式的演进透视：以美国DARPA电子复兴计划为视角[J].军事文摘，2019（21）：54-57.

③ DARPA.DARPA Electronics Resurgence Initiative [EB/OL]. [2021-10-11]. https://www.darpa.mil/work-with-us/electronics-resurgence-initiative.

（JUMP）、工业界主导研究的“Page3 投资”及一些传统项目等，涵盖从基础研究到微电子先进技术研发和原型制造的基础。

1）联合大学微电子学项目（Joint University Microelectronics Program，JUMP）

JUMP 由 DARPA 与工业界组成的联盟共同发起，并形成 6 个 JUMP 研究中心，专注于高风险、高回报、中长期（8 ~ 12 年）的探索性研究，以解决微电子技术中现有和新出现的挑战。发起之初，工业界由英特尔、IBM、美光、ADI、台积电、EMD 性能材料、ARM、三星、雷神、诺斯罗普·格鲁曼和洛克希德·马丁这些来自半导体和国防行业的公司组成。联盟成员共同拟定 JUMP 项目的重点研究领域，也共同为项目提供资金支持，其中，DARPA 提供大约 40% 的资金，工业界合作伙伴共同承担 60%。联盟持开放态度，欢迎更多的工业界赞助商加入[①]。JUMP 由半导体研究公司（SRC）的全资子公司 SRCco 代表联盟进行管理，它在 JUMP 理事会的指导下运作，并支持 JUMP 科学顾问委员会的工作[②]。

图 3-6 显示了 JUMP 联盟布局的 6 个“纵横贯通”的研究中心及其重点技术领域。这些中心分为两个类型：“纵向”聚焦应用的研究中心与“横向”聚焦学科的研究中心。JUMP“纵向”中心的重点技术领域包括：①射频到太赫兹传感器和通信系统；②分布式计算与网络化；③认知计算；④智能内存与存储。JUMP“横向”中心感兴趣的技术领域包括：①先进结构与算法；②先进器件、封装与材料。

① 微言创新 . 解读美国电子复兴计划（上）：联合大学微电子项目（JUMP）[EB/OL].（2018-08-06）[2021-10-11]. https://www.sohu.com/a/245559495_686936.

② 王丽，于杰平，刘细文 . 美国电子复兴计划进展分析与启示 [J]. 世界科技研究与发展，2021，43（1）：54-63.

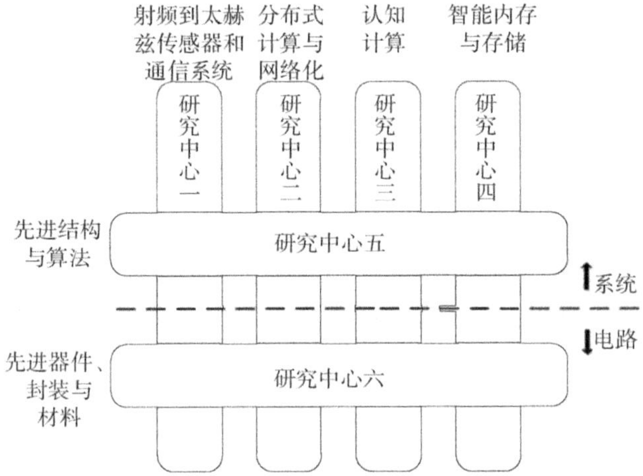

图 3-6　JUMP 六大研究中心布局结构[①]

JUMP 联盟确定了 6 个重点技术领域，向全美的高等教育机构或研究机构征集 6 个研究中心的项目提案，并根据公开的项目指南对提案进行评估筛选。提案评价标准按相对重要性从高到低依次为：①整体的科技价值；②该中心的独创性、新颖性和影响力；③项目研究对联盟行业赞助商和 DARPA 需求的影响；④研究人员的能力；⑤成本效益，能否解决现实问题。

JUMP 目前已支持由来自美国 30 多所高校的研究人员共同组成的 6 个联合大学微电子计划研究中心，它们分别是[②]：①太赫兹与感知融合技术研究中心（ComSecTer），致力于为未来蜂窝基础设施开发技术，旨在支持自动驾驶汽车革命和智能高速公路的出现；②具备普适性感知、认

① SRC. Joint University Microelectronics Program [EB/OL].（2017-01-25）[2021-10-11]. https://www.src.org/calendar/e006128/agenda/salmon-darpa.pdf#search=JUMP.

② DARPA. Joint University Microelectronics Program（JUMP）[EB/OL]. [2021-10-11]. https://www.darpa.mil/program/joint-university-microelectronics-program.

知和行为能力的计算网络基础设施研究中心（CONIX），正在努力开发一种位于边缘设备和云之间的网络计算架构；③支持自主智能的类脑认知计算研究中心（C-BRIC），旨在实现认知计算的重大进步，目标是实现新一代自主智能系统；④智能存储和内存处理技术研究中心（CRISP），正在努力推翻“内存墙”这一在计算机系统中存在了70年、阻碍使用大数据进行技术发现的技术瓶颈；⑤应用驱动架构研究中心（ADA），正在研究新领域，通过设计和制造过程的大众化来降低开发高级计算系统所需的成本、复杂性和能源；⑥应用和系统驱动的节能集成纳米技术中心（ASCENT），专注于材料和设备创新，以超越当前CMOS技术的预期限制，提高未来计算系统的性能、效率和功能。

6个JUMP研究中心的研究内容都是面向半导体和国防工业，以及国防部系统开发的关键技术，重点支持2025年及以后端到端传感和驱动、信号和信息处理、通信、计算和存储解决方案等应用所需的高性能、高能效微电子技术的基础研究。通过向全美大学公开征集、择优资助的方式，由大学承担具体研究任务，并强烈鼓励大学之间的交叉共享、联合参与[①]。每个中心每年拨款400万～550万美元，预期团队组成是16～22名主要研究者，要求设定5年的研究计划，并在2.5年的时间节点上进行中期检查，以便根据需要对中心的研究方向进行必要的调整[②]。

---

① 张新征．集成电路发展模式的演进透视：以美国DARPA电子复兴计划为视角[J]. 军事文摘，2019（21）：54-57.

② 美国DARPA将启动最大规模的联合大学微电子项目——“跳跃”，瞄准2025—2030电子产业发展需求[EB/OL]. [2021-10-11]. http：//www.360doc.com/content/20/0911/14/71506872_935117022.shtml.

2）Page3 投资（Page3 Investment）

“Page3”的命名是为向摩尔定律的提出者戈登·摩尔（Gordon Moore）致敬而定。摩尔在 1965 年 4 月发表的《在集成电路中填充更多元件》（*Cramming More Componentson Integrated Circuits*）一文中，开创性地提出了著名的摩尔定律，并驱动半导体发展了 50 多年。但其实摩尔在论文第 3 页还针对将来尺寸缩放的条件不再具备时，提出了一些技术探索方向。正是受此启发，DARPA 提出“Page3 投资”项目，着力支持系统架构、电子设计、材料和集成这 3 个领域的研究和开发。“Page3 投资”项目组织模式遵循 DARPA 的“项目经理人负责制”。

在遵循 DARPA 的项目组织模式下，“Page3 投资”项目组织立项流程中的关键步骤及任务包括[①]：①公开发布计划。在业界峰会、媒体上组织宣传计划背景、目标、愿景等。②举办 2 日项目研讨会，广泛听取业界建议。研讨会邀请来自商业、国防领域及大学的专业人士，分享他们对新兴技术需求的看法，消除这些需求的障碍，获得不依赖于传统缩放而改进电子性能的研究机会，从而打磨“Page3 投资”项目的愿景、目标和指标，并由 DARPA 项目经理组织开展芯片架构、设计和新型半导体材料 3 个领域有针对性的讨论。③公开发布 ERI 广泛机构公告（BAA），正式收集项目提案。④召开提案者日。分别召开架构、设计、材料和集成这 3 个领域方向的提案者日，目的是向国防工业、商业部门、学术界和政府进一步展示介绍项目的技术愿景、目标、具体构想等，为潜在提案者提供项目信息、建议指导并回答问题，为促进潜在提案者的合作提供交流机会。⑤提案评审和遴选。根据 BAA 公布的评估准则进行，由项

① 韩芳 . 美国 DARPA 电子复兴计划的解读及启示 [J]. 中国集成电路，2019，28（Z1）：19-27.

目经理和政府专家进行审查,并可能在有必要的时候召集专家小组评审。⑥公布入选者，授予合同，启动项目。

3）其他传统项目

除了 JUMP 和“Page3 投资”项目，电子复兴计划（ERI）之下还设置了许多传统项目[①]，具体如下。

围绕实现提高信息处理密度和效率，ERI 设置的传统项目有：①虚拟环境中的数据保护（DPRIVE）；②新计算所需的基础（FRANC）；③分层识别验证漏洞（HIVE）；④软件定义硬件（SDH）；⑤用于自动实现应用的结构化阵列硬件（SAHARA）；⑥支持超维数据的神经网络（HyDDENN）（AIE）；⑦光子边缘 AI 紧凑型硬件（PEACH）（AIE）；⑧神经网络中的信号处理（SPiNN）（AIE）；⑨并行程序组装的高性能自动化（PAPPA）（μE）。

围绕实现加速人工智能硬件的创新，以更快地在边缘做出决策，ERI 设置的传统项目是终身学习机器（L2M）。

围绕克服二维电子产品的固有吞吐量限制，ERI 设置的传统项目有：①三维单片片上系统（3DSoC）；②用于通用微型光学系统（LUMOS）的激光器；③极端可扩展性封装中的光子学（PIPES）；④混合模式超大规模集成电路（T-MUSIC）技术。

围绕降低电子设计的飞涨成本，ERI 设置的传统项目有：①通用异构集成和知识产权重用策略（CHIPS）；②电子资产智能设计（IDEA）；③豪华开源硬件（POSH）；④实时机器学习（RTML）；⑤代理模型的智能自动生成和组合（DITTO）（AIE）。

① DARPA. Increasing Information Processing Density and Efficiency [EB/OL]. [2021-10-11]. https://erisummit.darpa.mil/eri-programs.

围绕克服整个硬件生命周期中的安全威胁，ERI设置的传统项目有：①防止硬件中的隐藏效果和异常木马程序（SHEATH）（μE）；②自动实现安全芯片（AISS）；③物理安全保证架构（GAPS）；④通过硬件和固件集成的系统安全性（SSITH）。

围绕革新通信（5G及更高版本），ERI设置的传统项目有：①数字射频战场模拟器（DRBE）；②特定领域的片上系统（DSSoC）；③毫米波数字阵列（MIDAS）。

围绕存档程序，ERI设置的传统项目有：①以更快的时间尺度实现电路（CRAFT）；②近零功率射频和传感器操作（N-ZERO）。

3.2.4.6 构建国家量子互联网（The Development of a National Quantum Internet）

（1）项目简介

2020年7月在芝加哥大学举行的新闻发布会上，美国能源部（DOE）公布了一份报告，该报告提出了发展国家量子互联网的战略蓝图，使美国跃居世界领先地位。量子互联网具有强大的新功能，研究人员可以利用它加速科学发现。

（2）项目经费情况

美国能源部（DOE）2021年4月将提供2500万美元用于构建国家量子互联网的科学研究。

（3）执行项目的部门或机构

美国能源部的17个国家实验室将成为即将到来的量子互联网的骨干，它将依靠量子力学定律来比以往任何时候都更安全地控制和传输信息。同时，美国联邦机构——包括美国能源部、国家科学基金会、国防部、美国国家标准与技术研究所、国家安全局、美国宇航局，以及国家实验室、学术机构和工业界将展开密切协作。

（4）项目进展及成果

科学家计划利用量子传输来打造几乎无法入侵的网络。早期采用者可能包括银行和医疗服务等行业，以及用于国家安全和飞机通信的应用程序。科学家们还在探索量子互联网如何加速大量数据的交换，创建超灵敏量子传感器网络可以使工程师更好地监视和预测地震，或者可以搜索石油、天然气或矿物的地下沉积物。这样的传感器还可以在医疗保健和成像中应用[①]。最终，在手机中实现量子网络技术可能对全世界人类的生活产生广泛的影响。

量子互联网会给全世界人类的生活带来巨大改变。美国的私营部门将释放量子互联网的全部潜力，通过私营部门的投资和创新，出现一个全新的经济。量子互联网提供了一个下一代的公共讨论场所，一旦被广泛使用，就可以改变人类的整个生活方式。量子互联网将使人类能够将他们的想象力带到前所未有的创造水平，这将扩大人类自由、促进国家安全并促进经济繁荣。

3.2.4.7 国家机器人计划 3.0：机器人集成创新（National Robotics Initiative 3.0：Innovations in Integration of Robotics，NRI-3.0）

（1）项目简介

2021 年 2 月开始的“国家机器人计划 3.0：机器人集成创新”（NRI-3.0）项目是在之前的 2011 年“国家机器人计划”（NRI）项目和 2017 年“国家机器人计划 2.0：无所不在的协作机器人”（NRI-2.0）项目的基础上提出的，以支持机器人集成科学的美国基础研究。该项目支持促进机器

① DOE. The Development of a National Quantum Internet [R/OL]. [2021-05-10]. https://www.energy.gov/sites/prod/files/2020/07/f76/QuantumWkshpRpt20FINAL_Nav_0.pdf.

人整合的研究，以造福人类的生活与安全。鼓励学术界、工业界、非营利组织和其他组织之间的合作，以便在基础科学和工程，以及技术开发、部署和使用之间建立更好的联系。

（2）项目经费情况

每年总经费为 125 万 ~ 1410 万美元，将以标准奖助金、持续奖助金、合作协议、合同的形式之一对 15 ~ 30 个项目进行资助，每个项目的总资助金额在 25 万 ~ 150 万美元，这项资助将持续 4 年。

（3）执行项目的部门或机构

NRI-3.0 计划得到联邦政府多个机构的支持，包括国家科学基金会（NSF）、美国农业部（USDA）、国家航空航天局（NASA）、交通部（DOT）、国家卫生研究院（NIH）及国家职业安全与健康研究所（NIOSH）。多个机构以各自关心的研究领域为方向，开展合作研究。

（4）项目进展及成果

参与该项目的各部门开展不同领域的机器人研究，如美国交通部（DOT）对可以提高美国公路系统安全性和机动性的机器人技术的研究和开发很感兴趣；国家航空航天局（NASA）寻求研究和技术发展，以协同支持太空人类探索和科学任务；国家卫生研究院（NIH）鼓励机器人研究和技术发展，以增进健康、延长寿命，减少疾病和残疾；美国国家职业安全卫生研究所（NIOSH）致力于研究机器人技术的集成，以减少工作场所的风险暴露，研究识别潜在的物理风险和机器人技术对工人的社会技术挑战，并研究评估不同的风险控制策略[①]。

美国 NRI-3.0 计划将机器人的研究按照各领域、部门的需求分为可以

① NSF. National Robotics Initiative 3.0：Innovations in Integration of Robotics [R/OL]. [2021-05-10]. https://www.nsf.gov/pubs/2021/nsf21559/nsf21559.htm.

解决不同领域专业性难题的专业性机器人，聚焦于解决政府、工业界、学术界三者都迫在眉睫的实际问题。这对资助项目的实用性提出了一定的要求，同时鼓励学术界、工业界、非营利组织和其他组织之间的合作，促进创新和劳动力发展，加速进步，展示创新能力，并建立创新生态系统。

3.2.4.8　美国人工智能战略

（1）项目简介

为了建立并维护美国在人工智能领域的国际领导地位，美国通过出台一系列战略文件、法律法规及行政令，将人工智能上升到国家战略的高度①。2019 年 2 月，特朗普总统签署了第 13859 号总统令《保持美国在人工智能领域的领导地位》②，启动了美国人工智能倡议行动（American Artificial Intelligence Initiative），标志着美国正式将人工智能上升为国家战略。

美国国家海洋和大气管理局（NOAA）2021 年 1 月批准了 NOAA 人工智能（AI）战略，以及其他应用新兴科学和技术的 NOAA 战略，以指导该机构任务区域内产品和服务的质量和及时性的转型进步。

（2）项目经费情况

2020 财年，人工智能研发方面的非国防联邦投资共计 9.735 亿美元，涉及一系列机构、项目和倡议。2021 财年，人工智能非国防预算请求为 15 亿美元，比 2020 财年已颁布的投资增加 34.4%，比 2020 财年预算请求增加了 54.3%③。

① 李恒阳 . 美国人工智能战略探析 [J]. 美国研究，2020，34（4）：98.

② White House. Maintaining American leadership in artificial intelligence [EB/OL]. [2021-05-24]. https://fas.org/irp/offdocs/eo/eo-13859.pdf.

③ NITRD. Artificial Intelligence R&D Investments[EB/OL]. [2021-10-13]. https://www.nitrd.gov/apps/itdashboard/ai-rd-investments/#fn1.

（3）执行项目的部门或机构

在美国的人工智能实施组织体系中，主要有三大机构负责政策引导与战略制定，分别是人工智能国家安全委员会（NSCAI）、白宫科学技术政策办公室（OSTP）及下属的国家科学与技术委员会（NSTC）。NSCAI 统领人工智能领域的安全问题，为维持美国在该领域的优势地位出谋划策；OSTP 负责协调行政机构间有关科学技术领域的工作，协助管理联邦政府技术研发的预算审查工作，以及为总统提供有关科学技术分领域的主要政策、计划和方案；NSTC 负责为科学技术政策和投资制定明确的国家目标，并通过这些战略目标来协调国家的各项相关目标和诉求[①]。国家人工智能倡议办公室（National AI Initiative Office）于 2021 年 1 月 12 日成立，隶属于 OSTP，负责协调和监督美国政府的国家人工智能政策与计划，未来可能成为美国人工智能研究和政策的中心枢纽[②]。

（4）项目进展及成果

为了监督和实施美国国家人工智能战略，白宫根据 2020 年《国家人工智能倡议法案》，于 2021 年 1 月 12 日成立了国家人工智能倡议办公室[③]。目前，美国政府通过逐步提高人工智能研发投资并分享政府的数据和计算资源来促进与产学研之间的合作，为人工智能技术进步提供长期保障[④]。联邦政府也将逐步开放内部的数据资源与算法平台，与私人

① 蔡翠红，戴丽婷．美国人工智能战略：目标、手段与评估 [J]. 当代世界与社会主义，2021（1）：112–113.

② Nyczepir D. National AI Initiative Office Launched by White House[EB/OL]. [2021–01–12]. https://www.fedscoop.com/national–ai–initiative–office–launched/.

③ White House. American Artificial Intelligence Initiative：Year One Annual Report [R/OL]. [2021–05–24]. https://trumpwhitehouse.archives.gov/wp–content/uploads/2020/02/American–AI–InitiativeOne–Year–Annual–Report.pdf.

④ 李恒阳．美国人工智能战略探析 [J]. 美国研究，2020，34（4）：98.

部门和学术界进行深度合作①。

为了推动技术创新的步伐，美国愈发重视提供由政府持有的数据集，并利用联邦资金开发数据集，从而降低人工智能企业的研发成本②。美国在人工智能研究和开发方面长达数十年的领导地位促进了前沿的变革性技术，这些技术正在改善生活、发展创新产业、赋予工人权力并增强国家安全③。

3.3 合作创新网络平台建设方面

在美国产学研合作的发展历程中，产生了多种组织模式，形成了多层次、多元化的组织网络，成为美国产学研协同创新系统不可或缺的组成部分，成就了美国科技创新的巨大进步。本部分主要梳理面向重大创新与关键核心技术攻关的创新平台及组织。

3.3.1 国防部高级研究计划局

（1）概况

美国国防部高级研究计划局（DARPA）成立于 1958 年，致力于转型变革而不是渐进式进步，但 DARPA 不是孤立地工作，而是在包括学术、企业和政府合作伙伴在内的创新生态系统中运作④。例如，DARPA 寻求

---

① 蔡翠红，戴丽婷 . 美国人工智能战略：目标、手段与评估 [J]. 当代世界与社会主义，2021（1）：112-113.

② 李恒阳 . 美国人工智能战略探析 [J]. 美国研究，2020，34（4）：98.

③ White House. AI for American Innovation [EB/OL]. [2021-06-15]. https://trumpwhitehouse.archives.gov/ai/ai-american-innovation/.

④ DARPA. About Working Opportunities [EB/OL]. [2021-10-11]. https://www.darpa.mil/workwith-us/opportunities.

直接与潜在的大学合作伙伴进行强有力的接触；DARPA 与非营利性组织半导体研究公司（SRC）合作，组织一个由 DARPA 与工业界企业共同组成的联盟，工业界成员包括商业界的 IBM、美光、英特尔、ADI、台积电、EMD Performance Materials（默克集团在美国的子公司）、ARM 和三星电子，国防工业界的 Northrop Grumman 公司、雷神公司、洛克希德·马丁公司等，并始终关注国家军事部门与 DARPA 合作创造新的战略机遇和新颖的战术选择①。

（2）工作范围与合作程序

DARPA 的工作范围从基础研究到应用研究，再到运营应用，一系列活动为学术参与提供了大量机会。

与 DARPA 合作的第一步是访问该机构的网站，以了解有关 DARPA 技术办公室支持的研究的更多信息。从那里，确定将这些优先事项与研究人员的兴趣或专业知识联系起来的机会的最佳方法是搜索相关的广泛机构公告（BAA），这是 DARPA 广告机会的主要手段。DARPA 的 BAA 和提案请求（RFP）可在官方联邦采购机会网站上找到。DARPA 机会的部分列表也可以在 DARPA 的机会页面上找到。向 DARPA 提交想法和概念的首选方法是回应 BAA、SBIR 主题、STTR 主题②、项目研发公告（RA）或其他政府发起的征集或项目（RFP）。

DARPA 经常举办提案者日，以提供有关最近发布或即将发布的 BAA 的信息。提案者日通常在 DARPA 会议中心举行，这些会议的目的是提

① DARPA. About Joint University Microelectronics Program [EB/OL]. [2021-10-11]. https://www.darpa.mil/program/joint-university-microelectronics-program.

② DARPA. About How to Participate in DARPA's SBIR and STTR Programs [EB/OL]. [2021-10-11]. https://www.darpa.mil/work-with-us/for-small-businesses/participate-sbir-sttr-program.

供有关计划的信息，促进更多讨论并解决潜在提议者的问题。一些提案者日还允许注册与相关 DARPA 项目经理的一对一会晤[①]。

（3）科研项目组织模式

DARPA 的科研项目组织模式的核心有以下几个方面。①实行“项目经理人负责制”，开展科研工作的核心主体是项目经理，所有工作都围绕和依靠项目经理展开；②通过精心挑选聘用业内具备较高专业素质和企业家精神、有丰富项目投资经验、既懂技术又懂管理的项目经理，并赋予项目经理高度的自主决策权；③由项目经理全权负责项目全流程：从构思、确定研究方向、选题、公开招标、方案甄选、研究团队选取、本项目经费分配，到整个项目的组织实施、进度把控、项目完成质量，以及项目成果应用推广等；④项目经理的任期一般为 3 ~ 5 年，项目经理选择的项目基本要在自己的任期内完成。DARAP 认为有限任期带来的好处是：一方面，防止思维定式与个人偏好制约项目选择；另一方面，促使项目经理更有紧迫感和使命感，将更加专注于项目任务的完成和业务拓展而非职位晋升[②]。

（4）未来发展方向和工作重点

2021 年 4 月，DARPA 首次阐述了它的 3 个发展方向——“对抗同级别对手”“为当前及未来的作战部队而创新”“促进美国的创新”，并提出了每个方向的发展重点。与创新相关的两个方向的发展重点如下。

①为当前及未来的作战部队而创新。具体而言的重点工作包括：

① DARPA. About Universities–Darpa [EB/OL]. [2021–10–11]. https://www.darpa.mil/workwith–us/for–universities.

② 王丽，于杰平，刘细文 . 美国电子复兴计划进展分析与启示 [J]. 世界科技研究与发展，2021，43（1）：54–63.

a. 遏制新冠肺炎疫情发展蔓延。自 2011 年以来，DARPA 生物技术办公室（BTO）便关注并资助 DNA 或 mRNA 基因疫苗的研发。

b. 延长救援“黄金时间”。DARPA 于 2018 年实施“生物停滞”项目，通过生物化学物质控制蛋白质消耗能量水平，使细胞活动接近停止状态，从而为救治伤患争取更多救援时间。

c. 服务受伤退役军人。DARPA 于 2014 年发起“假肢本体感受与触觉接口”计划，2020 年 10 月启动为期 5 年的“BG+”计划，以开发新型智能和自适应神经接口，修复脊髓损伤。

②促进美国的创新。具体而言的重点工作包括：

a. 人工智能。DARPA 当前正致力于第三代人工智能技术的研发工作，2017 年 8 月启动“保障自主”计划，通过改进无人机、无人车辆等自主无人系统的安全理念和计算方式，提高其安全性和学习处理复杂环境中各种变量的能力；于 2018 年 7 月发起“人工智能探索”项目，通过提供一系列投资机会加快新 AI 概念的开发速度；2018 年 9 月实施“下一代人工智能”计划，并表示将在未来 5 年向人工智能技术领域投入 20 亿美元以构建能够进行类似人类交流和逻辑推理的人工智能工具。

b. 微电子。先进微电子设计、制造成本增加、复杂度提升等因素对美国国防经济和安全优势造成挑战。为此，2017 年 6 月，DARPA 发起“电子产业振兴计划”（ERI），着力促进先进新材料、电路设计和系统架构等方面的创新性研究。

c. 5G 网络。目前 5G 技术仍存在透明性不足等缺点，这导致其难以被高效可靠地应用于国防领域。2020 年，DARPA 发起“开放可编程安全 5G”项目，针对 5G 移动网络积极探索符合标准的开放式网络堆栈的开发，以进一步提升 5G 及下一代网络的安全性。

d. 量子信息科学。量子信息科学具体包括计算、通信和传感技术，但目前由于传感器技术瓶颈，这些技术仍不够成熟。DARPA 近年来一直在围绕量子信息科学进行基础和应用研究，如小型量子便携式设备的研制，该设备即使在无 GPS 信号的情况下，也可在数周内保持时间和位置的高精准性。当前，量子信息科学研究仍是 DARPA 的难点。

e. 培育创新基地。通过为初创团队提供支持、加强与大学研究人员的联系、支持培养下一代研究人员等方式实现。2021 年 2 月，DARPA 进一步拓展“嵌入式创业”项目，为研究团队提供平均 25 万美元的资金，以帮助其聘用经验丰富的企业家或企业高管。此外，研究团队还可以获得商业化导师和 DARPA 过渡工作组的支持，该工作组包括 100 多家在规模扩张和供应链开发方面经验丰富的美国投资者和企业。通过举办年度峰会，使参会者了解 DARPA 近期投资的重点，如 2020 年 9 月的线上峰会就吸引了来自全国 126 所学校的 223 名代表参加。最后是发展下一代研究人员，如发起“联合大学微电子学”（JUMP）计划，此计划建立了一个由 DARPA 与大学界组成的联盟，联盟成员共同拟定重点研究领域，并为项目提供资金支持。

在过去的几年里，DARPA 所投资的项目及规划如图 3-7 所示。DARPA 资助工业界和大学进行一定的前期研究，包括近零功率射频接收器（N-ZERO）项目、更短时间段内实现电路（CRAFT）项目、通用异构集成和 IP 重用策略（CHIPS）项目、终身的学习机器（L2M）项目、分级识别和验证并利用（HIVE）项目、通过软硬件集成的系统安全防护（SSITH）项目等传统的项目，以及大学联合微电子项目（JUMP）。

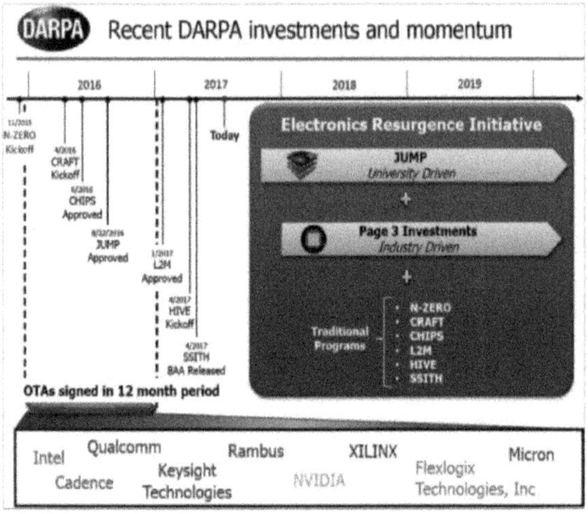

图 3-7　DARPA 近年的投资项目及规划 [①]

3.3.2　国家实验室

（1）发展历程

国家实验室（National Laboratory）是国立科研机构的一种特殊形式，应国家战略需求而建立，随国家需求变化而演变，体现国家意志，承担国家任务。美国官方报告或学术研究中使用“国家实验室”一词时，一般指能源部所属的 17 所国家实验室，以及与其属性相当的其他部门数量极少的实验室或科研机构，最大范围一般推延至美国联邦资助研发中心（FFRDCs），不是 FFRDCs 成员的实验室则一般称为联邦实验室（Federal Laboratory）[②]。

① DARPA. About DARPA Electronics Resurgence Initiative [EB/OL]. [2021-10-11]. http：//www.darpa.mil/work- with- us/electronics-resurgence- initiative.

② 聂继凯，石雨 . 中美国家实验室的发展历程比较与启示 [J]. 实验室研究与探索，2021，40（5）：144-150.

美国的国家实验室制度建设始于20世纪上半期，之后到第二次世界大战期间及结束后，国家实验室制度逐步完善，并形成了在基础和前沿领域开展研究的国家实验室体系。第二次世界大战成了美国国家实验室由萌芽阶段迈入形成阶段的重要推力，其中“曼哈顿计划”直接催生了6个国家实验室[①]：辐射实验室升级为劳伦斯伯克利国家实验室，冶金实验室（Metallurgical Lab）升级为阿贡国家实验室（1946年），克林顿实验室（Clinton Laboratories）或代号“X-10”部门升级为橡树岭国家实验室(1943年),代号为“Y”的试验场升级为洛斯阿拉莫斯国家实验室(1943年），“Z部门”升级为桑迪亚国家实验室（1948年），“埃姆斯工程”（Ames Project）产生了埃姆斯实验室（1947年）[②]。第二次世界大战结束后，为接管“曼哈顿计划”核设施、核废物处理、环境修复及原子能和平利用，布鲁克黑文国家实验室（1947年）、爱达荷国家实验室（1949年）、西北太平洋国家实验室（1965年）相继成立。随着“冷战”时代的来临，源于军备竞赛与基础科学研究的需要，增设了萨凡纳河国家实验室（1951年）、普林斯顿等离子体物理实验室（1951年）和劳伦斯利弗莫尔国家实验室（1952年）等新科研机构。

1950—1969年，美国国家实验室进入快速扩容期，这些国家实验室都是美国政府投资建设的，按照运营管理方式，可以分为国家运营的国家实验室（国有国营，GOGO）和民间运营的国家实验室（国有民营，GOCO）两种合约性运营模式。这些实验室或研究机构联合成立了联邦

① DALE B C，MO T D. The rise of federally funded research and development centers[R]. Albuquerque：Sandia National Laboratories，2000：5-6.

② GALLO ME. Federally funded research and development centers（FFRDCs）：Background and issues for congress[R]. Washington：Congressional Research Service，2017：1-2.

合约研究中心（Federal Contract Research Centers，FCRCs），1967 年，FCRCs 更名为 FFRDCs，并公布了一套成立准则①。1970—1979 年是美国国家实验室的深度调整期，美国政府开始实施大规模的 FFRDCs 撤、并、转改革，FFRDCs 总量随之从 1969 年的 74 个锐减至 1979 年的 35 个②。1980—1989 年是美国国家实验室的规范期，通过对 FFRDCs 准则的全面、系统修订等一系列规范措施后，FFRDCs 的数量维持在 37 个左右。1990 年至今是美国国家实验室的优化提升期，基于运营实践对已有 FFRDCs 规范不断调试，截至 2021 年，FFRDCs 成员（严格意义上的国家实验室）共计 42 个，其中，能源部下设 17 个③。

（2）定位和使命

美国国家实验室是美国联邦政府在特定历史时期，根据国家战略任务导向建立的一批肩负“国家使命”的科研设施。美国国家实验室体系自建立以来，一直扮演着国家创新体系核心力量的角色，覆盖了各大基础性和前沿性领域，主要担负 7 项重大任务④：①从事联邦政府必须负责的涉及国家安全、空间科技、能源开发、环境保护、疾病防治等领域的基础研究和应用研究；②承担需要使用大型科研设施且设备昂贵，同时需要进行多学科综合研究的项目；③通过与大学的合作项目，为那些在大学受到一定局限而无法延伸的应用研究领域培养科学家和工程师；

① GALLO ME. Federally funded research and development centers（FFRDCs）：Background and issues for congress[R]. Washington：Congressional Research Service，2017.11：1–2.

② 聂继凯，石雨．中美国家实验室的发展历程比较与启示 [J]. 实验室研究与探索，2021，40（5）：144–150.

③ National Science Foundation. Master Government List of Federally Funded R&D Centers[EB/OL]. [2021–09–15]. https://www.nsf.gov/statistics/ffrdclist/.

④ 王雪莹，王鸿飞．美国国家实验室的定位使命与发展历程 [EB/OL]. [2021–09–15]. https://www.sohu.com/a/160040297_468720.

④从事周期长、投资大、规模大、高风险和高回报，民间企业无力承担或不愿意承担的基础性、前瞻性研发项目；⑤从事那些有助于促进工业部门各企业间竞争的研发项目；⑥从事国家需要而研发成果又不能直接获得经济效益的研究，如农业、卫生、环境保护等；⑦完成政府职能所需要的研究工作。

（3）经费来源和管理

关于经费来源，根据联邦采购协议，国家实验室接收的大部分资金（至少 70%）必须来自联邦政府。没有主资助单位的同意，国家实验室不能接受来自非联邦部门的资助。目前，美国国家实验室的经费 90% 以上来自联邦部门①。

美国国家实验室的研究与试验发展经费支出分为基础研究、应用研究和发展研究三大类。从全美国家实验室总计来看，应用研究支出占比最大，发展研究支出紧随其后，两者仅差 0.3%②，说明美国国家实验室的经费大量用于支持研究成果转化，但具体到各个实验室，又因承担任务与范围不同，经费支出的方向也有所不同。

美国国家实验室普遍采取绩效预算的管理办法③。先征集制定各个实验室的总预算，然后由资助单位提交美国国会审议。国会审议通过后，由资助单位和运营单位通过“雾化预算”的方式将预算资金具体分配到每个“资金桶”。每个预算周期（3 年）结束后，由国会委托美国审计署对国家实验室的绩效进行外部评估，并根据绩效评估的结

① 裴瑞敏，杨国梁．美国国家实验室经费管理及评估制度 [N]. 中国科学报，2018-04-09（007）.

② 寇明婷，邵含清，杨媛棋．国家实验室经费配置与管理机制研究：美国的经验与启示 [J]. 科研管理，2020，41（6）：280-288.

③ 刘文富．国家实验室国际运作模式比较 [J]. 科学发展，2018（2）：26-35.

果来确定下一个预算周期中绩效拨款的额度。绩效预算这种“结果管理”式预算管理办法，一方面使得科研人员从烦琐的财务工作中解放出来；另一方面通过绩效评估和绩效拨款来保持对国家实验室的正向激励作用[①]。

同时，采用全程多元化监管体系，有利于资金管理的透明度和公开性。第一，通过“政府宏观监督 + 主管部门日常监督 + 机构内部监督 + 审计部门事后监督”的模式[②]，覆盖事前事后的各个阶段，形成内外部、宏观与微观、定期检查与不定期抽查相结合的监督机制。第二，国家实验室在科研项目实施过程中，需要定期向支持机构提交报告，以便支持机构了解项目进展情况和预算合理性。第三，在资金分配过程中，一方面，通过绩效预算模型将非竞争性资金分配到上一个周期；另一方面，通过同行评审分配竞争性资金，以监督国家实验室计划和项目本身的合理性[③]。

3.3.3 国家工程研究中心

（1）政策背景

20 世纪七八十年代，为应对来自日本等国家的激烈竞争，美国政府通过重构大学、产业与政府之间的关系，将科技政策纳入产业政策之中，创造新型协同创新联盟，加强大学与产业之间的产学研协同关系。其中，

---

① MALAKOFF D. As Budgets Tighten，Washington Talks of Shaking Up DOE Labs[J]. Science，2013，341（6142）：119.

② 龚春红，刘娅，张海英 . 美国联邦政府科研机构经费管理研究 [J]. 科技管理研究，2008，28（12）：66–68，71.

③ 寇明婷，邵含清，杨媛棋 . 国家实验室经费配置与管理机制研究：美国的经验与启示 [J]. 科研管理，2020，41（6）：280–288.

"产业 / 大学合作研究中心"（Industry /University Cooperative Research Center，I/UCRC）模式已发展成为美国较为完善的产学研协同创新模式。I/UCRC 通过促进行业创新者、世界级学术团队和政府机构之间密切和持续的参与，帮助行业合作伙伴、政府机构与大学研究人员直接有效地建立联系，在其发展过程中，通过不断创新，在 20 世纪 90 年代逐渐拓展为"州 / 产业 / 大学合作研究中心"（State/Industry–University Cooperative Research Centers， S/IUCRC）模式。S/IUCRC 的一个核心要素是，要求州政府的资助必须与国家科学基金会年度资助相匹配，并任命州政府代表负责协调 S/IUCRC 的技术创新活动与州经济发展战略之间的关系[①]。1984 年，美国国家科学基金（NSF）设立了美国工程研究中心（Engineering Research Centers，ERC）项目，旨在促进不同学科间、产业界与学术界之间的联系，将以技术为基础的工业和大学结合在一起，努力加强美国工业在全球市场上的竞争地位，提高技术创新水平，加强工程技术人才培养[②]。

（2）组织架构及运作模式

美国工程研究中心（ERC）由美国国家科学基金会组织发起，由大学担任牵头单位，吸引企业以会员或者项目合作的形式参与工程研究中心的研究活动，以在高校和企业之间从文化和架构上建立真正的相互依存关系为目标，实现产学研合作。

美国国家科学基金会（NSF）是项目组织的发起者，其职能是负责工程研究中心基本资金资助、管理导向、评估并促成中心成员合作。企业

① 武学超 . 美国产学研协同创新联盟建设与经验：以 I/UCRC 模式为例 [J]. 中国高教研究，2012（4）：47–50.

② NSF. The ERC Program [R/OL]. [2021–10–17]. https://erc–assoc.org/content/erc–program.

是项目的参与者，工程研究中心通过与企业签订会员协议，吸纳企业成为工程研究中心会员，获得企业资金支持，会员的身份分为 2 ~ 3 个不同的序列，不同序列的会员身份对应不同的资助经费额度及在工程研究中心的权限范围，不同资助经费额度对应的权限范围不同。企业的职能是对中心组织的研究、教育及实验平台建设提供建议和资助，参与研究项目的合作。大学是项目的实施者，其职能是为工程研究中心提供研究设备和资源，营造中心文化，持有中心成果并进行推广，以及培养工程技术人才[①]。

美国工程研究中心具有特色鲜明的运行发展模式。ERC 从 NSF 处得到最初的资金支持（一般为 10 年），在随后的“运营”（Operation）中，ERC 需要不断加强与产业界的联系，获取其他途径的发展资本，减少对 NSF 的依赖，争取在 NSF 资助期限结束后能够实现自负盈亏，从 NSF 顺利“毕业”（Graduate）[②]。

（3）作用及成效

自 1985 年以来，美国共成立了 72 个工程研究中心（ERC）和 3 个地震工程研究中心。对行业雇主的调查显示，80% 的主管认为 ERC 毕业生比他们的同龄人更有生产力，因为他们的 ERC 经验教会了他们如何整合跨学科的知识和管理团队以推进技术。2010 年，一项关于 ERC 产生的技术影响的研究发现，从 ERC 衍生出来的产品和过程的经济价值已经达到数百亿美元，一些中心已经对其工程和技术领域产生了变革性的

① 何洁，李晓强，周辉．美国工程研究中心建设对我国政府资助产学研协同创新平台建设的启示 [J]. 科技进步与对策，2013，30（17）：10–13.

② 柳春，夏迪，王健．美国工程研究中心发展及模式分析 [J]. 科技管理研究，2014，34（16）：27–31，35.

影响[1]。

有关未来产业，美国总统科技顾问委员会（President's Council of Advisors on Science and Technology，PCAST）于2021年1月向拜登政府提交了题为《未来产业研究所：美国科学与技术领导力的新模式》（*Industries of the Future Institutes*：*A New Model for American Science and Technology Leadership*）的咨询报告，其中指出的未来产业（Industries of the Future）是指人工智能、量子信息科学、先进制造、生物技术和先进通信网络五大前沿产业领域。美国政府认为，这些产业具有巨大的潜力，对国家经济长远发展和国家安全至关重要，所以大力支持这些产业，并通过建立未来产业研究所的方式促进其发展。此外，报告还提出，未来产业研究所（Industries of the Future Institutes）作为实施未来产业发展战略设计的新型创新主体，将面向美国国家战略需求组建，多部门参与、公私共建、多元投资、市场化运营，具有独特的组织模式和管理机制。未来产业研究所建设的主要目标是促进从基础、应用研究到新技术产业化的创新链全流程整合，推进交叉领域创新，促进创新效率提高，成为美国未来产业研发体系中的核心主体。

美国总统科技顾问委员会建议，由白宫科技政策办公室主持未来产业研究所的筹备与建设工作，通过多个联邦政府部门预算联合贡献未来产业研究所种子基金，并启动为期一年的未来产业建设计划。在运营机制方面，PCAST建议，未来产业研究所可以以有限责任公司（LLC）为运营框架组建，与美国国家实验室现行的公办民营（GOCO）模式相似。PCAST特别提出，在涉及政府资金的某些情况下，为了实现预期目标，

① NSF. The ERC Program [R/OL]. [2021-10-17]. https://erc-assoc.org/content/erc-program.

可能会暂时性突破政策规定。在知识产权方面，充分考虑多主体参与的情况，PCAST 提出未来产业研究所应建立简洁、灵活、全面和合理的知识产权主协议框架；在用人机制方面，未来产业研究所将构建较为灵活的用人机制，允许科研人员在其原本归属的机构和未来产业研究所之间自由流动，身份无缝转换。

3.3.4 国家制造科学中心

（1）概况

美国国家制造科学中心（National Centre for Manufacturing Sciences，NCMS）是美国联邦政府于 1986 年支持成立的非营利性组织，旨在通过产学研协同创新推动创新成果商业化，是提升美国制造商竞争能力的跨行业技术研发联盟。

（2）组织架构及运作模式

NCMS 总部设在密歇根州的安娜堡，且在华盛顿州的布雷默顿和华盛顿特区均设有分支机构。该中心与联邦各部门、创业型技术公司、中小企业、学术界联合致力于推动产学研协同创新[①②]。目前，NCMS 主要开展知识产权保护、协同创新团队管理、协同研发项目管理、科研成果商业化支持、产学研协同创新网络和联盟建设等活动，同时为其成员组织提供高新技术转移咨询服务工作，创造组织的成长机会。

（3）作用及成效

截至 2020 年 4 月，该中心共有 118 个组织成员参与，包含 82 个

---

① NCMS. About NCMS [EB/OL]. [2021-04-27]. https://www.ncms.org/about.

② 武学超 . 美国联邦政府推动产学研协同创新的路径审视：政策工具视角 [J]. 高教探索，2017（5）：71-77.

美国制造公司及36个非营利组织或学术机构，已发展成为北美规模最大的产学研协同创新中间组织，已推动促成了超过8.4亿美元的合同价值。

3.3.5 半导体联盟组织平台

3.3.5.1 半导体研究公司

（1）概况

半导体研究公司（Semiconductor Research Corporation，SRC）成立于1982年，是世界领先的集合工业、政府及学术界的非营利性微电子研究联盟组织。

（2）组织架构及运作模式

目前，SRC由20多家顶尖半导体公司、3个政府机构及100多所大学组成[①]，管理着新科学团队计划、SRC联络计划及奖励计划等3个计划，共有55个研究课题和500多个由1200多名SRC资助的学生开展的研究项目。其中，新科学团队计划（New Science Team Initiative，NST）是SRC为未来微电子技术研究发展所执行的计划，以“JUMP+nCORE”的互补项目模式开展，JUMP代表联合大学微电子项目，nCORE代表纳米电子计算研究项目，该计划于2018年开始推行，已获得IBM、英特尔、三星电子等美国国内外知名企业，以及美国国防高级研究计划局（DARPA）、美国国家科学基金会（NSF）、美国国家标准与技术研究所（NIST）的支持[②]。

① SRC. About SRC [EB/OL]. [2021-04-30]. https://www.src.org/about.

② 同①。

（3）作用及成效

自成立以来，SRC 已经资助了超过 20 亿美元的研究资金，通过赞助超过 1.2 万名研究生建立了一支强大的半导体人才队伍，并为联盟成员公司提供了 700 多项专利。此外，作为行业的“领头羊”，2020 年 SRC 与半导体工业协会（Semiconductor Industry Association，SIA）联合发布了《半导体十年计划》[①]，该计划阐述了未来全球信息和通信技术行业的发展驱动因素和限制条件，并对未来十年半导体行业的重大趋势、挑战及应用做了初步预测。

3.3.5.2 半导体制造技术联合体

（1）概况

美国半导体制造技术联合体（Semiconductor Manufacturing Technology Research Consortium，SEMATECH）于 1987 年在美国国防部和美国半导体工业协会（SIA）的支持与推动下成立。如今，该联合体的参与者涉及政府部门、半导体制造公司、半导体设备与材料供应商、高校与联邦实验室，以及中介机构，由最初的研发中心转变为研发与技术转化的综合联合体。SEMATECH 与前文介绍的半导体研究团体（SRC）之间的关系非常密切，SRC 1/3 的研究经费由 SEMATECH 提供[②]。

（2）组织架构及运作模式

SEMATECH 由一个中心管理机构来管理，研究人员来自各成员公司，管理人员全部来自企业界。

在运作方式方面，主要以项目为单位进行。1989 年，SEMATECH

① SRC. Decadal Plan for Semiconductors：Overview[R]. Semiconductor Research Corporation，2020.

② SEMATECH 合作研究联合体对我们的启示 [EB/OL].（2017-02-08）[2021-04-30]. https://www.sohu.com/a/125717995_216995.

陆续成立了聚焦于半导体制造不同领域的 SEMETECH 卓越中心项目（SEMATECH Center of Excellence Research Programs，SCOE），并由半导体研究团体（SRC）进行管理。不同于 SRC 项目的长期研究任务，SCOE 项目更侧重于短期研究[①]。在经费筹集与管理方面，SEMATECH 的经费来源由两部分组成：一部分是成员单位贡献的会员费[②]；另一部分是联邦政府、州及当地政府的财政资助。在人员招纳与管理方面，作为技术转移载体的"高级代理人"模式是 SEMATECH 的又一特色，高级代理人是由成员单位派遣并支付薪水、具备较高业务能力的人员。高级代理人通过亲身参与研发项目，参加各类研讨会，输出已有的技术、知识和经验，同时吸收他人的输出，通过彼此之间的分享、交流和碰撞让技术扩散和融合[③]，该模式作为一种间接的技术成果转移策略独具特色。

（3）作用及成效

SEMATECH 的作用及成效在于以下几个方面：一是为半导体制造商创造了收益。SEMATECH 的联合开发研究成果使得所有成员公司在购买、使用和维护制造设备上的成本大为降低，且由于制造设备的不断改进，成品率不断提高。二是深刻变革了美国半导体设备制造行业。作为行业内"网络管理组织"（Network Administrative Organization，NAO）的 SEMATECH，降低了主体间的合作成本，加强了前沿技术创新的资

① GUTMANN R J. Innovation in integrated electronics and related technologies：Experiences with industrial-sponsored large-scale multidisciplinary programs and single investigator programs in a research university[J]. The international handbook on innovation，2003：548–555.

② WHETSELL T A，LEIBLEIN M J，WAGNER C S. Between promise and performance：Science and technology policy implementation through network governance[J]. Science and public policy，2019，47（1）：78–91.

③ 陈雯 . 美国新型研发机构的创建及运营：以美国半导体技术联合体为例 [J]. 杭州科技，2020（6）：58–62.

源组合[①]。三是大力推进全面质量管理的实施。SEMATECH 跨行业的“合作全面质量管理”计划，为半导体制造商和设备供应商之间的质量管理合作创造了条件。四是创造了半导体行业密切合作的纽带关系。SEMATECH 通过创造半导体制造商之间交流信息，讨论有关设备、材料等方面共同感兴趣的问题的机会，加强了制造商之间的合作关系，促进了研究成果的合作共享。在 SEMATECH 成立 5 年后，美国在世界半导体市场的份额超过日本，英特尔公司也成为世界头号半导体公司。

2021 年 5 月 11 日，由美国牵头，全球 64 家半导体企业组成的半导体联盟（Semiconductors in America Coalition，SIAC）宣告成立，该组织是一个由半导体企业和下游用户组成的联盟，成员包括亚马逊、苹果、AT&T、思科、通用电气、谷歌、威瑞森等科技巨头，AMD、亚德诺半导体、博通、英伟达、高通等芯片设计公司，格芯、IBM、英特尔、镁光等芯片制造商，以及应用材料、楷登电子、新思科技等半导体上游 IP、电子设计自动化（EDA）软件和设备供应商等[②]。这些企业分别来自美欧、日韩和中国台湾地区，几乎覆盖整个半导体产业链。SIAC 的成立可以填补美国国内半导体生态系统的空白，涉及从传统到尖端，涵盖工业、军事和关键基础设施等所依赖的半导体技术和工艺节点的方方面面[③]。

① WHETSELL T A，LEIBLEIN M J，WAGNER C S. Between promise and performance：Science and technology policy implementation through network governance [J]. Science and public policy，2019，47（1）：78-91.

② SIAC. About [EB/OL]. [2021-10-18]. https://www.chipsinamerica.org/about/.

③ SIAC. SIAC calls on congressional leaders to fund CHIPS for America Act [R/OL]. [2021-10-18]. https://www.chipsinamerica.org/wp-content/uploads/2021/07/SIASIAC_letter_on_CHIPS_fundingJuly_27_2021.pdf.

3.3.6 政府—大学—产业研究圆桌论坛

（1）概况

政府—大学—产业研究圆桌论坛（Government-University-Industry Research Roundtable，GUIRR）是1984年由美国国家科学院（NAS）、国家工程院（NAE）、国家医学研究院（IOM）联合成立的制度化论坛，旨在推动产学研协同创新工作，促进政府和非政府研发组织高级领导之间的交流协同。GUIRR的重要使命是汇聚产学研协同创新各部门高级代表甄别和探讨重大科技攻关课题，促进参与者对话和交流[①]。

（2）组织架构及运作模式

GUIRR下设的GUIRR委员会的成员包括美国国家科学院、国家工程院和国家医学研究院的3位院长，联邦研发部门领导，大学校长及产业CEO，大学与产业伙伴是当然的制度性成员，负责将产学研协同创新各方观点和问题引入GUIRR予以商讨，并帮助传播思想。

GUIRR主要有两种运作模式：第一种是会议模式，每年举行3次大型会议，邀请外部专家提供独特的业界见解，为所有成员提供研讨跨部门协同创新问题的机会。第二种是项目工程模式，目前比较典型的重大工程包括国际科研协同（International Research Collaborations）工程、网络会议（Webinars）工程、“领导晚餐”（Leadership Dinners）项目、“大学—产业示范伙伴平台”（UIDP）项目等[②]。GUIRR依靠多样化的模式为政府、大学、科研机构及企业搭建了交流对话的平台，对充分发挥协同作用以

① NAS. About the Government-University-Industry Research Roundtable [EB/OL]. [2021-10-11]. https://www.nationalacademies.org/guirr/about.

② 武学超 . 美国联邦政府推动产学研协同创新的路径审视：政策工具视角 [J]. 高教探索，2017（5）：71-77.

攻关技术难题起到了很好的作用。

3.4 鼓励合作创新的法律法规政策环境方面

营造良好的创新环境有利于产学研合作取得重大创新，美国能够成为世界科技强国，与其长期以来形成的良好的支持合作创新的法律法规政策环境密不可分。本节主要选取聚焦重大创新和关键核心技术攻关，涉及跨部门合作的法律法规政策予以梳理。

美国合作创新政策的出台有着深刻的国际经济背景。20 世纪 80 年代初，美国生产率增长减缓，美国企业在一些关键的高技术产业领域的国际竞争力相对下降，日本、德国等国家在许多产业领域，尤其是高技术产业领域对美国构成了强大的竞争压力。这引起了美国产业界、学术界和政界的关注。他们普遍认为，通过加强各部门在技术创新方面的合作是增强美国产业竞争力的重要手段①。促使美国实行合作创新政策的另一个原因是许多国家通过推进合作研发迅速提高了技术创新能力，并实现了迅速追赶，日本就是一个典型的例子。国际经济形势的变化促使美国政府调整科技和经济政策，传统的自由放任和不干涉工业研发活动的政策开始转变，美国政府开始成为合作创新的倡导者和参与者。美国政府为推动合作创新通过了一系列法律，这些法律为大学、科研机构和企业间的合作创新提供了资金和其他方面的大量支持。在“为了商业利益而放宽反托拉斯的执行”的时代背景下，《国家合作研究法》《国家合作研究与生产法》《合作研究与技术提升法》相继出台。

① 谭辉 . 美国合作创新政策研究 [J]. 科技进步与对策，2008（2）：6–12.

3.4.1　国家合作研究法（The National Cooperative Research Act of 1984）

（1）背景

1984年，美国国会通过了《国家合作研究法》。这一法案涉及对反垄断法的修正，因为联邦与州的反垄断法律在企业为竞争做准备而进行的R&D合作方面的界定不清晰，从而妨碍了企业在这方面的运作，在全球经济竞争日趋激烈的背景下，这对美国企业的发展是极其不利的。由于认识到反垄断法对企业在R&D合作经营上构成很大的障碍，《国家合作研究法》对“合资R&D企业”在定义上消除了反垄断法中的模糊部分，把这种企业的性质定义为“理论分析、探索及实验把基础科学知识拓展到实际应用领域并包括仿制的研究”。这样，企业间的合作就包括建立合作机构、汇集和交换研究信息在所有权意义上的研究行为，以及专利的应用和许可证的获得。

（2）举措

《国家合作研究法》在明晰垄断定义、鼓励合作创新方面的具体举措包括以下3个方面。

第一，消除了合作工业研究的反托拉斯障碍。由于技术开发费用日益高昂，技术开发活动越来越多变和复杂，技术的跨学科开发趋势使单个企业难以单独承担新技术开发的费用和风险。有相似技术需要的企业之间进行合作研究和开发，是分担费用和风险的好方法。《国家合作研究法》改变了以反垄断法限制企业之间合作的传统规定，转而允许企业之间进行合作研究开发及生产，以增强企业的研究开发能力。

第二，规定了“合理规则”标准，以评估潜在的合作研究违反反垄断法的行为。在反垄断法中把出于竞争目的而在企业间进行的 3 种合作明确地排除掉了：一是合作生产或合作开发市场；二是在竞争者之间出于研究与开发的需要而在成本、销售、利润、价格上的信息交换；三是对合资 R&D 企业仍无法解决的 R&D 合作不予限制，包括销售、许可证及对发明的共享等[①]。通过清除这些反垄断法的“灰色地带”，《国家合作研究法》实际上授权法院在处理出于竞争需要的垄断案例时可以用更“自由”的标准来判断。

第三，减轻了对合作研究的反托拉斯处罚。只要在合作研发计划建立后的 90 天内告知了美国司法部和联邦贸易委员会，被告（合作研发的参与方）如果在反垄断诉讼中败诉，将受到单一损害（实际损害）而不是以前的 3 倍损害的处罚[②]。此外，此类索赔的诉讼费用（包括合理的律师费）由占主导地位的索赔人或主要胜诉的被告承担。

（3）成效

1984 年，美国《国家合作研究法》允许企业间开展合作研发，并鼓励企业与大学、联邦实验室建立技术联盟。随着产品科技含量的不断提高和工艺的日益复杂，企业通过产业技术联盟合作开发新的技术工艺或产品具有很多优势：一是通过汇集创新资源减少研发成本和风险，缩短研发周期；二是突破反垄断法限制，开展研发等合作；三是培育和形成新产品市场；四是提升企业长远发展的创新竞争力。因此，20 世纪 80 年代以来，在政府推动下美国国内企业发起的产业技术联盟及以美国企

① 米加宁，黄丽华，徐磊 . 作为公共政策的技术转移政策：美国的案例 [J]. 中国科技论坛，2001（5）：69–72.

② United States Congress.S.1841 – National Cooperative Research Act of 1984 [EB/OL]. [2021-10-11]. https://www.congress.gov/bill/98th-congress/senate-bill/1841.

业为首的国际产业技术联盟发展迅速，到2003年已发展到超过500多家，多集中于电子、化工、交通、通信等高新技术领域。《国家合作研究法》放松了对合作研究的反垄断管制，增强了实验室和产业的竞争力。此后，国家标准与技术协会、美国国家科学基金会等机构开展了与联邦研发机构、大学及企业之间的广泛合作，为技术产业化增速。

3.4.2 国家合作研究与生产法（National Cooperative Research and Production Act of 1993）

（1）举措

1993年通过的《国家合作研究法》修正案《国家合作研究生产法》，进一步放松了对企业合作生产的管制，同时允许开展联合研发的企业在应用联合研发成果方面开展合作。第一，规定所涉企业联营费用安排，规定对于所涉企业联营自动适用合理规则和特殊律师费安排。第二，规定企业联营在向司法部反托拉斯局和联邦贸易委员会备案的前提下，对于可能的反托拉斯损害赔偿只限于实际损害。备案之后，相关部门会在联邦公报上予以发布，通过这种方式公开其成员组成和活动，以及任何的变更①。第三，规定只有研发型与生产型企业联营才可以基于该法进行备案，且为这类联营活动确立了法定的范围。研发型企业联营必须基于以下目的从事活动：一是对于现象或可观测事实的理论分析、试验或系统性研究；二是开发或测试基本的工程技术；三是基于实验或示范的目的，将具有科学或技术特性的调查结果或理论扩展到实际应用中，包括模型、原型、设备、材料和工艺的试验生产和测试；四是对联营产品

① 江山，苏竣．论企业联营合作创新的反垄断法规制[J]．东方法学，2014（2）：84-94.

的生产、工艺制造或服务提供相关的测试；五是收集、交换和分析研究或审查的信息。生产型企业联营必须基于以下目的从事活动：一是生产产品、制造工艺或提供服务；二是对联营的产品生产、工艺制造或服务提供相关的测试；三是收集、交换和分析研究或生产的信息。这一规定也体现了立法对于研发型和生产型企业联营的特性及研发、生产之间互动的成熟认知。

（2）成效

放松管制方面的法律从《国家合作研究法》到《国家合作研究与生产法》，管制程度不断放松。同时可以看到，美国关于合作创新的法律体现了政策的延续性，后来的法律都保留了早期法律的基本原则，只是结合实际情况进行了适当修正，避免了法律的剧变，减少了社会适应成本。

3.4.3 合作研究与技术提升法（Cooperative Research and Technology Enhancement of 2004）

（1）背景

2004 年 12 月 10 日，布什总统签署了《合作研究与技术提升法》，以应对专利所有权不明晰问题。该法案反映了国会鼓励大学、企业和政府之间开展合作研究与开发的立场，解决了专利所有权问题。在合作企业之下，该法修订了美国法典第 35 条第 103 款，允许多主体共同申请和拥有专利，进一步促进了企业、大学和联邦实验室的合作研发活动。

（2）举措

第一，规定了扩大后的安全港下获得保护的要求。包括以下要求[①]：

① United States Congress.S.2192 – Cooperative Research and Technology Enhancement（CREATE）Act of 2004[EB/OL]. [2021-10-11]. https://www.congress.gov/bill/108th-congress/senate-bill/2192.

一是要求保护的发明专利必须是由共同研究协议的当事方或代表当事方完成的，该联合研究协议在发明之日或之前已经生效；二是要求保护的发明专利必须来自共同研究协议范围内的工作；三是要求保护的发明专利必须由指定联合研究协议的当事方申请。

第二，该法案还设想排除的主题是共同研究协议的当事方之一的拥有权或控制权①。该法案将“共同研究协议”一词定义为“由两个或两个以上的人或实体为执行所要求保护的发明领域中的实验、开发或研究工作而订立的书面合同、授予或合作协议”。

（3）成效

《合作研究与技术提升法》进一步促进了大学、企业和政府之间进行合作研究与开发。允许多主体共同申请和拥有专利的变革被立法者称赞为一种急需的补救措施，并且是产生新发明的催化剂。

3.5 本章小结

美国在产学研合作方面已取得巨大的成就，积累了丰富的经验。本章以美国产学研合作创新支持政策为研究对象，突出产学研合作创新的新型特点，围绕“宏观协调机制”“专项资助计划”“创新网络平台”“法律法规政策环境”4个领域，选取聚焦重大创新和关键核心技术攻关、涉及跨部门合作的产学研合作创新支持政策进行了梳理。

① Hunton Andrews Kurth LLP.CREATE to Promote Creative Exchange[EB/OL]. [2021-10-11]. https://www.internationallawoffice.com/Newsletters/Intellectual-Property/USA/Kenyon-Kenyon/CREATE-toPromote-Creative-Exchange#statutory.

4 英国新型产学研合作创新支持政策

当前，英国的科研力量分布广泛，在大学、企业中多有体现，由此形成了相对分散的科研体制，也导致了政府对科研机构的统筹和管理能力相对较弱。在这种科技研发体系下，英国政府对具体科研领域的研究能力和研究队伍建设无法进行自上而下集中统筹的规划和管理，只能通过对竞争性科研项目的资助来引导大学和研究机构的研究方向和项目选择，进而撬动企业对产学研合作的追加资助。因此，在某些研究领域出现紧急需求时，英国只能依赖于过去的研究成果积累，来快速组织大学和相关研究机构组成研究队伍进行应对。

为了弥补国家创新体系在研究领域布局和研究力量调动整合方面的操作力不足，20 世纪 80 年代以来，英国的科技研发体系逐渐形成对欧盟总体科技体系的倚重，不但要从欧盟吸引大量的顶尖研究人员，保障其在英国完成研发，而且在基础研究和技术开发方面也与欧盟进行了一系列紧密合作，非常积极地参与欧盟的历次“研发框架计划”。希望由此保证英国在欧洲科学研究、创新项目中占有一席之地，进而保障英国经济的长远发展动力。

但是，在英国彻底脱欧后，这一局面遭受重创，因此，为了应对这一困局，从 2016 年开始，英国对自身的科技研发体系进行了有针对性的强化和调整，特别是在产学研合作方面。①

① 潘教峰．中国创新战略和政策研究 2020[M]. 北京：科学出版社，2020.

4.1 国家战略层面对产学研合作的宏观管理和协调机制

英国各界认为："创新是将新思想转变为经济增长的过程，将科学发现转化为新产品、新服务和新工作，从而在企业、公共服务、政府和整个社会中产生积极变化。"战略性的产学研合作能够为其参与各方带来很大的好处，包括以下方面：

①研究者有机会通过实际应用新的研究成果和解决方案，看到它们产生的切实影响，并获得新技能、数据或设备。

②企业可以通过开发新技术、减少研发投资，以及扩展自己的人才队伍和专业知识来提高业务绩效。

③政府对合作研发的投资也为整体经济带来了真正的好处，推动经济的增长、生产力的提高，以及高质量研究成果的涌现。

所以，英国政府在2008年全球金融危机之后统一认识，无论是工党政府，还是保守党政府，都明确提出未来需要充分利用基础研究能力，提高英国各地企业的生产力并确保科学研究转化为商业应用，提高现有行业的生产力并为英国经济创造新的增长机会。2012年以来，英国政府所采取的措施主要包括以下方面：

①为转化和应用研究提供资金，支持英国企业扩大创新投资规模。

②确保规范英国政府新制定的经济发展规则、法规及网络机制等能够促进科技创新和新科技的转化和传播。

③将来自全球及英国各地支持新型产学研合作的建议纳入创新政策的制定，以实施系统性变革。

④适当地结合激励措施和政策刺激对产学研合作的更大需求，加强政府作为最大的创新性公共采购用户的作用。

⑤优化政府提供的支持，推动新行业及其技术创新。采用长期资助方式保障对电子医疗、人工智能、量子技术和机器人等变革性新技术的研发、应用和转移，促进英国企业在这些领域的研发中位居全球前列。

4.1.1 英国的科技创新体系及产学研合作机制演化历程

1988 年，当时的英国保守党撒切尔政府推进了名为“未来行动”的科技体制改革，将英国当时所有的政府所属国立实验室和研究机构出售给私人企业或改为国有私包制，希望以此减轻国家财政和管理的负担，推行其自由化经济政策。主要改革内容包括：将原有的基础研究型公共科研机构全部合并重组成为非营利性研究机构或企业；将原有的应用型公共科研机构直接私有化，转化为私营企业。

到了 1997 年，工党通过大选重新开始执政后，发现英国原有的、政府直接领导的国立科研机构中，除负责标准化认证和计量工作的国家物理实验室（NPL）外，几乎已经全部被私有化，有的甚至已经解体；且大部分尚在生存的科研机构已经开始依托各主要大学，参与到大学的研究和教学体系当中，其在科研资助、业务管理和研究方向选择时受到所在大学的影响和限制，已经难以剥离并重组为新的国立科研机构体系了。[①]

因此，当时的工党政府只得强化包括各研究理事会在内的公共科研资助体系（相当于不同领域和方向的国家科学基金会），使得各研究理事会和其他资助机构来监督和长期资助已经依附各大学或私有化的“公共研究机构”，以期继续通过它们来完成政府规划或临时需求的研发任务，实现国家目标。但同时，仍保持它们各自的独立管理状态。1997—2008 年，

① 李宏 . 英国传染病与病毒学研究体系及其管理机制 [J]. 世界科技研究与发展，2020，42（3）：347-353.

工党两届政府的主要科技战略与政策目标是给科学和创新提供明确的定位和不断增长的经费保证，从而确保英国的一部分科学和创新活动被纳入政府引导并支持的长期稳定发展轨道之中。[①]

自此，英国政府不再考虑建设纯粹的国立研究机构及其体系，逐步形成的“公共研究机构”体系也不同于其他国家的国立实验室和研究所体系。由于英国政府的研究资助机构（如各大研究理事会）也只是“公共研究机构”的主要经费来源而非其全部经费的来源和上级管理者，“公共研究机构”实际上只是“接受政府长期资助”的非公益性研究机构，研究理事会等科研资助机构并不能直接决定其研究方向和具体工作，更不能干预其内部管理结构和人员升迁。“公共研究机构”受到研究理事会等组织的监督和资助，但都是研究工作自我管理的独立机构，其中大部分都是依靠大学运作的。

但是，2008 年以后开始的全球金融危机和经济萧条打乱了工党政策赖以延续的资金相对充裕的经济基础。同时，工党政府已完成的政策调整也未能全面奏效。因此，在 2010 年 5 月大选后上台的保守党政府宣布要履行其参选誓言，再次削减对高校和科研的财政预算，并收紧对外来科研人员的签证政策，当时英国进入了对科技创新类计划和项目进行财政紧缩的新时期[②]。

2016 年 6 月英国投票通过脱欧以来，国家科研体系一直处于动荡状态，除了欧盟对英国的资助减少，英国吸引来的欧盟科学家也在减

① 《发达国家科技计划管理机制研究》课题组 . 发达国家科技计划管理机制研究 [M]. 北京：科学出版社，2016.

② 《国际科技战略与政策年度观察》研究组 . 国际科技战略与政策年度观察 2016[M]. 北京：科学出版社，2017.

少。与欧盟科研系统的逐步分离也大大影响了对科技优先方向的聚焦。此后，英国政府希望确保英国退出欧盟后仍然能够取得积极的科研成果。为实现这一目标，脱欧导致的主要科研资金缺口必须由政府以各种方式填补。但是目前的总体发展情况表明，英国是一个科学与技术发展相对不平衡的国家，它的基础研究水平虽然仍旧很高，但应用研究日益不足，新技术产品化、市场化水平较低。最重要的是，英国的科技创新人才缺口要求其必须继续吸引国际人才。

目前，英国的总体科研体系框架如图 4–1 所示，主要分为 5 个部分：由英国政府首席科学顾问（兼任政府科学办公室主任）及政府科学办公室来执行科技预见与规划职能；由商业、能源与工业战略部执行国家科研体系统筹与管理职能；由英国研究与创新署进行统一的产学合作研发资助和项目管理；由国防科学技术办公室负责制订国防科技计划和部分项目管理；最后是由议会领导的统一科研预算管理体系。五大板块共同构成英国目前的科研体系基础框架。

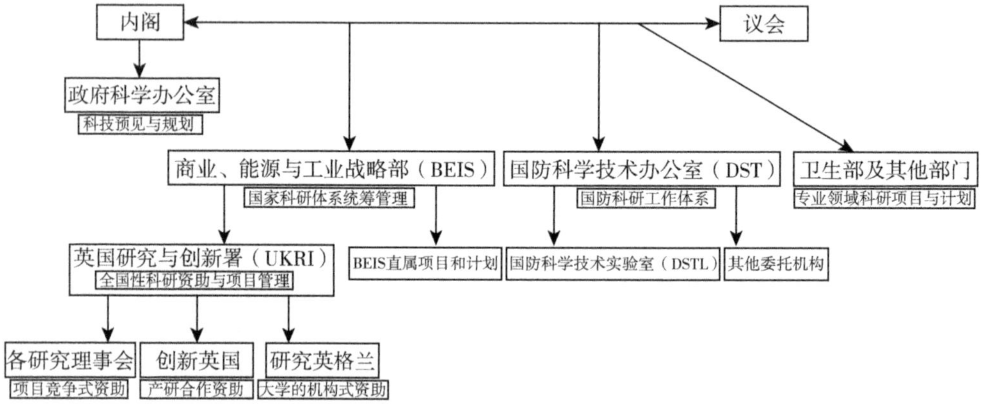

图 4–1　英国总体科研体系框架

4.1.2 通过创新转变经济增长模式的系列规划

（1）面向经济增长的创新与研究战略

2011 年，英国政府发布了全面的《增长计划》，指出英国在世界经济中的地位已经开始下降。要改变这一情况，英国必须在高技术经济领域中占据领导地位，必须创建新的经济增长模式[①]。

在这些政策文件的指导下，2011 年年底，当时的英国商业、创新与技能部（BIS）发布了《面向增长的创新与研究战略》，力图通过资助全英国的研究与创新活动，推动对复杂技术的创新，以规划促进英国的经济增长。该战略提出的主要行动内容包括以下方面：

①由创新英国增加投资，提供给技术创新型企业，资助或提供设备帮助它们进行产品开发和商业化。

②对企业直接提供资助，帮助它们建立大型展示平台或产品原型，以便向潜在的投资者展示自己的创意。

③引导创新英国建立新的“创新代付款计划”，保障中小企业有机会获得来自大学的免费学术支撑。

④将支持中小企业的“设计需求计划”的资助额增加一倍，帮助中小企业推出新产品、新服务、新品牌，以加强它们的增长潜力等。

基于此，2012 年 9 月，英国商业、创新与技能部部长进一步就英国的产业战略发表讲话，提出以下战略重点：

①建立支持企业创新的金融机制。启动贷款资助计划，帮助银行增加针对新创企业的低息、无抵押投资和金融担保项目；通过企业金融伙

① 《十年决策：世界主要国家（地区）宏观科技政策研究》研究组 . 十年决策：世界主要国家（地区）宏观科技政策研究 [M]. 北京：科学出版社，2014.

伴关系计划推动银行业以外的金融服务；各大银行启动总额为25亿英镑的企业增长基金。

②促进重点行业与政府合作。政府通过税收、监管和自由市场等政策吸引各行业建立与政府的长期战略性合作伙伴关系，重点关注先进制造、航空、汽车和生命科学等行业。

③支持发展新兴技术。英国技术战略委员会将着重支持能在2012年后的10年内为英国创建新产业的新突破性技术，继续建设国家技术与创新中心网络以支持创新商业化。

④建立培训工人技能的机制。强化企业学徒培训计划并启动雇员身份实验计划，帮助企业为雇员提供专业培训。

⑤以政府采购促进创新链的发展。未来5年，政府将为13个行业提供700亿英镑的政府采购机会，以培养中小企业的创新能力。

（2）首次发布国家工业战略

2017年年底，英国商业、能源与工业战略部（BEIS）代表内阁进一步发布《工业战略：建设适应未来的英国》白皮书，列举了影响未来的四大挑战（人工智能、清洁增长、交通运输技术和老龄化社会）和支撑经济发展的五大支柱（创意、人才、基础设施、商业环境、地方合作），并提出了相应的产学研合作政策举措①。具体措施包括以下几点：

①为了支持高成长性的创新型产业实现自己的潜力而发起了一项行动计划，推动200亿英镑的投资在未来10年内进入这些产业。

① 英国商业、能源与工业战略部（BEIS）. Industrial Strategy: Building a Britain fit for the future[EB/OL].（2017-12-21）[2021-10-11]. https://www.gov.uk/government/publications/industrial-strategy-building-a-britain-fit-forthe-future.

②通过以下措施支持长期投资：保障养老基金投入产业界；设立国家安全战略投资基金，继续与产业界及监管机构合作。

③通过以下措施促进全国各地的科技创新产业投资：发起英国商业银行的商业投资方案，支持在伦敦以外发展的商业天使集群；通过英国商业银行开展的新行为研究，找出解决创新企业在风险资本方面障碍的方法；推出英国商业银行地区经理网络。

④增加最佳实践的传播，使中小企业有更多的生产工具：尝试推动现代商业做法的创新方法，确保所有企业都能进入当地的增长中心。

⑤强化供应链：设置一项新的供应链竞争力方案，鼓励行业领导者采用最佳创新实践经验来持续提高业绩。

⑥支持创新企业进入国际市场，推动出口：与企业合作，对出口战略进行审查和调整。

⑦强化创新竞争、法律和监管方面的框架。

⑧推动政府处理过去磋商中提出的问题，降低企业在线获取信息的难度，使政府更加精简、反应灵敏，专注于提供最有价值的交易。

⑨吸引来自跨国公司和外国企业的投资。

⑩从 2018 年 1 月 1 日起，将大公司（研发支出信贷）的研发税收抵免率从 11% 提高到 12%。

到了 2020 年，英国科学技术委员会（CST）进一步向首相提出了促进技术扩散提升生产力的政策建议①。CST 在文件中指出，英国与领先国

① 英国国家科技委员会（CST）. Diffusion of technology for productivity[EB/OL].（2021-04-13）[2021-10-11]. https://assets.publishing.service.gov.uk/government/uploads/system/uploads/attachment_data/file/868334/CST_Technologies_for_productivity_letter.pdf.

家的生产率差距是明显的。自 2008 年全球金融危机以来，英国劳动生产率增长停滞不前。主要问题不在于英国缺乏技术领先的企业，而是英国生产率较低，排在尾部的企业比其他国家更多、尾巴更长，而且还在增多。英国在服务业和制造业中表现最好的企业与最差的企业之间的生产率差距大于英国的国际竞争对手。改善这一点的障碍是缺乏对新技术的传播，而不是缺乏创新。一个地区少数行业的少数企业中的少数个人会使用高新技术是不够的，应该让所有企业的所有人都会更有效地使用新技术。

为此，CST 提出了 5 项措施，以改善企业支持技术扩散的基础环境，解决限制英国技术能力和培训不足的方法：

①建立一个面向企业的“国家生产力中心”，以支持那些有变革基础并决心采取措施提高绩效的企业，帮助它们提高对新技术的熟练掌握程度，同时促进其使用方法来确定正确的解决方案。

②由商务、能源与工业战略部（BEIS）与英国研究与创新署（UKRI）、产业战略委员会（ISC）和地方的企业合作伙伴关系计划（LEP）共同合作，审查当前的创新企业资助计划，创建具有全面影响的各地区技术扩散系统，与拟建的国家生产力中心形成辐射覆盖模型。

③总结优秀实践，探索大学和公共实验室如何在技术传播中发挥更广泛的作用，如何比目前更多地与地方企业进行接触合作。

④在整个行业或供应链的基础上，鼓励企业积极采用新知识、新技术，特别是那些获得公共部门创新资助支持的企业。

⑤由财政部、商务部和教育部共同探讨如何利用政策和法规鼓励企业投资员工培训，以支持对新技术的使用。

（3）疫情和脱欧双重压力下的国家创新战略

到了2021年，英国政府发布《英国创新战略：通过创造引领未来》①，指出新冠肺炎疫情暴发之后，全世界都面临着特殊的挑战；脱离欧盟也使得英国的社会、经济模式都受到了极其严重的影响。所以，英国新的“国家创新战略”的主题是增加创新，提高整个经济的生产力，进而为英国各地带来就业、增长和繁荣，推动整个国家的企业、政府、研发执行组织、金融提供者、资助者和其他人共同实现创新雄心。

该战略侧重于通过充分利用英国的研发和创新系统来支持企业的创新，愿景是让英国成为全球创新中心之一。主要的4个关键支柱都涉及产学研合作领域。

①释放业务：为想要创新的企业提供动力。主要行动包括：将年度公共研发投资增加到220亿英镑；通过在“创新英国”和英国商业银行之间开发在线金融和创新中心，降低创新公司获得金融支持的复杂性；通过英国商业银行的“生命科学投资计划”，投资2亿英镑以解决英国生命科学企业面临的成长阶段资金缺口；改进咨询监管体系，确保英国能够从创新中获取最大价值；组建一个新的商业创新论坛来推动这一战略的具体实施。

②人才：使英国成为最吸引创新人才的地方。主要行动包括：通过扩大签证种类和数量，吸引和留住具备高技能、高潜力的全球创新人才；通过“辅助成长和管理”计划支持3万名中小企业的高级管理人员，提

① 英国商业、能源与工业战略部（BEIS）. UK Innovation Strategy：Leading the future by creating it[EB/OL].（2021-07-23）[2021-10-11]. https://www.gov.uk/government/publications/uk-innovation-strategy-leading-thefuture-by-creating-it/uk-innovation-strategy-leading-the-future-by-creating-it-accessiblewebpage.

高他们的业务绩效、适应力和业务增长。

③机构和场所：确保英国研发和创新机构满足企业和机构的需求。主要行动包括：由诺贝尔奖获得者、弗朗西斯·克里克研究所所长保罗·纳斯爵士教授领导独立评估，审视英国各种研究、开发和创新机构的布局是否合理；通过“地方实力基金”拨款1.27亿英镑，以发展研发能力并支持英国各地的区域经济增长；向“能力连接基金”投资2500万英镑，帮助大学与企业合作创新推动经济增长。

④使命和技术：激发创新，应对英国和世界面临的重大挑战，提升关键技术能力。主要行动包括：建立一个新的“创新使命资助计划”，解决英国和世界在未来几年面临的一些最重要的问题；确定将在未来改变英国经济的7个关键技术系列（先进材料与制造，人工智能、数字和高级计算，生物信息学和基因组学，工程生物学，电子、光子学和量子，能源与环境技术，机器人和智能机器）；启动新的“繁荣经济合作伙伴关系”，建立以企业为主导的研究项目以开发变革性新技术，产业界、大学和政府共同投资5900万英镑。

可见，英国对自身的基础研究能力及水平还是比较有信心的，但是在疫情和脱欧的双重压力下，急于要将其研究成果和能力转化为对经济发展的实际支撑和动力。

4.1.3 英国政府主管产学研合作工作的机构

为了进一步应对当代社会的研发与创新挑战，提高产学研合作管理和创新商业化的效率，同时是应对脱欧的一项重要措施，2018年4月1日，英国研究与创新署（UKRI）正式成立并运行。作为全国统一的科研创新资助与项目管理机构，UKRI的目标是代表政府与产学研各界伙伴在研究与创新领域密切合作，寻找最令人感兴趣的创意与机会予以资助，并支持其有效实现。

目前，UKRI 被定义为政府资助的非营利性独立法人机构，通过英国商业、能源与工业战略部管理和向议会申请预算，主要下属机构包括七大研究理事会、创新英国、研究英格兰（原英格兰高等教育资助委员会，HEFCE）。[①] 各机构年度预算如表 4-1 所示。

表 4-1　英国研究与创新署 2021—2022 财年研发预算的分配

单位：百万英镑

机构	2021—2022 财年研发拨款	其中的国际发展援助项目（ODA）
英国研究与创新署（UKRI）	7908	139
艺术与人文研究理事会	110	
生物技术和生物科学研究理事会	429	
经济和社会研究理事会	219	
工程与物理科学研究理事会	1091	
医学研究理事会	791	
自然环境研究理事会	412	
科技设施理事会	767	
创新英国	907	
研究英格兰	2054	
其他机构	88	

注：UKRI 的 ODA 资助主要由 3 个基金管理：全球挑战研究基金 1.06 亿英镑，牛顿基金 1900 万英镑，国际气候融资基金 1400 万英镑。

① 胡智慧，王建芳，张秋菊，等 . 世界主要国立科研机构管理模式研究 [M]. 北京：科学出版社，2016.

所以，创新英国（原英国技术战略委员会，Innovate UK）也成为UKRI的下属机构。创新英国通过各领域的技术与创新中心——弹射中心（Catapult Centers）及其他竞争式项目专门资助产学研合作的研发，为英国的产业发展提供支持，是英国政府主管产学研合作的主要管理机构。

（1）创新英国的机构性质

创新英国［Innovate UK，原英国技术战略委员会（TSB）］目前是隶属于英国商业、能源与工业战略部（BEIS）序列的执行机构，从功能上相当于英国的“国家创新署”，其工作重点要接受BEIS的协调和指导，但创新英国有独立的决策权。由专业人士组成的管理委员会制定创新英国的运作方针，虽然对BEIS负责，但不受其管制。创新英国主要负责的工作有以下两个方面：

①作为有独立决策权的政府执行机构，负责组织国家各领域技术及产业发展战略的制定和推进，英国政府所有关于创新商业化方面的决策均由该机构制定和推进。

②作为英国最主要的针对技术创新商业化活动的资助机构，资助和主持着若干产学研合作研发计划，如技术与创新中心——弹射中心（TIC）网络计划、小企业研究计划（SBRI）、“知识合作伙伴”计划（KTP），通过同行评议来遴选并资助产学研机构合作申请的创新项目。

创新英国与大学、研究机构、企业有紧密的合作关系，不仅负责执行BEIS内部的产学研合作，还会参与主持其他政府部门（如国防部、交通部、航天局）资助的产学研合作研发计划，为英国企业技术创新提供着广泛的实际帮助。

（2）创新英国的管理和预算机制

创新英国管理委员会一般有12名左右成员，包括创新英国的主席和首席执行官兼财务总监。其中，创新英国的主席往往为大公司的 CEO 或前高管，其他成员中来自大学的教授较少，大多是来自企业或智库的企业家或咨询专家。创新英国整个机构的工作人员有近百人，75% 来源于产业机构或公共服务部门，有产业背景。创新英国的管理体系如图 4–2 所示。

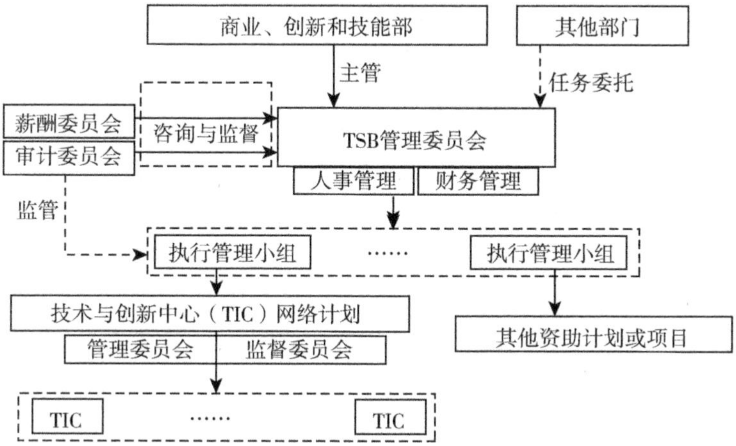

图 4–2 创新英国的管理体系

创新英国的管理委员会每年负责制定创新英国的年度行动规划。在行动规划中，管理委员会根据创新英国的各项资助计划或项目需求提出年度预算。创新英国每年将这一预算报 BEIS，经议会审议批准，财政部拨款。

创新英国的预算在 BEIS 预算案中单独列出。此外，它主持的产学研研发计划和项目也会得到参与其中的其他政府部门和研究理事会的配套资助。近年来，创新英国获得的年度预算为 7 亿 ~ 8 亿英镑，加上从其他政府部门和研究理事会获得的项目联合资助资金，年度运行总支出额为 8 亿 ~ 10 亿英镑。

创新英国在创意开发的早期阶段为英国的创新企业提供资金，在企业的商业成功方面发挥着关键的辅助作用，主要是通过其主导的竞争性资助计划、商业前采购合同和贷款来实现的。2020—2021 年度，创新英国对产学研合作项目的拨款共计 9.86 亿英镑，为 4500 多个企业和创新组织提供了支持。

此外，还有一种用来为创新企业提供融资渠道的重要机制，即创新贷款。创新贷款计划为创新英国中小型企业提供了负担得起且灵活的融资，为具有明确商业化和经济影响途径的高度创新的后期项目每项提供高达 160 万英镑（约合 1400 万元人民币）的贷款。迄今为止，创新英国已做出总计 1.557 亿英镑的贷款承诺。疫情后，创新英国扩大了创新贷款试点，在 2021 年为创新企业新增了年度 2000 万英镑的投资额度。

英国研究与创新署（UKRI）对产学研合作的支持并非只依赖创新英国一家，而是整个 UKRI 的共同战略目标，如 UKRI 更广泛的产学研一体创新商业化支持活动——“英国创新与科学种子基金”（UKI2S）。UKI2S 用以解决 UKRI 精选和组织的早期科技初创企业和中小企业的资金缺口。在 UKRI 和英国国防科学技术实验室的直接支持下，已经有 70 家英国企业吸引了超过 6.4 亿英镑的私人投资，并创造了 700 多个高价值、高薪酬的工作岗位。UKRI 在 2021 年为 UKI2S 提供了 1000 万英镑的额外新增资金，这使 UKI2S 能够继续为在合作实验室、校园进行的世界一流研究工作中派生的高潜力企业提供早期、高风险、具备持续耐心的资金和整个英国弹射中心网络的支持。这已经支持了高潜力的科学企业的创建和发展，利用了大量私人投资并在英国创造了大量工作岗位。

专栏 4-1　UKI2S 支持创新企业发展的案例研究——Zentraxa 有限公司

Zentraxa 有限公司是布里斯托尔大学在英国生物技术和生物科学、工程与物理科学两大研究理事会早期投资后发展出来的衍生公司，正在制造用于医疗和工业环境中的高功能黏合剂的生物聚合物。公司在合成肽市场建立了一个新的盈利点，预计到 2023 年，该市场价值将超过 4.25 亿美元。Zentraxa 有限公司从创新英国获得了 23.2 万英镑的资助，与来自 UKI2S 的 11 万英镑投资相配套，后来又获得了 33.7 万英镑的私人投资。从衍生阶段到目前面向公共和私人的融资，这一系列支持帮助将 Zentraxa 有限公司的创新产品带入了市场测试，并使得其能够扩大员工队伍，获得了更多合同并完善技术。

目前，创新英国正在开发一个在线创新中心，与英国商业银行现有的金融中心合作，在两者之间建立明确的联系，为创新创业者和创新企业提供政府支持的完整融资方案及框架，这将使企业更容易从这两个机构找到资助渠道。

4.2　合作研发的相关计划和项目的管理及资助体制

在英国，创新英国机构负责与政府各重要部门开展合作，鼓励创新和开发，改良产品和服务，主要负责国家技术战略及一些重点研发计划的制定和出台（因为在英国目前的科研体系下，国家级科研计划绝大多数都涉及对产学研合作的组织），并资助由企业自身来主导的商业技术研发和创新计划。

4.2.1 合作研发相关计划的管理

（1）产学研合作科技计划的制订

英国产学研合作科技计划的制订与实施通常包括以下步骤：

①初步酝酿与动议。通常创新英国及其他咨询机构、智库、研究机构和产业界会组织一个由来自各相关方人士组成的小组进行反复评估、讨论，最后形成向相关机构提出或公开发布的初步建议性报告。

②由高层评估小组提出建议性评估报告（review report）。来自咨询机构和公众的动议一旦形成社会反响或引起各科研资助机构的注意，一般就会由创新英国、各研究理事会（RCs）等科研资助机构负责组织一个由各相关方代表组成的高层人士评估小组（其主席一般为有爵士或勋爵头衔的名人或专家），对动议进行反复讨论和聚焦，初步确定科技计划的内容和执行框架。最后，以评估小组主席的名义提出建议性评估报告，并在相应的科研资助机构及BEIS网站上公开发布，接受公开咨询。

③具体方案的制定与提出。公开咨询后，如无重大反对意见，由创新英国负责组建一个计划制订小组，负责制订计划的具体方案。计划制订小组一般包括组织机构的负责人、高层人士评估小组的代表、未来计划各参与方的代表，他们将根据评估报告提出的科技计划的初步内容和执行框架，来细化科技计划的具体实施计划、管理机制和预算方案。

如果是跨部门、跨领域的重大计划，计划制订小组可以由英国政府科学办公室（GOS）负责组建，组长可以由政府首席科学顾问（GOS的主任）担任。

④公开咨询。计划具体方案制订后，要在BEIS网站上公开发布，接受议会、咨询机构与智库、科技界、产业界的公开咨询。

⑤最终批准。计划具体方案在公开咨询后经修改，由 BEIS 或其他政府部门提交议会审议，议会通过后，则由 BEIS 或创新英国公开发布。

⑥组织实施和拨款。议会通过后，就可以在新的财政年度中获得来自财政部的拨款，进而按照科技计划的具体方案，由规定的管理机构（如创新英国）组建相应的管理体系和机制，并组织计划的内容和项目的具体实施。

通过以上分析可以发现，英国主要研发计划的制订和实施特点是：在形成对产学研合作科技计划的动议后，实际上是由科技资助机构（创新英国、各研究理事会等）负责科技计划的聚焦、制订及最后的执行与管理等工作的。这些机构一方面能够接触到科技界和产业界的一线人员与实际需求；另一方面在科研工作的组织、管理和评估方面有着丰富的经验。同时，长期的合作也使它们在政府和议会中积累相应的支持力量。

（2）计划的终结

英国政府的研发合作计划的执行时间一般为 2 ~ 5 年（与政府的财政周期同步），计划完成后，经过评估再确定是否进入下一轮或制订新的计划。

一般而言，英国的研发合作计划在方案制定之初就已经确定了结束时间，在多财年的财政周期结束时，计划也将结束。如果计划被认为需要进入新的一轮，也必须进行总体评估，以总结上一轮各项任务的完成情况及结算预算使用情况。

一般认为，英国的这种研发合作计划或项目管理方法比较死板，不能适应突发事件，如经济危机造成的财政紧缩、突发的研发需求。但这种管理方式也使得研发合作计划的工作目标明确，财政管理中较少有漏洞出现。

（3）计划的评估

英国研发合作计划的管理和实施机构在研发合作计划的评估方面积累了丰富的经验，认为保证评估组织或机构的独立性、自主性是实现科技评估工作客观、公平、公正的前提。

英国政府在评价大型研发合作计划，特别是跨部门的计划时，一般聘请外部独立的专家委员会，甚至专业的评估机构进行评估。例如，曾经的英国国家信息技术计划的评估就是聘请外部评价机构实施的，由英国苏塞克斯大学科技政策研究中心（SPRU）评价计划的适宜性和影响，由曼彻斯特大学工程、科学与技术研究所（PREST）评价计划的结构和组织。

英国商业、能源与工业战略部（BEIS）要求其所有科技计划（包括研发合作计划）的评估执行者都必须与启动和运作计划的人或机构没有关联，以保持评估的独立性。评估执行者不能参与过计划的具体实施，也不涉及自身的利益。这样可以保证他们站在更为客观、更为中立的立场上进行评价和提出建议。

（4）计划的预算与经费管理特点

英国的研发合作计划在开始之初，经议会和政府部门批准的具体方案一般已经提出了首轮 2 ~ 5 年的具体预算安排（与政府的财政周期同步）。因此，英国的研发合作计划的预算与经费管理体现了以下程序性特点：

①计划的预算程序与常规项目相同，由主管资助机构按年度提交，由 BEIS 进行汇总，经财政部预算司审核（主要是财务审核）后，作为政府总体科技预算案的一部分共同提交议会审批。

②产学研各计划参与机构在新一轮财政周期（计划的新一轮执行周期）开始前，都会提出多年预算案（包含在计划的新一轮执行规划中），

经政府和议会批准后，年度预算的变化不会太大。

③各计划内部多数采取多方参与的理事会管理机制，每年度需由计划的具体管理执行研究机构和研发企业向主要负责资助和管理的创新英国或各研究理事会提交财务和绩效报告。

④财政周期临近结束的一年，是计划进入下一轮或结束的讨论节点，主要依据多年度的财务报告和绩效报告由主管资助机构（一般为创新英国）进行总体评估。如有需要，主管资助机构会组织独立外部专家委员会，甚至外部评议机构进行总体评估。

英国研发合作计划的预算与管理体系如图 4–3 所示。

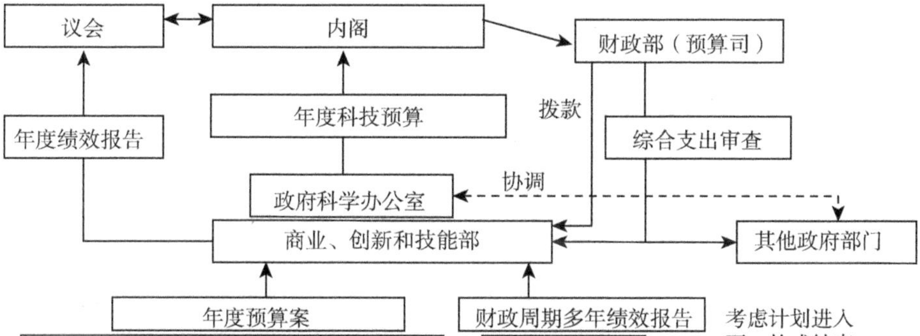

图 4–3 英国研发合作计划的预算与管理体系

英国的科技预算实行复式预算管理模式，在预算编制中，针对某一部门以“活动”为基础进行经费的编报。在英国的预算管理体制下，预算开支分为资源性预算（消耗性经费）和资本性预算（能够带来基础设施建设或服务项目收益的经费）两类，全面反映政府部门占用预算资源的情况。这些预算的编制均以权责发生制为基础，相对准确地衡量了各公共部门提供服务所花费的全部经济成本。[①]

从20世纪90年代起，英国在各高校、科研机构和研发企业中推行了透明成本核算法，并在项目层面上发展为全经济要素成本核算法。据此，政府部门与机构可以对科研成本进行准确核算，为科技经费预算分配提供科学的依据。具体的预算编制和监督工作主要包括以下内容：

①年度预算的制定过程。在绩效管理框架下，创新英国等科技资助机构根据科研计划和项目的战略目标在预算案中分列各计划和项目的详细绩效目标、绩效等级、测度指标及预算金额等，并接受财政部预算司的指导，提出初步科技预算案。英国财政部预算司负责对BEIS等部门提出的预算案等内容进行审查，并提出改进建议，随后编成政府总体预算案，提交议会审议。

②科技经费的审计监督。在英国，每一财政年度结束后，创新英国等计划管理部门针对预算执行情况，向议会提交年度绩效报告，并接受绩效审计。由于预算案的内容已经包括战略目标、绩效目标及测度指标，所以，绩效报告要在此基础上回答成果完成情况、绩效等级的自我评定等问题。同时，英国财政部也定期针对各计划及其机构展开综合支出审查（Comprehensive Spending Review，主要是会计审核）。这是独立于经费使用部门的绩效审计机制，使得审计结果更加客观、公正，更具有说服力，便于政府有效监督科技经费的使用。

4.2.2 英国关于产业创新活动的资助支持体系

2011年，当时的英国商业、创新与技能部发布了《英国产业创新活

① 张秋菊，王建芳，李宏．美欧重大科技专项计划概览[N]．中国科学报，2017-01-16.

动的分布》报告，分析了英国创新活动的“热点”与地理分布，以高技术创新集群为基点，俯视了英国产业创新活动的全貌，报告指出，近年来英国最成功的产业创新活动集中在医药品制造业、视听设备制造业、软件服务业、电脑相关产业等领域，而最成功的产业创新集群在剑桥和伦敦西北等两个地区。

同年，英国著名智库DEMOS发布《创业之邦》报告，提出了促进英国创业活动的相关建议，包括：减免对小企业的税收及遗产税，刺激对创业的投入；增加对小企业研究计划的资助额度；调整研发减免税措施，保证企业投资真正用于创新活动；建立创业活动优惠区，提供相应的税收优惠政策，刺激创业与创新活动；对绿色技术创新给予更多的规划与资助；促进私人投资创新活动[①]。

为了鼓励产业界的创新活动，近年来，英国商业部提出的促进产学研合作的具体措施包括：

①建立更多的“弹射中心”，联合企业共同支持新的研究项目；

②实施全球最慷慨的研发税收鼓励政策，抵免率最高可达225%；

③在新创企业投资或兼职工作的科研人员仍享有个人税收减免；

④取消对产学研合作研究共同申请政府资助的限制；

⑤由英国国家科技艺术基金会（NESTA）设立新的创新主题竞赛奖；

⑥通过政府采购支持小企业的研发；

⑦帮助新创企业进行概念验证与市场试验，以获得商业投资；

⑧投入数以亿计英镑的资金促进研究与创新集群的发展。

英国政府在创新领域的资助主要是通过英国商业银行对小型企业进

---

① 《创新集群建设的理论与实践》研究组．创新集群建设的理论与实践[M]．北京：科学出版社，2012.

行金融资助和帮助，使这些企业繁荣、发展，建立起经济活动中重要的合作伙伴关系。截至2020年年底，该银行已向英国17万家中小企业提供了价值420亿英镑的融资。

自2017年以来，英国商业银行的“区域基金”帮助创新企业获得了创新风险投资，同时建立了更好的区域商业生态系统。区域基金由具有创新投资记录的专业基金经理提供。除了直接提供资金外，这些基金经理还与当地合作伙伴合作，建立网络，帮助连接创新公司和潜在投资者。

专栏4-2　英国商业银行对创新企业的金融资助案例研究
——G2O水技术公司

G2O水技术公司是一家总部位于曼彻斯特的水处理公司，已获得总计103万英镑的股权投资，其中40万英镑来自区域基金，20万英镑来自Finance Durham基金，均由英国商业银行管理，这撬动了来自私人投资者的43.5万英镑的支持。这笔资金将使该公司能够进行下一阶段的技术开发并建立工业合作伙伴关系。这是帮助开拓性创新企业吸引额外投资的一个典型例子。

2021年，英国商业银行启动了生命科学投资计划，这项2亿英镑的投资旨在解决英国生命科学公司面临的成长阶段资金缺口，调动大量第三方资本及英国商业银行的投资。

英国商业银行还推出了未来突破基金（Future Fund：Breakthrough），这是一项新的3.75亿英镑的全英国计划，将与私人投资者直接共同投资于高增长创新公司的后续融资轮次。该计划将专注于研发密集型公司，旨在加速部署突破性技术，这些技术可以改变主要产业、开发新药并支持英国向净零经济转型。

英国商业银行的创新融资支持项目如表 4–2 所示。

表 4–2 英国商业银行的创新融资支持项目

英国商业银行项目	描述
启动贷款	提供贷款（从 500 英镑到 25 000 英镑，利率为 6%），以及免费指导和支持，为开始新业务或交易不到两年的个人提供支持
区域天使计划	旨在通过增加英国小型企业可用的早期股权资本总额，减少获得早期股权融资的区域失衡
区域基金	3 个基金——覆盖英格兰北部、米德兰兹、康沃尔和锡利群岛——以公共和私营部门共同投资的形式提供债务和股权融资
企业资本基金	结合私人和公共资金，对高增长企业进行股权投资
管理基金计划	对大型私营部门管理的基金进行投资，这些基金投资于支持创新业务的风险和成长资本基金。该计划旨在为这一资产类别吸引机构资本
英国耐心资本	投资于一流的风险投资和成长资本基金，并致力于鼓励更多投资者对这一资产类别进行投资
国家安全战略投资基金	HMG 和 BBB 之间的一项联合计划，投资于支持长期股权投资的先进技术公司
“启用程序”计划	支持银行和非银行金融机构等贷方通过投资组合级别的担保向小型企业提供更多贷款
恢复贷款计划	为贷方提供贷款价值 80% 的政府支持担保，以促进向小型企业的贷款（包括资产和发票融资）

4.2.3 吸引大学关注产学研合作的英国研究伙伴投资基金

2010 年，以英国保守党为主的联合政府取代执政 13 年的工党政府上台后，鉴于国际金融危机后的经济形势，大幅削减了政府开支，包括对产学研合作科技活动的公共资助。因此，原有的国家级综合性科研资助计划，如“英国创新投资基金”（UKIIF）资助计划等全部终止。

2012 年，随着经济状况有所好转和对创新促进经济增长认识的加深，英国开始加强对科技的经费投入。当年 5 月，当时的英国商业、创新与技能部也宣布启动年度投资总额为 1 亿英镑的“英国研究伙伴投资基金”（UKRPIF）资助计划。这是一项面向所有英国大学开放的长期投资计划，延续至今，从大学和研究机构的角度开始了推动促进产学研合作的努力。

按照规定，UKRPIF 对每个项目的资助额度为 1000 万 ~ 3500 万英镑。此外，每个项目还要求大学必须能够从参与合作的企业或慈善机构获得 2 倍以上的资金匹配。英国政府希望以此来拉动企业对大学研发活动的更多投资，强化大学的研究建设。UKRPIF 的具体内容如表 4–3 所示。

表 4–3　“英国研究伙伴投资基金”的具体内容

计划名称	“英国研究伙伴投资基金”（UKRPIF）
计划起源	2012 年年初，原英格兰高等教育资助委员会（HEFCE）组织的独立研究小组的报告指出，此类资助计划有助于吸引私人机构投资大学的科研活动。2012 年 5 月，当时的商业、创新与技能部（BIS）宣布建立这一基金
主管机构	研究英格兰（原英格兰高等教育资助委员会，HEFCE）
目标	支持大学与产业界之间的大型长期研究合作计划
要求	每个项目获得 1500 万 ~ 3500 万英镑的资助，但获得资助的大学要从企业界和慈善团体获得 2 倍以上的匹配研究资金
项目遴选程序及标准	第一阶段：由研究英格兰组织的独立评估小组对各大学的初步项目申请进行评估，评估标准主要包括：提出申请的大学是否已经具备了强大的研究能力；投资是否能够获得回报。 第二阶段：由研究英格兰审核评估第一阶段已入选大学的完整项目规划，以及能否获得 2 倍的匹配资金，评估标准主要包括项目目标的合理性及具体执行方式，以及项目的融资（包括获得匹配资金的）能力

续表

计划名称	“英国研究伙伴投资基金”（UKRPIF）
项目监督与评估	获得资助的项目必须按期完成。由获得资助的大学组织最终评估委员会进行评估，配合研究英格兰进行项目监督与最终成果评估

2018—2021 年，UKRPIF 的总额已扩大到 3 年 4 亿英镑，用于培育和加强大学与私营企业的合作关系。此前的 2012—2017 年，UKRPIF 已经通过 5 亿英镑的投资成功地帮助高等教育机构获得了来自英国企业和慈善机构的 14 亿英镑配套投资。

4.3　产学研合作创新的支撑环境及平台条件建设情况

随着脱欧进程和经济下滑的不断发展，英国越来越多的部门及其决策者把目光投向了科技。一方面，希望科学技术在应对当前这场危机中能够发挥重要作用；另一方面，经济危机也给科学技术的跨越式发展带来了新的契机。为此，英国颁布了一系列促进新型产学研合作及科技创新应用与推广的政策与措施，将其重点集中在通过研发与创新促进经济增长上，并加大力度推动企业的研发活动和对技术的转移转化工作[①]。所以，英国研究界与企业界的合作已经从过去小的辅业转变为英国各大学和研究机构的核心使命之一，英国大学和研究机构的文化发生了变化，积极促进产学研合作成为其重点工作之一。

而创新英国则不断启动资助新的产学研合作项目和计划，以帮助创新型中小企业和学术界开发产业领域的创新性实用技术，目的是推动英

① 李宏，张秋菊，惠仲阳，等 . 世界主要国家和组织科技与创新战略新进展 [M]// 中国科学院 . 2020 科学发展报告 . 北京：科学出版社，2021.

国的突破性研究和商业化活动，使科技领域中有前景的创意和研究成果能够跨越创新活动的“死亡之谷”（图 4–4）。

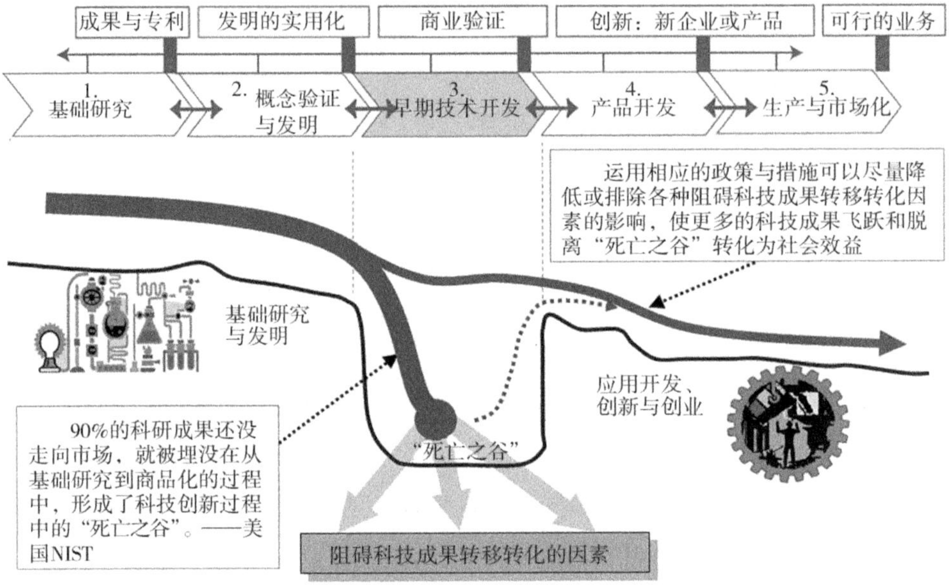

图 4–4　科技创新转化中的“死亡之谷”示意

4.3.1　产学研合作的重要抓手——弹射中心网络

英国的国家技术创新中心（TIC）是英国研究与创新署（UKRI），特别是其下属的创新英国联合全国科技界组建的各个领域和行业的科创中心，被官方统一称为“弹射中心”（Catapult Centers），属于非营利性组织，旨在支持创新和弥合研究与工业之间的差距。

（1）弹射中心网络的建设情况

2011 年，创新英国（当时被称为英国技术战略委员会，TSB）公布了国家技术与创新中心网络建设计划，目标是与大学、企业合作，促进特定领域研究成果的商业化，推动未来的经济增长。这些中心将为企业提供最好的技术专家、基础设施、设备及相关支持。这些中心的投资将由创新英国提供1/3的核心资助，另外有1/3来自竞争性拨款，1/3来自企业合同。按照该计划及其后续发展规划，到2030年，英国将建立30个左右世界级技术与创新中心，其领域包括高附加值制造、节能与资源节约、运输系统、卫生保健、信息通信技术、电子学、光子学与电子系统等。

2012年10月，创新英国进一步的规划指出，正在建设的技术与创新中心网络是推动英国企业创新商业化工作的关键力量。英国在创新方面要向德国、美国、韩国和其他国家学习，其中一个要点就是建设此类中心所构成的网络，技术与创新中心将推动英国此后20年的关键技术研发及商业化工作。此外，英国还希望技术与创新中心与其他国家的同类中心加强国际合作，共同解决面对的社会挑战。

在发展过程中，为了便于社会宣传，技术与创新中心的对外称呼逐步改为面向大众的“弹射中心”，到2016年之后成为正式称呼。弹射中心逐步弥合了英国创新企业和研究界之间的鸿沟，在消除全行业创新和商业化障碍方面发挥了积极作用。它们通过提供研发基础设施、专业知识研发与咨询、建立产学研合作伙伴关系及业务辅助支持等，来提升各方综合的科技创新能力。截至2021年12月，英国（主要在英格兰地区）已建成数字生活、能源系统、医药研发、卫星应用与太空、近海可再生能源、复合半导体应用、细胞与基因治疗、高附加值制造、城市与交通等9个前沿领域的15个弹射中心，遍布40多个研发地点，拥有实验室、试验台、工厂和办公室等尖端研发基础设施，并集中了大量的研发专家。目前，弹射中心的运作模式如图4–5所示。

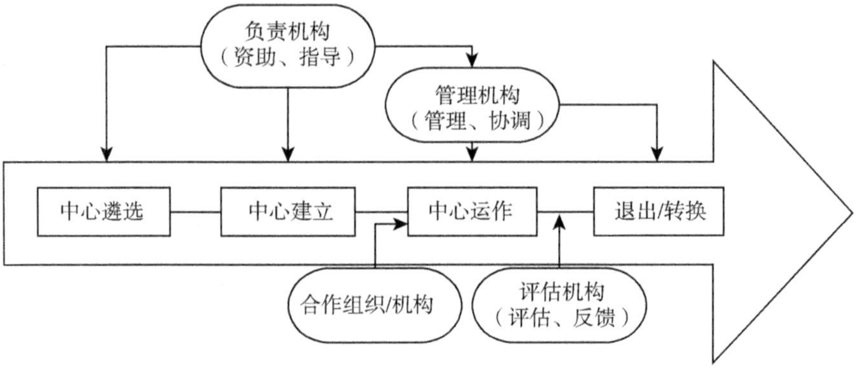

图 4–5　英国弹射中心的建立—运行—退出模式

弹射中心网络实际上构成了英国各领域的产业技术创新战略联盟，有利于集中产业科技资源，开发单一企业可能不愿意投入的产业共性、关键或前瞻性技术的研发，能够贴近市场需求。而组成产研联合技术创新网络的各个中心在有效运行后，则具备了有效连接各方、共同实现重大技术创新的条件，能够作为建立和管理领域技术创新战略联盟的中心节点。①

由于英国的具体国情，苏格兰地区的技术与创新中心网络进行了单独建设。苏格兰的创新中心计划稍晚于英国全国性的“弹射中心”计划，于 2012 年启动，由苏格兰资助委员会、苏格兰企业，以及高地和岛屿企业合作资助，是苏格兰知识交流和创新生态系统的重要组成部分。目前有 7 个中心，涉及生物技术和循环经济，数字健康和护理，精准医疗，建筑，水产养殖，数据、人工智能和传感器，成像和 5G 等领域的科技创新活动。这些中心与苏格兰的大学和研究机构合作，以满足私营、公共和第三部

① 张秋菊，惠仲阳，李宏 . 美日英三国促进先进制造发展的创新政策重点分析 [J]. 全球科技经济瞭望，2017，32（7）:15–20.

门的需求及面临的机遇和挑战。它们的工作重点是建立转型合作，并致力于将苏格兰发展成为具有全球影响力的世界领先的创业和创新地区。

专栏 4-3 英国第一个弹射中心——高附加值制造业中心

高附加值制造业弹射中心（HVMC）连接了全英国一系列研究与技术机构，整合了原有的一系列相关技术研究中心，为企业提供了技术集成能力，也促进了各大学相关研究成果的加速商业化。为了配合该中心的工作，英国还在 9 个大学建立了由 HVMC 统一管理的创新型制造业研究中心，实现研究界和企业界对制造业基础研究及前商业化开发工作的倾斜。

英国的弹射中心网络利用创新英国提供的核心资助，拉动企业及社会各界的资金投入创新活动的各个阶段，特别是早期研发。作为第一个弹射中心的 HVMC 充分体现了不再以地域为焦点的特点，而是以领域和产业为焦点，集合相应的产学研机构，形成持续的合作体系。创新英国还为此建立了全国性的弹射中心网络管理委员会，并每年发布关于该网络的绩效报告。从 HVMC 开始，每个中心都建立了由企业和学术专家组成的商业指导小组，管理其运行。

针对英国的国家战略使命——推动脱碳，HVMC 与其他弹射中心合作，发挥着推动产学研合作完成国家战略目标的关键性作用。例如，HVMC 正在推动跨多个领域的储能电池开发的关键进展。它们的工作已经吸引日产公司等重要工业合作伙伴的积极参与，开始共同探索对电动汽车电池进行回收利用的技术。该产学研合作集团的目标是，到 2021 年年底实现欧洲电动汽车中电池组的再利用率达到 90%。HVMC 还与汽车行业和地方政府密切合作，主导制定方案，参与了价值 2.74 亿英镑的“法拉第电池挑战赛”，以争取英国在电动汽车的设计、开发和制造方面处于世界领先地位。它们牵头初步建立了价值 8000 万英镑的英国电池工业化中心，这是一个扩大电池制造规模的国家设施，将使英国的大规模电动汽车制造成为现实。预计将吸引大量外来投资，创造成千上万个工作岗位，并将真正实现碳零净值转型，所有形式的交通都将从中受益。

英国对弹射中心的费用规定为：政府为弹射中心提供的费用不能超过中心总体费用的 1/3，其余费用要由参加中心的各私人单位或企业来提供，但是，各单位提供资金的形式可以多种多样，如资助高水平的研究人员，提供仪器设备、研究场地及设施，以及现金等。目的就是加强研究、商业及其他部门之间的联系，使研究成果易于获得经济效益。通过建立产研联合的研究中心来协调研究活动，增强研究联系网络，从而推动合作研究，更有效地利用资源。迄今为止，HVMC 一直很好地执行了这一规定，起到了示范作用。例如，2020 年，HVMC 为医疗前线配备了治疗 COVID-19 患者所需的工具，支持了 4646 个企业项目，其中 2331 个是中小企业技术创新项目。这总计吸引了 5.18 亿英镑的产业研发配套资金，包括了从小型社区企业到雇用上万人的全球巨头企业，贯彻了英国整个产业供应链。HVMC 的主要支持成就包括轻量翼低碳飞机研制、具有成本效益的个性化医疗、汽车电池的二次生命、下一代生物成像、结构加固以节省施工时间，以及许多其他对工业至关重要的关键领域的重大贡献。

（2）对弹射中心网络的评估与改进建议

2021年4月，英国商业、能源与工业战略部（BEIS）发布了《2021“弹射中心”状况评估》报告，评估已建成的国家技术创新中心网络的工作成果，以帮助英国各技术创新中心加强研发能力、提高生产力，为英国的更大繁荣做出贡献。

该报告承认，弹射中心是英国科技界和产业界实施产学研合作，完成国家重大使命和应对重大挑战的核心机制，正在为创新领域增加重要价值，提供更多服务。创新英国将确保弹射中心充分发挥其业务潜力，包括提高它们支持行业技能发展的能力，促进创新水平提升，推动研究商业化，以及促进全球创新合作。

《2021“弹射中心”状况评估》报告建议确保弹射中心网络继续为英国创新、行业和产业提供重要支持，主要包括4个方面的建议：

1）确保弹射中心在创新生态系统中的作用

建议1：建立新的弹射中心填补英国创新生态系统的领域空白，专注于2010年确立的“国家产业战略”核心目标，支持新旧弹射中心成为更有效的科创机构。

建议2：作为即将出台的国家创新战略的一部分，强化BEIS和创新英国与政府、企业和学术机构的有效合作，从整体上考虑英国国家创新生态系统的优势和劣势，充分利用弹射中心作为其中的关键部分，争取国家资助。

2）弹射中心的治理和评价

建议3：由英国研究与创新署（UKRI）和创新英国建立独立审查小组，在2021—2023年对现有的弹射中心进行5年周期审查，为其长期发展和资助的规划决策提供证据。

建议 4：BEIS 和创新英国与各弹射中心合作，收集适当的数据和成果影响证据。作为 5 年期审查的一部分，建立适用于每个弹射中心具体情况的评估指标体系（KPI），以及一组核心通用的 KPI。

3）弹射中心的合作与竞争

建议 5：各弹射中心需要马上回顾其与各大学和研究机构的合作历程，评估合作是否有益于其所负责的领域或行业技术发展，是否符合其加强研究与工业合作的最初目的，以及这种合作是否可以扩大到更广泛的大学和研究机构。

建议 6：各弹射中心的参与者、合作者需要在弹射中心合作网络上分享经验，包括支持企业获得融资的经验。

建议 7：由英国研究与创新署（UKRI）和创新英国审查其原有融资规则，以确保其参与者、合作者可以就共同感兴趣的项目进行合作，并评估合作的有效性。

建议 8：各弹射中心组成的网络应制定完整的业务守则，强化各中心在竞争性商业活动和合作研发中的决策透明度，通过透明和强有力的框架解决外部利益相关者提出的问题。

4）弹射中心网络的未来发展

建议 9：由各弹射中心确定适合其领域和行业发展的研发和科创方式，考虑保持弹射中心的现有机制且不损害核心科创目标，确定其研发和科创的未来 5 年发展目标。

建议 10：各弹射中心组成的网络需要致力于将多样性嵌入各级管理机制中。

建议 11：由创新英国按照一定的标准来评估现有各中心，由国家提供资金建立新的弹射中心。

建议 12：由 BEIS 与内阁办公室合作，为政府部门提供指导，将合适的国家研发项目分配给各弹射中心。

4.3.2 大学的产学研合作促进机制——技术转移中心

大学科研成果的商业化新的创新能够对人们的生活产生真正的影响。英国通过推动产学研合作，提高了商业化能力，将大学和研究机构的新创意和技术成果不断推向市场。

由于英国各个大学的技术转移中心并非参照统一的运作模式进行构建，因此，在促进产学研合作方面，不同的大学技术转移中心的职能也各不相同。目前，大多数英国知名大学的技术转移中心自身都具备了寻找技术转移机会的能力，通常直接进行许可合同活动。

另外，英国大学还提供了各种配套服务以便于大学—产业界的技术转移，包括提供帮助产业界辨析技术需求、专利的技术经济分析、风险资本投入、有关技术转移的咨询等，形成了伴随技术转移全过程的技术转移服务体系。特别针对中小企业的技术需求，英国许多大学设立了专门针对中小企业的咨询处，协助中小企业明确其技术需求。通过采取诸如网络化营销、客户关系管理、管理信息系统等现代化管理手段，发布大学科研人员的新成果,并有针对性地帮助中小企业进行技术匹配分析，既在早期阶段帮助了有进取心的创新者，也在部署和扩大的后期阶段加速了创新。例如，英国在生命科学等研究领域成功实现商业化的生物医学催化剂等项目，将国家安全和国防部门的尖端创新作为两用技术应用于商业化。

此外，创新英国通过从大学研究创新到商业化支持项目（ICURe）和知识转移合作伙伴关系（KTP）的资助机制，也加强了对英国大学商业化能力提高和参与产学研合作的支持，这确保了具有专业知识的人员能够从学术界流动到商业界。

专栏 4-4　英国 Qioptiq 有限公司与卡迪夫大学商学院的知识转移合作案例研究

2019 年，总部位于威尔士圣阿萨夫的 Qioptiq 有限公司与卡迪夫大学商学院签订了有效知识转移合作伙伴关系（KTP）协议。该合作伙伴关系使公司和大学能够开发出最领先的行业预测系统，用于确保更有效的库存管理。该 KTP 带领了大量的成本节省，在北威尔士创造了新的就业机会。该合作伙伴关系提供的技术成果帮助 Qioptiq 有限公司获得了 8200 万英镑的 6 年期合同——为英国国防部提供夜视设备服务，并挖掘了该研究成果在英国和全球贸易中的巨大潜力。

4.4　人才培养与流动方面

英国政府已经意识到，要在科技研发上实现创新及保持领先地位，必须在激励和培养人才方面保持世界领先地位，培养和支持来自不同行业的人才，并尊重多元化人才的文化以开展多样化和灵活的研发工作。英国政府希望持续地与主要利益相关方（特别是企业）合作，制定全面的研发人才与文化新战略，吸引、挽留和培养多元化人才。具体措施主要包括以下 3 点：

①确保培训规模和模式符合研发人员要求，支持职业早期研究人员

和创新者的进一步发展，并为整个职业生涯培训提供更多支持。

②支持企业和学术界之间、工业部门之间、英国与其他国家之间的创新人才流动，并支持企业通过吸引人才策略发展其研发队伍，在国家、国际等层面吸引并留住多样化人才。

③提高专业技术人员的社会认可度和奖励，支持以现有优势为基础的研发活动，以增强英国的研究文化，使多元化、复合型的人才可以开展高水平研究。

4.4.1 投入巨资培养下一代优秀科学家和创新者

2020 年，英国商业、能源与工业战略部宣布，英国 101 位最有前途的未来领军科研带头人将得到政府 1.09 亿英镑（约合 9.63 亿元人民币）的资助，以帮助他们将新颖的科学创新理念转化为新型产品和服务。这笔资金将用于开发出解决全球问题的原创解决方案，如食品供应、癌症诊断和阿尔茨海默病治疗，以及为重要设备采购和科研人员工资提供支持。

“未来科学领袖资助计划”是由英国研究与创新组织（UKRI）负责的，该计划未来将认定多达 550 名科学家，承诺在 3 年内投资 9 亿英镑。该计划将帮助英国的大学和企业招聘、培养和留住世界上最优秀的科研人员和创新者，而不考虑他们的背景。这些创新领导者可以申请高达 150 万英镑的资金支持未来的研究和创新工作，使英国保持在创新的前沿。每项资助将持续 4 ~ 7 年，每个获奖者将获得 40 万 ~ 150 万英镑的资助。

同时，英国政府宣布，将投入近 2 亿英镑（约合 17.63 亿元人民币）用于培养英国的下一代科学家和创新者群体。英国商务部长宣布，今后 5 年内将通过 41 个博士生培训项目每年资助 2200 名博士生，鼓励更多年轻人（特别是女性）学习 STEM 科目，并最终从事与 STEM 相关的职业[①]。这一计划的主要内容如下：

①将 1.79 亿英镑用于资助英国 41 所大学的物理、数学和工程学博士生培养项目，正式名称为“博士培训伙伴关系”，以培养网络安全、化学制造、工程学等领域的突破性研究和高科技行业的人才。还有部分投资将用于培养飞行员，研究如何吸引和支持那些非学术背景的人才参与此类培训。

②使用 890 万英镑继续资助科学教育方面的计划，包括科学学习伙伴关系和遴选物理学人才的培养网络，目的是改进科学教学，提高进入科学类学科的学生比例，并鼓励年轻人最终从事与 STEM 相关的职业。

③宣布成立斯蒂芬·霍金奖学金，并批准了第一批获得资助的研究人员。该奖学金目前由英国政府与霍金家族共同出资 1500 万英镑，用于支持物理、数学和计算机科学等领域的突破性研究，加深对宇宙的理解和科技成果应用等重大问题。

4.4.2 开始新的积分制高素质移民政策体系

2020 年，英国宣布开始实施新的积分制移民体系，结束人员自由流动，重新控制边界的形势，目的是吸引全世界最优秀的人才。新体系于 2021 年 1 月 1 日开始生效[②]。

① 英国商业、能源与工业战略部（BEIS）. Multi-million government investment in the future of UK science[EB/OL].（2021-04-13）[2021-10-11]. https://www.gov.uk/government/news/multi-million-government-investment-in-thefuture-of-uk-science.

② 英国内阁办公室. Home Secretary announces new UK points-based immigration system[EB/OL].（2021-04-13）[2021-10-11]. https://www.gov.uk/government/news/home-secretary-announces-new-uk-points-based-immigrationsystem.

新体系将为特定的技能、资格、薪水和职业给定分数，签证只授予那些获得足够分数的人。英国政府吸取了大选和偷渡事件的教训，意图结束大量廉价、低技能劳动力进入英国的局面。随着边境安检措施的加强，移民英国的人数总体将会下降。

新积分体系将平等对待欧盟和非欧盟公民，将优先考虑拥有高创新技能和知识的人才，包括科学家、工程师和学者。但是，新体系也为欧盟公民开放了后门，允许欧盟的优秀科学家和研究人员在没有工作机会的情况下来到英国。

积分门槛精心设置，以吸引英国所需的创新和研发人才。相关标准包括：拥有具体技能和英语能力者才能在英国工作；所有申请者都必须已经获得英国的工作岗位；最低工资门槛目前暂定为每年2.56万英镑。

新的积分制还扩大了技术移民的技能门槛，要求进入英国生活和工作的外国人需要达到相当的水平和口碑，而不是只看在过去制度下的学位水平。这将提供更大的灵活性，并确保英国企业能够找到相应的技术人才。根据英国政府的口径，新体系没有针对低技能劳动力的具体途径。据估计，现有欧盟进入英国劳动力的70%无法满足新的技术人才积分门槛要求，这将有助于未来英国人口中整体移民数量和比例的下降。

4.5 知识产权保护和创新环境及法律法规体系

英国是世界上最早运用法律形式对产学研合作、科技成果及其转化予以保护的国家之一。因此，相较其他欧洲国家而言，英国政府颁布相关法律法规的历史比较悠久，法律法规比较完备，涉及大学及科研机构与企业进行产学研合作的各个方面。为了促进、规范英国大学及科研机构的产学研合作活动，英国政府在几十年间颁布了一系列法律法规，激发了大学及科研机构参与产学研合作活动的热情，形成了对英国大学及科研机构产学研合作工作的指导原则。

4.5.1 法律法规

稳定的知识产权保护制度能够使研究人员、发明者和创造者有信心开发新事物，帮助创新者获得投资回报，促进对研究和创新的投资。知识产权对创新经济的发展至关重要。2016 年，英国企业在知识资产上的投资估计为 1343 亿英镑，其中 638 亿英镑为知识产权保护。知识产权的使用与企业业绩的提高密切相关。

由英国知识产权局（IPO）领导的英国知识产权制度在世界范围内一直受到高度重视。目前，英国 IPO 正在扩大其知识产权教育计划以进行研究教育。这将使它能够接触到更多的研究人员，使他们能够充分利用知识产权将他们的创意商业化。

有效利用知识产权还可以帮助英国企业在国际上开展业务。为了增强创新公司和研究人员进行产学研合作、出口和投资的能力，英国 IPO 推出了针对企业的专门性“知识产权服务”：提供方便的访问指导和支持，帮助英国创新型公司在知识产权环境中做出明智的决策。

英国知识产权制度跟上技术变革步伐的能力是其高性能服务的核心。未来，IPO 将利用人工智能以最少的人工投入对发明和创造进行保护，通过数据挖掘（包括人工智能系统）的咨询，改进许可或版权例外以帮助创新企业和研究人员的科研合作。

（1）促进大学和国立研究机构研发合作和技术转移的法律制度

英国政府一直致力于营造有利于产学研合作和技术转移转化工作的

法律环境，1965 年，英国政府颁布了《英国科学技术法》，这是英国科学技术发展的基本法。其目的在于进一步规范有关科学研究的责任和权力，以及有关技术部长、国务大臣、某些经特许的机构和其他组织在科学研究中的权力。

此外，1948—1986 年，英国政府多次修订《发明开发法》，1972 年、1978 年和 1980 年分别颁布了《应用研究合同法》《不公正合同条款法》《竞争法》，这些法律法规的出台旨在畅通产学研合作及技术转化转移的渠道，维护研究开发合同的秩序，限制非法垄断技术等阻碍大学和研究机构参与产学研合作及科研成果产业化的不利因素等（表 4–4）。

表 4–4　英国主要的技术转移法律法规

<table>
<tr><th>时间</th><th>名称</th><th>主要内容</th></tr>
<tr><td>1965 年</td><td>《英国科学技术法》</td><td>英国科学技术发展的基本法。规范了有关科学研究的责任和权力，以及有关技术部长、国务大臣、某些经特许的机构和其他组织在科学研究中的权力</td></tr>
<tr><td>1948 年</td><td>《发明开发法》</td><td rowspan="4">畅通在产学研之间科学技术转移的渠道，维护研究开发合同的秩序，限制非法垄断技术等阻碍大学科研成果产业化的不利因素</td></tr>
<tr><td>1972 年</td><td>《应用研究合同法》</td></tr>
<tr><td>1978 年</td><td>《不公正合同条款法》</td></tr>
<tr><td>1980 年</td><td>《竞争法》</td></tr>
</table>

英国政府不断建立一些具体的产学研合作计划，如联系计划、法拉第合作计划、知识转移合作伙伴计划等。这些计划有力地推动了产学研合作和科技成果的转移转化，并且解决了企业的实际技术问题。在激励科技发展和科技成果转化方面，英国政府还出台了一系列科技税收优惠政策，如《中小企业投资研究开发减免税政策》等。

（2）激励科技人员转化科技成果的制度

激励制度对鼓励研究人员投入产学研合作和技术转移至关重要。目前，英国大学及科研机构有两种激励方式：经济方面的和非经济方面的（多数学者并不希望将他们的人生目标仅建立在经济利益的回报上）。

1）经济激励

对通过知识产权许可和转让所获得的经济收益，英国大多数大学直接给予教师奖励，往往按照一个分配公式将知识产权许可和转让得到的净经济收益（扣除一些费用，如专利费、知识产权管理费等）分为 3 个部分：大学、下属学院、个体发明者。这种制度可以使直接或间接对知识产权的产生做出贡献的人都得到奖励。净收益额增加，大学得到的比例也相应增加，而个人得到的比例相应减少。与固定的工资相比，个人得到的奖励相当大。但如果这一收益特别大，大学往往要扣除较大的比例（表 4–5）。这种分配方式不涉及研究人员之间的利益分配，研究人员之间的利益再分配由研究人员自行确定。

表 4–5　英国主要大学技术转让经济收益的分配比例

净收益	发明人	学院	大学
剑桥大学			
2 万英镑以内	90%	5%	5%
2 万 ~ 6 万英镑	70%	15%	15%
6 万 ~ 10 万英镑	50%	25%	25%
10 万英镑以上	1/3	1/3	1/3
牛津大学（未通过 Isis 公司的）			
5 万英镑以内	90%	0	10%
5 万 ~ 50 万英镑	45%	25%	30%
50 万英镑以上	22.5%	37.5%	40%

续表

净收益	发明人	学院		大学
爱丁堡大学				
50 万英镑以内	50%	30%		20%
50 万英镑以上	35%	35%		30%
布里斯托尔（Bristol）大学				
1.5 万英镑以内	70%	15%		15%
1.5 万 ~ 7.5 万英镑	50%	25%		25%
7.5 万英镑以上	1/3	1/3		1/3
阿伯丁（Aberdeen）和贝尔法斯特（Belfast）大学				
全部净收益	1/3	1/3		1/3
牛津大学（通过 Isis 公司）				
发明人	发明人	公共基金	学院	大学
7.2 万英镑以内	63%	7%	0	30%
7.2 万 ~ 72 万英镑	31.5%	21%	17.5%	30%
72 万英镑以上	15.75%	28%	26.25%	30%

资料来源：英国各大学的技术转移及知识产权管理规则。

对于创建和派生新企业的产学研合作活动，考虑到成立公司需要发明人付出更多，特别是在公司成立初期，而且能否得到回报的不确定性也更大（虽然如果公司直接将研究成果用于市场，比许可的方式有可能产生更大的经济回报），英国大多数大学和企业都给予研究人员一定的公司股份，而不是简单的收益分配。这样，研究人员对公司成功与否的关注更直接、更长久，大学在经济上的风险也能够降低。

2）非经济激励

非经济激励表现在两个方面：一是明确地将产学研合作和技术转移作为大学职位晋升的一项指标。实际上，目前英国大学在这一点上并没有做得很好。在很多实际情况中，“产业化的工作不被认为是学术晋升的一条途径”，在英国大学“晋升仍然主要依赖于文章等出版物”。在新的“研究卓越框架”（REF）评估体系中也刚刚开始考虑产业化指标。二是给产学研合作和技术转移活动提供时间，特别是在创建和派生新企业时，允许教师和研究人员在一段时间内离开学校或减轻其他工作，使他们能够集中精力从事技术转移活动，如爱丁堡大学允许教师离职两年。

（3）促进知识转移转化的工作机制

为了鼓励产学研合作和技术转移转化，英国积极发挥了研发税收减免政策的激励作用。为此，英国政府制定了研究机构、企业和慈善机构在创新投入方面的利益分配机制，实施了研发税收减免政策，并重点向中小企业倾斜。中小企业符合条件的研发费用支出部分，可享受的税收减免额最高可达 150%；新创办的公司如放弃税收优惠，则可获得占符合条件的研发费用 24% 的现金退款。

同时，英国建立了由产业界领导的新型知识产权中心。英国知识产权办公室（IPO）发布的《知识产权工作：提高数字时代的知识产权交易效率》报告提出，英国要建立国家级的、主要由产业界资助并领导的、新型非营利性知识产权中心，并组建负责规划该中心未来发展方向及监管其运行的指导小组。报告指出，产业界应在该中心扮演核心角色，使该中心成为容纳数字化知识产权交易的市场和促进知识产权创造者、持有者及用户交流互动的场所。

专栏 4–5 英国牛津大学的技术转移转化中心案例研究

1988 年建立的 Isis 创新有限责任公司（Isis Innovation Ltd.）[①] 是英国牛津大学下属的产学研合作和技术转移中介机构，主要负责管理牛津大学的知识产权库，通过签订技术许可协议、协助建立衍生企业、提供咨询和材料销售等方式协助大学的科研人员进行技术鉴定、专利保护和上市推广等技术成果商业化。

该公司平均每周申请 1 项专利，目前共负责管理超过 400 个专利项目和 200 个技术许可协议。Isis 创新有限责任公司不仅将牛津大学科研人员的技术成果许可给愿意开发和销售产品的外部公司，还与全世界多所高校和科研机构、企业、政府部门、专业服务公司、投资者和科研资助机构建立了紧密的联系。

Isis 近 20 年已经成功协助科研人员建立了近百家技术衍生企业，共盈利高达 520 亿英镑，是英国本土将高校科研成果“商业化”的科技中介机构的成功典范。Isis 的工作流程如图 4–6 所示。

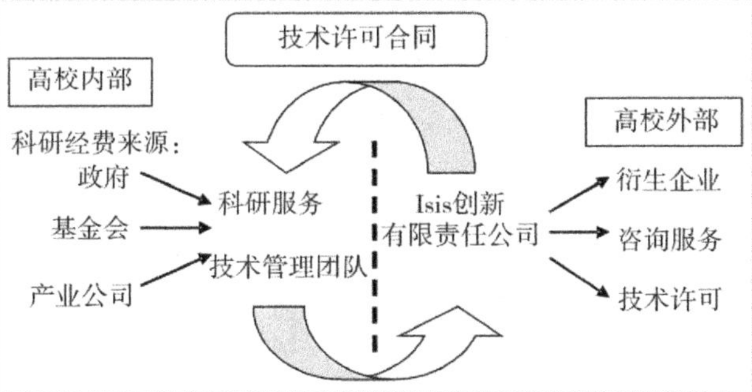

图 4–6 Isis 的工作流程

① University of Oxford. Isis Innovation Ltd[EB/OL].（2019–05–15）[2021–10–11]. http://www.isis–innovation.com/.

Isis 的工作特点如下。

①技术合作更为关注基础研究领域。与美国和德国的技术转移中介的技术成果涉及领域主要为直接应用性技术不同，Isis 创新有限责任公司更关注于对基础研究成果的技术转移。

②雄厚的技术服务背景。Isis 创新有限责任公司凭借牛津大学的先天优势，聘请了大量科研专家，包括来自牛津大学等高校的教授，来自企业的管理层人员和来自政府相关部门的研究人员。

③扩展服务功能。除了提供产学研合作机会外，Isis 创新有限责任公司还为技术研发公司提供技术信息收集、检索、处理服务、技术培训、接受委托管理技术项目和项目临时管理服务。

4.5.2 模式与特点

英国大学及科研机构的产学研合作和科技成果转化方式主要包括 3 种：与企业合作研发、技术许可和创办新企业。其中 95% 的合作发生在大学、科研机构与企业的直接合作研究开发过程中，5% 的技术转移通过技术许可或创办新企业实现。在 5% 的技术转移中，95% 是技术许可（主要是专利许可），只有 5% 是大学和研究机构自己创办新企业。

（1）与企业合作研发

除了英国大学及科研机构自身设置的专门机构与企业进行对接合作外，英国政府层面也积极制定了一系列计划，促进工业企业、研究机构和大学之间的合作，为大学及科研机构的这种合作提供了多个研究课题和项目，为工业界与学术界合作研发创造机会。

（2）技术许可

英国大学及科研机构的附属科技成果转化机构都肩负着专利管理经营的责任，2004—2016 年，英国大学签订的专利技术转移许可合同数量大幅增加，年度实现的技术专利许可合同收入超过 5000 万英镑，大学和产业界之间的技术转移转化活动日趋活跃和成功。

（3）创办新企业

英国各个大学的周围创建了许多小企业，它们被称为 Spin-off company，即衍生企业。这类衍生企业的主要目的是转化高校科技成果，高校一般不直接参与创办，而是通过出资设立基金、鼓励员工自己开办企业来转化科技成果。

对包括剑桥大学、牛津大学、曼彻斯特大学等在内的 11 所英国高校化学专业的衍生公司状况进行的一次较全面的调查研究发现：这些衍生公司都归私人所有，而且大都有关键技术的专利权。超过 25% 的公司处于发展的初步阶段，其基金主要来源于创办者或大学；21% 的公司得到了商业天使的投资；超过 53% 的公司有风险资本的投入。85 % 的衍生公司与工业界有密切的合作关系，部分公司与欧洲和美国等国家和地区也有广泛的合作。

这些衍生企业在创造市场价值的同时，还带来了积极的社会效益，如牛津大学的衍生公司 Oxford Asymmetry、Oxford Powderject Pharmceuticals 等拥有了超过 10 亿英镑的资产，直接创造工作岗位 3000 多个。[①]

① 王文君，李宏，陈晓怡，等．发达国家技术交易平台运行机制及管理制度 [J]. 科技导报，2020，38（24）：45-52.

4.6 本章小结

以上研究和分析表明，目前英国政府对产学研合作的激励措施主要包括以下几种类型：

①对企业参与的产学研合作给予经费支持或减免税收优惠；

②鼓励研究机构和大学创建或派生高技术企业；

③促进专利许可和技术转让；

④强化研究机构与企业的信息交流；

⑤设立产学研合作相关资助体系。

基于对英国学术机构研究人员的大规模调查可以发现，咨询与合同研究、联合研究、培训等产学研合作渠道比专利转让、衍生新公司等渠道更能促进研究人员与企业的互动。

推动产学研合作的三大要素包括：大学和科研机构各自对创新商业化工作目标的定位；大学和科研机构与企业合作的切合度与环境特色；研究人员的个人特点。其中，研究人员的个人特点强烈影响着前两项要素：有过合作研究经验的研究人员更愿意与企业进行新的合作，也更愿意接受各种各样的合作渠道。在应用研究领域，青年研究人员比年长者更愿意与企业合作。另外，一个机构的研究质量在很大程度上并不影响其与企业的合作意愿。所以，目前英国促进产学研合作的政策需要进行两个方面的改进：不再只关注专利转让、衍生新公司等技术转移渠道，应全面支持各类合作渠道；各类政策不再只针对机构，要注意改变科研人员对产学研合作的认知和个人特点。

未来 10 年将是孕育产生重大变化的 10 年。随着技术创新的步伐不断向前迈进，21 世纪 20 年代是世界经济发展的关键转型时期，这就要求英国政府将科技和创新作为整个经济复苏和增长的基础。为了抓住这一历史时刻，英国在 2021 年 7 月发布的《国家创新战略》要求促进整个英国的公私投资，为所有企业的创新创造合适的条件，并让它们有信心这样做；展示直接的领导力和行动，通过新的计划、项目和资助来支持未来的技术合作研究和创新商业化。

因此，英国认为在国家创新系统中的各方合作至关重要，英国政府确认由创新英国及其上级 UKRI 负责实施产学研合作战略，以支持各方合作伙伴一起努力实现创新，包括大学和其他研究组织、慈善机构、研究转化支持组织（如各弹射中心）、公共研究机构，以及企业所属的研究和创新机构，它们都将在产学研合作战略的实施中发挥关键作用。但最重要的是，英国《国家创新战略》传达了一个信息：合作创新已经成为一切科技研发工作的核心，是共同创造未来的基础。

5 德国新型产学研合作创新支持政策

德国产学研之间密切联系与合作的传统可以上溯到工业化时代，是德国创新体系的一大传统优势，其蓬勃发展离不开政府的积极支持与引导。在德国首个国家性创新战略总纲——高技术战略中，政府将促进经济界和科学界的联合作为德国研究与创新政策的重要目标之一，视产学研战略合作伙伴关系为突破信息与通信技术、纳米技术、光学技术、新型材料技术等 17 个关键核心技术领域的重要工具，力图通过支持不同形式的产学研合作，使知识迅速转化为具有市场前景的新产品、新工艺和新服务，打开未来市场，以科技优势的有效转化增强德国的全球竞争力，确保德国持久繁荣。

5.1 宏观战略与规划方面

2006 年，德国出台了首个国家性创新战略总纲——高技术战略，之后每 4 年更新一次，至今已制定了 4 期。与以往科技和创新计划的不同点在于，高技术战略不再是单纯的科研政策和创新政策，而是从科研到创新，直至最终进入市场的一体化政策。在高技术战略中，联邦政府的一个基本点是，注重产学研战略合作伙伴关系的建立，将科学界和经济界整合为创新力量，通过支持科学与产业的深入合作，促进科学与经济、科研成果与产品的紧密结合，实现由技术优势转向产品和市场优势。

5.1.1 高技术战略中的产学研合作规划

在 2006—2009 年的第一期高技术战略中，联邦政府明确了能源、环境、交通、信息与通信技术等 17 个技术领域，“促进科学与经济的合作”被确定为开展这些技术领域创新的关键性配套措施，为此，联邦政府第一次制定了全面的集群战略（图 5-1）。此外，联邦政府利用《研究与创新公约》和科研津贴等政策措施，激励大学和科研机构与企业更为紧密地合作，促进大学、科研机构和企业三方科研人员之间的流动与交换。

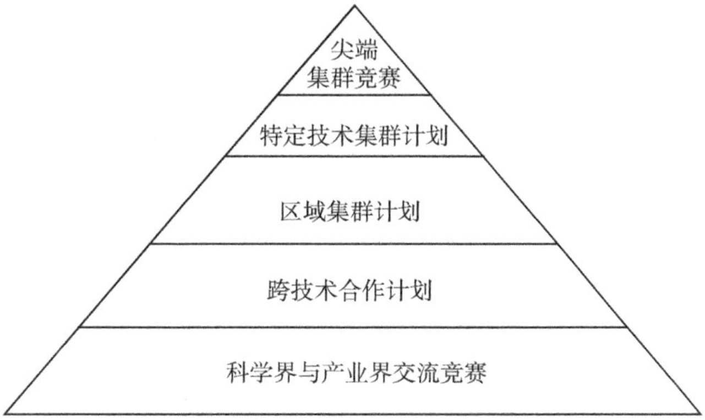

图 5-1 联邦政府集群战略[①]

2010 年出台的高技术战略 2020 延续了第一期高技术战略，在规划德国未来 10 年科研领域发展路线的同时，继续强调将科技与经济更为紧密地结合起来，在气候与能源、健康与营养、交通、通信、安全五大需求领域推出了以产学研联合攻关为显著特点的 10 个未来项目，同时，延续尖端集群竞赛等资助计划。

---

① BMBF. Die Hightech-Strategie für Deutschland[EB/OL].（2011-11-01）[2021-10-11]. https://www.fona.de/medien/pdf/die_hightech_strategie_fuer_deutschland.pdf.

2014年出台的新高技术战略将创新概念扩展至社会创新，提出技术创新与社会需求结合，明确了德国研究与创新政策的五大核心要素，其中之一就是加强科学与产业的连接。联邦政府提出，“要基于已有优势，不断扩大产学研合作，发展多样化合作关系，开发合作新潜力，使产学研合作达到新的水平。采取新的资助手段，为产学研合作提供新动力，支持高校尝试新的创新合作形式来扩大与企业和社会的合作”。

2018年，在全球创新与价值链愈加复杂及创新周期日益缩短的背景下，联邦政府出台高技术战略2025，对创新进行系统性理解，提出创新是众多不同主体合作与相互作用的结果，确立“拓展科研机构与企业及社会的合作形式，利用合作网络发挥知识对德国的贡献”为德国未来研究与创新资助的12项使命之一，将创新资助定位为在基础研究与市场之间搭建桥梁。联邦政府通过集群、合作网络、研究园区、能力中心、创新实验室等结构性资助措施，进一步加强产学研主体在创新中的相互作用，为研究成果快速转变为创新产品和商业理念铺平道路。

5.1.2 高技术战略咨询的产学研协同机制

高技术战略作为一项协调不同创新主体行为的政策工具，不仅在项目的组织实施上提倡科学界与产业界联合攻关，而且在其宏观决策咨询方面也建立了科学界与产业界主体之间的对话平台。为了确保高技术战略的实施与继续发展，联邦政府在2006—2013年组建了由28名经济界和科学界高级别专家组成的经济与科学研究联盟，作为第一期和第二期高技术战略的核心咨询机构，联盟成员作为高技术战略各领域的“推动者”亲自促进高技术战略向前发展。经济与科学研究联盟每季度召开一次咨询会议，商讨德国创新政策当前议题。弗劳恩霍夫协会主席Hans-

Jörg Büllinger 与德国工业联合会（BDI）副主席 Arend Oetker 分别作为科学界和经济界的代表联合出任经济与科学研究联盟主席。自 2015 年起，由 20 名科技界、经济界专家和社会代表组成的“高技术论坛”作为高技术战略的新一届顾问委员会，为高技术战略的发展提供咨询建议，制订实施计划。

5.2　国家科技创新计划方面

德国政府积极实施以产学研合作和科技创新转化为关键任务的战略计划，针对产学研合作中的各类主体，以不同形式、不同程度和不同方式强化产学研合作机制，倡导创新主体间开展深度合作。

5.2.1　面向企业的产学研合作资助计划

（1）工业联合研究计划

工业联合研究计划（IGF）是德国创新政策中规模最大的研发资助计划之一，至今已有 60 余年的历史，旨在促进企业和研究机构之间的长期研究合作，帮助企业在进入市场前获得研究成果，实现技术进步。

如图 5-2 所示，工业联合研究计划是一个自下而上的组织过程。德国工业研究联盟联合会（AiF）旗下的研究联盟首先将企业提出的研发需求形成项目申请书，之后委托给合适的高校和科研机构进行研究。AiF 成立于 1954 年，是组织和协调企业和研究机构合作最重要的平台，目前旗下有来自不同工业行业的 100 个研究联盟，集聚了德国 5 万多家企业。

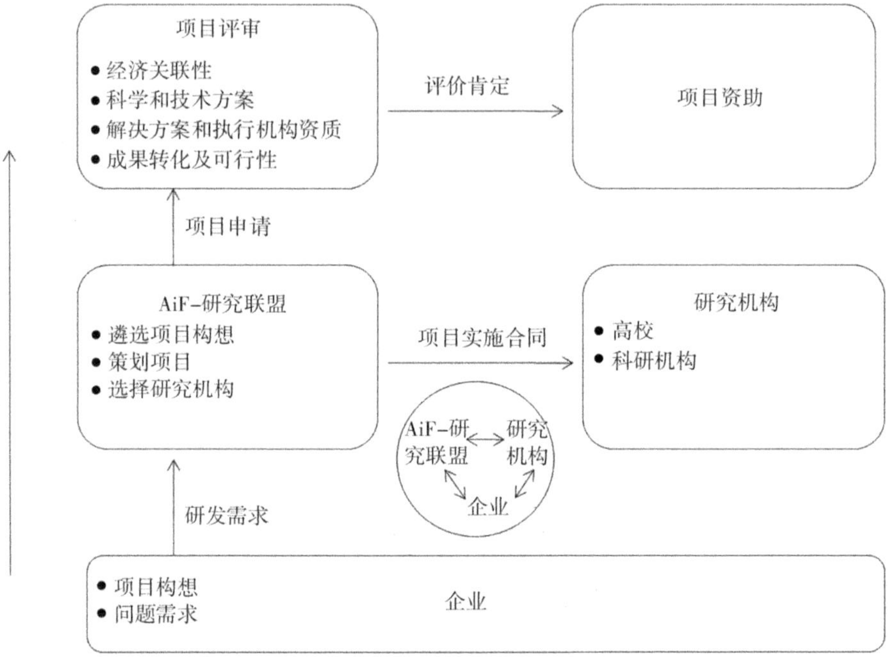

图 5-2　工业联合研究计划组织过程

由科学界和产业界代表组成的评估委员会对项目申请书进行评估，评估标准包括：①经济关联性；②科学和技术方案；③解决方案和执行机构资质；④成果转化及可行性。评估合格的项目由联邦经济部资助，资助金额可以达到项目总经费的 100%。每年联邦经济部对工业联合研究计划的投入为 1.69 亿欧元[①]。

项目实施由高校和科研机构负责。由企业组成的项目委员会从项目实施开始，就发挥对项目的建议、调整和控制作用，以确保项目的实用

① BMWi. IGF—Industrielle Gemeinschaftsforschung für Unternehmen[EB/OL].（2021-03-17）[2021-10-11]. https://www.bmwi.de/Redaktion/DE/Downloads/Monatsbericht/Monatsbericht-Themen/2018-04-igf-industriellegemeinschaftsforschung-fuer-unternehmen.pdf?__blob=publicationFile&v=4.

性和研究成果的应用性。每个项目委员会平均有13家企业参加。企业和研究机构也借助项目委员会开展深入交流，这样一方面有助于企业了解当前技术发展；另一方面为研究成果的成功转化创造有利条件。

（2）中小企业创新核心计划

德国拥有370多万家中小企业，占企业总数的99.7%。德国中小企业是德国经济增长的重要动力，其研发创新被称为德国最重要的“创新发动机”[①]。德国的中小企业从规模角度讲是指年营业额在5000万欧元以下、雇员总数不超过500人的企业，其中，雇员人数在9人以下、年营业额在100万欧元以下的为小型企业。德国政府高度重视中小企业的研发创新，制订了一系列资助中小企业研发创新的计划，以解决中小企业研发创新投入高、缺乏专门的研发部门等问题。在这些计划中，中小企业创新核心计划（ZIM）是德国最大的支持创新型中小企业的计划。

中小企业创新核心计划于2008年启动，是一个覆盖全德国，不限制研究主题、技术领域和行业的资助计划，资助对象除中小企业外，还包括与之密切合作的研究机构。资助项目分为3类：独立项目、合作项目和合作网络[②]。独立项目资助单个企业开发新产品、新工艺或新服务；合作项目资助至少由两家企业或企业与研究机构共同实施的合作研发，在合作项目中，企业最高可获得项目成本50%的资助，科研机构可获

① 李鑫．德国财政扶持中小企业研发创新对我国有哪些启示[EB/OL].（2021-08-16）[2021-10-11]. https://www.fx361.com/page/2020/0526/6704666.shtml.

② 史世伟，寇蔻．中德国家与区域创新体系比较[M]. 北京：中国社会科学出版社，2018：258-261.

得项目成本 100% 的资助[①]；合作网络资助至少由 6 家中小企业组成的合作网络，科研机构、高校、大型企业和行业协会可加入成为合作网络成员[②]。

中小企业创新核心计划的一大优点在于行业、技术和课题的开放性，企业可自行选择研究课题与合作对象。此外，中小企业创新核心计划的申请过程去官僚化，程序简单且迅速，受到经济界和科学界的普遍欢迎。从申请和实施的数据看，申请和获得资助的合作项目的比例均超过了 2/3[③]。

5.2.2 面向高校的产学研合作资助计划

（1）精英计划

为了促进德国大学的产学研合作，加强德国大学尖端科研水平，提升德国大学的国际竞争力，德国在 2006—2017 年投入 46 亿欧元实施了精英计划，通过精英集群、研究生院和未来项目 3 个资助领域丰富大学的研究。其中，精英集群专门资助大学与科研机构、企业和应用技术大学之间跨学科、跨机构的合作研究。

精英集群的遴选标准注重产学研合作研究计划的学术性，重点考察研究计划的独创性、跨学科性和应用性，以及对研究领域产生的可预见

---

① BMWi. Zentrales Innovationsprogramm Mittelstand Damit Ideen zu Innovationen werden [EB/OL].（2021-03-17）[2021-10-11]. https://www.bmwi.de/Redaktion/DE/Publikationen/Mittelstand/zentrales-innovationsprogrammmittelstand-zim.pdf?__blob=publicationFile&v=28.

② 张婷 . 德国中小企业创新促机制及经验借鉴 [EB/OL].（2018-10-12）[2021-10-11]. http://www.sohu.com/a/218350131_99949551.

③ 史世伟，寇蔻 . 中德国家与区域创新体系比较 [M]. 北京：中国社会科学出版社，2018：265.

性的影响。精英计划共资助了 49 个精英集群，涉及 35 所大学，资助总额为 27 亿欧元，占精英计划总经费的 58%[①]。

精英计划在推动德国大学差异化发展、提升德国大学的国际竞争力方面取得了巨大的成效。因此，联邦政府和州政府在精英计划 10 年期满后，于 2016 年将精英计划升级为精英战略，长期推行。联邦和州政府为此每年投入 5.33 亿欧元。其中，对精英集群的投入为每年 3.85 亿欧元，每年计划资助 45 ~ 50 个，每个集群每年可获得 300 万 ~ 1000 万欧元。2018 年首批入选的 34 所大学的 57 个精英集群[②]，从 2019 年 1 月 1 日起获得为期 7 年的资助，资助期满后可再次提出申请，如通过评审，可再次获得为期 7 年的资助[③]。

（2）创新高校计划

2016 年，德国出台创新高校计划。该计划立足于高校的科研成果在经济和社会中的转化与应用，特别是应用技术大学和中小规模综合性大学的知识和技术转移。通过促进高校开展产学研协同合作，强化大学在区域创新体系中的核心地位，努力把高校打造为科学、经济和社会高效交流互动的中心和枢纽[④]。

创新高校计划为期 10 年，经费总额 5.5 亿欧元，由联邦和高校所在

① DFG & WR. Bericht der Gemeinsamen Kommission zur Exzelenzinitiative an die Gemeinsame Wissenschaftskonferenz[EB/OL].（2016-04-01）[2021-10-11]. https://www.bmbf.de/files/1_Bericht_an_die_GWK_2015.pdf.

② 博大启承．德国最新精英大学名单出炉，看看有没有你心中的那所[EB/OL].（2021-07-20）[2021-10-11]. http：//www.bdqcedu.com/news/240.html.

③ “精英集群”尘埃落定，“精英大学”格局初成 [EB/OL].（2018-09-29）[2021-10-11]. https://www.sohu.com/a/257048062_778679.

④ 修春民．德国“创新高校”计划促进地区创新和转型 [EB/OL].（2021-07-20）[2021-10-11]. https://wenku.baidu.com/view/d1902a86ff4733687e21af45b307e87100f6f808.html.

州按 90 ： 10 的比例分摊。该计划资助已经具备知识和技术转移经验及合作战略的高校，同时规定，至少一半的计划经费和资助项目须分配给应用技术大学或在应用技术大学协调下的大学联盟。

如图 5–3 所示，创新高校计划分两轮实施。在 2017 年的第一轮遴选中，共有 48 所高校的 29 个项目获得资助，其中 19 个为单独创新项目，10 个为联合创新项目。获得资助的高校中，应用技术大学 35 所、综合性大学和师范大学 12 所、艺术类高校 1 所。资助从 2018 年年初开始，为期 5 年，资助金额为单个大学每年最多 200 万欧元，大学联盟每年最多 300 万欧元[①]。目前，第二轮的资助申请已启动，联邦和州为此共同投入 2.9 亿欧元。

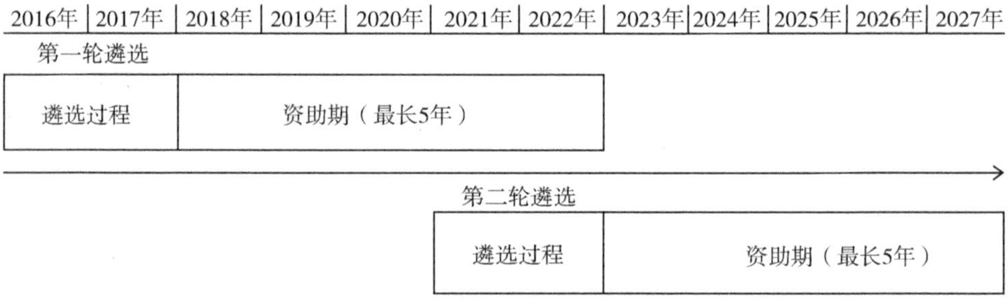

图 5–3　创新高校计划实施进程[②]

在创新高校计划的首轮资助中，波茨坦大学的“GO：UP”项目在 2018 年获得了 5 年共计 580 万欧元的资助。波茨坦大学将在波茨坦的戈

① GWK. 48 Hochschulen zur Förderung in der ersten Runde der Bund–Länder–Initiative Innovative Hochschule ausgewählt[EB/OL].（2018–06–27）[2021–10–11]. https://www.bmbf.de/files/PM%2007_2017.pdf.

② BMBF. Innovative Hochschule[EB/OL].（2021–07–08）[2021–10–11]. https://www.bmbf.de/de/innovative–hochschule–2866.html.

尔姆地区实施技术园区、教育园区和社会园区 3 个转化项目，使戈尔姆地区发展为创新园区，成为当地经济与创新引擎。技术园区设立在波茨坦大学的数学与自然科学院，波茨坦大学将与弗劳恩霍夫应用聚合物研究所及当地企业联合建立实验室，为跨机构和跨学科的创新合作创造空间；教育园区由波茨坦大学人文科学系与当地"教师培训与教育研究中心"共同设计、筹建，通过建立学习园区和数字教育网络，加强对数字学习形式的开发和使用，使戈尔姆地区成为数字化学习转移中心；在社会园区中，波茨坦大学通过公共讲座与活动，促进科学与公众和地区内其他创新主体之间的对话交流，推动实现更多的地区合作和创新[①]。

5.2.3 面向科研机构的产学研合作资助计划

2005 年，联邦政府与州政府签署《研究与创新公约》，旨在确保对德国非高校科研组织的经费投入，加强非高校科研组织在德国科研体系中的地位，进而促进德国科研体系发展。公约适用于德国科学基金会和德国 4 个重要的非高校科研机构：马普学会、弗劳恩霍夫协会、亥姆霍兹联合会和莱布尼茨联合会。根据公约内容，2006—2010 年，联邦和州对各机构的资助经费每年将至少增加 3%。《研究与创新公约》在 2008 年和 2014 年先后两次得以延续。2019 年，联邦和州政府第四次延续《研究与创新公约》，并从以往的 5 年执行期延长为 10 年，在 2021—2030 年，联邦和州对各机构的资助每年增加 3%。各机构同时承诺，将根据各自使命，围绕以下政策目标制定具体的实施措施。

---

① BMBF. Startschussf ü r den Innovationscampus Potsdam-Golm [EB/OL]. (2018-06-19) [2021-10-11]. https://www.bmbf.de/de/startschuss-fuer-den-innovationscampus-potsdam-golm-6158.html.

①促进科学研究活跃发展。为前沿研究和高风险研究创造空间和条件，利用科研数字化机遇，加强数据的获取、开放和使用。

②加强科学知识和科研成果向经济界和社会转移。以中小企业为战略方向，加强技术转让，注重公众参与和科学传播，促进科研成果转化。

③深化科研体系内主体间的连接。促进各科研组织之间及科研组织与高校、企业之间的合作。

④赢得并留住一流人才。在整个科学事业生涯中为科研人才提供有吸引力的条件，促进女性平等参与科研。

⑤加强科研基础设施。加强科研基础设施的战略规划、建设、运营、开放使用和专业管理。推动国家研究数据基础设施建设，实现数据驱动科学[①]。

为了履行《研究与创新公约》中科研成果转化与应用的政策目标，2018 年，以资助德国大学基础研究为主要任务的德国科学基金会（DFG）与应用研究机构弗劳恩霍夫协会（FhG）发起合作倡议，联合资助由大学、弗劳恩霍夫研究所和产业界共同参与的产学研三边合作项目，目的是提高大学基础研究成果向应用的转化，帮助大学和企业找到匹配的合作伙伴。此次产学研三边合作项目是对此前已经获得 DFG 资助的大学基础研究项目成果进行面向应用的研究与开发，促使其转化为产业应用，其优势在于：一方面让企业及早加入创新研究过程；另一方面借助德国最大的、服务于企业的应用研究机构弗劳恩霍夫协会，在大学和企业之

① 创新研究 . 德国：未来十年拟投入 1625 亿欧元以提升科研体系质量 [EB/OL].（2021-06-22）[2021-10-11]. https://www.sohu.com/a/429784734_468720.

间搭建桥梁[①]。截至目前，DFG 已通过两轮招标遴选出 13 个三边合作项目。项目为期 3 年，总资助金额 1100 万欧元，其中大学由 DFG 资助，FhG 由联邦教研部资助，企业承担自己的部分[②]。大学、弗劳恩霍夫研究所和企业伙伴通过签署合作协议来明确三方的权利与义务，并各自负责合作项目的相关部分。大学从研究成果使用收益中获得 40% 的回报。

5.2.4 产学研合作专项计划

（1）概览

2012—2015 年，联邦政府在高技术战略 2020 框架下启动了 10 个以产学研联合攻关为显著特点的未来计划（表 5–1），旨在充分发挥经济界和科学界联合的优势，共同寻求应对社会重大挑战的系统解决方案，提高德国在重要市场中的竞争力。

表 5–1　高技术战略 2020 框架下的未来计划

序号	未来计划名称	主管部门	协作部门	计划预算
1	二氧化碳中和、高效节能且适应气候的城市	联邦教研部，联邦交通、建设与城市发展部	联邦环境部，联邦经济与技术部	5.6 亿欧元
2	可再生资源代替石油	联邦教研部，联邦营养与农业部	联邦内务部，联邦环境部，联邦交通、建设与城市发展部，联邦经济与技术部，联邦经济合作与发展部	5.7 亿欧元

① DFG. DFG und Fraunhofer vertiefen Zusammenarbeit beim Forschungstransfer [EB/OL].（2018–07–08）[2021–10–11]. http：//www.dfg.de/service/presse/pressemitteilungen/2018/pressemitteilung_nr_29/index.html.

② GWK. Pakt für Forschung und Innovation Monitoring–Bericht 2021[EB/OL].（2021–07–08）[2021–10–11]. https://www.gwk-bonn.de/fileadmin/Redaktion/Dokumente/Papers/Band_III.pdf.

续表

序号	未来计划名称	主管部门	协作部门	计划预算
3	能源供给的智能化改造	联邦经济与技术部	联邦环境部， 联邦营养与农业部， 联邦教研部， 联邦交通、建设与城市发展部	大部分第六能源研究计划经费（37亿欧元）将投入该计划
4	个性化医疗	联邦教研部	联邦健康部	3.7 亿欧元
5	疾病预防和营养保健	联邦教研部	联邦营养与农业部， 联邦健康部	9000 万欧元
6	高龄人士自主生活	联邦教研部	联邦劳工部， 联邦家庭事务、老年、妇女及青少年部， 联邦内务部， 联邦交通、建设与城市发展部， 联邦经济与技术部	3.05 亿欧元
7	可持续交通	联邦交通、建设与城市发展部， 联邦经济与技术部	联邦教研部， 联邦营养与农业部， 联邦环境部	21.9 亿欧元
8	基于互联网的经济服务	联邦经济与技术部	联邦教研部， 联邦内务部	3 亿欧元
9	工业 4.0	联邦教研部， 联邦经济与技术部	联邦内务部	2 亿欧元
10	网络身份安全识别	联邦教研部， 联邦内务部	外交部， 联邦交通、建设与城市发展部， 联邦经济与技术部	6000 万欧元

未来计划涉及企业、高校、科研机构等创新主体，以及联邦政府、州政府、专项计划总体工作组等管理主体，其组织实施采用集中协调的管理模式，即设立一个由企业、高校、科研机构、政府代表组成的工作组，自上而下地对计划目标、研究问题和行动领域进行顶层设计

和分解。在计划实施过程中建立协同研究平台，确保计划有效实施（图 5-4）①。

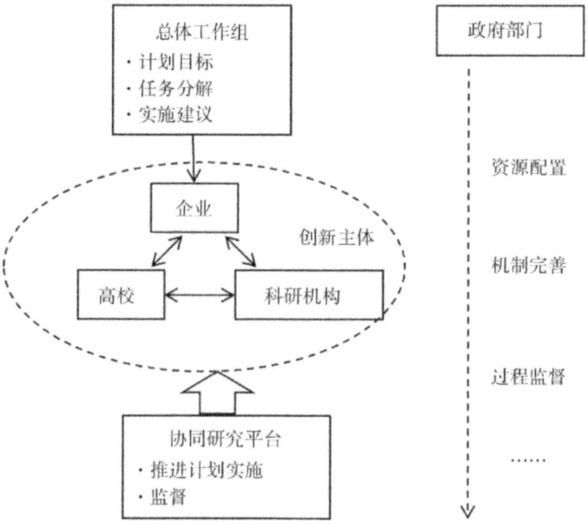

图 5-4 未来计划的组织实施过程

（2）案例 1：能源供给的智能化改造计划

能源供给的智能化改造计划涉及高技术战略 2020 中的气候与能源，以及通信领域。该计划以联邦政府能源纲领和第六能源研究计划为基础，目标是到 2050 年，温室气体排放量较 1990 年减少 80% ~ 95%，一次能源消费量较 2008 年减少 50%，电力消费较 2008 年减少 25%，可再生能源在最终能源消耗总量中的占比扩大至 60%，建筑领域热能需求减少 80%，交通部门能源消耗较 2005 年减少 40%。

① 葛春雷，裴瑞敏 . 德国科技计划管理机制与组织模式研究 [J]. 科研管理，2015，36（6）：133-134.

为实现这些目标，联邦政府在储能、电网、太阳能建筑与节能城市领域开展跨部门的研究计划，整合各部门力量，充分发挥各部门的专业知识。主管该计划的联邦经济与技术部重点资助非核能源技术的应用研究、核安全与核废料储存研究；联邦环境部资助可再生能源领域，但不包括生物能源的应用研究；联邦营养与农业部资助生物能源的利用技术研究；联邦教研部资助能源效率、储能、可再生能源等领域的基础研究；联邦交通、建设与城市发展部负责电动汽车、正能源建筑（Plus-energy House）等高度依赖能源的领域[①]。

（3）案例 2：工业 4.0 计划

工业 4.0 计划是由经济与科学研究联盟中负责通信领域的促进小组在 2011 年 1 月提出的，旨在充分利用信息通信技术和网络空间虚拟系统——信息物理系统相结合的手段，将制造业向智能化转型。联邦教研部和联邦经济与技术部主管并联合资助该计划，计划预算 2 亿欧元。

为落实工业 4.0 计划，2012 年 1 月，经济与科学研究联盟任命了工业 4.0 工作组，负责制定工业 4.0 计划的研究问题和行动领域，为计划的实施和发展提供建议。工业 4.0 工作组细分为 5 个小组，由高校、科研机构，以及来自不同行业的企业、协会的代表组成（图 5-5）[②]。

① Bundesregierung. Bericht der Bundesregierung Zukunftsprojekte der Hightech-Strategie[EB/OL].（2012-08-06）[2021-10-11]. https://www.iwbio.de/fileadmin/Publikationen/IWBio-Publikationen/HTS-Aktionsplan.pdf.

② 《发达国家科技计划管理机制研究》课题组 . 发达国家科技计划管理机制研究 [M]. 北京：科学出版社，2016：113-114.

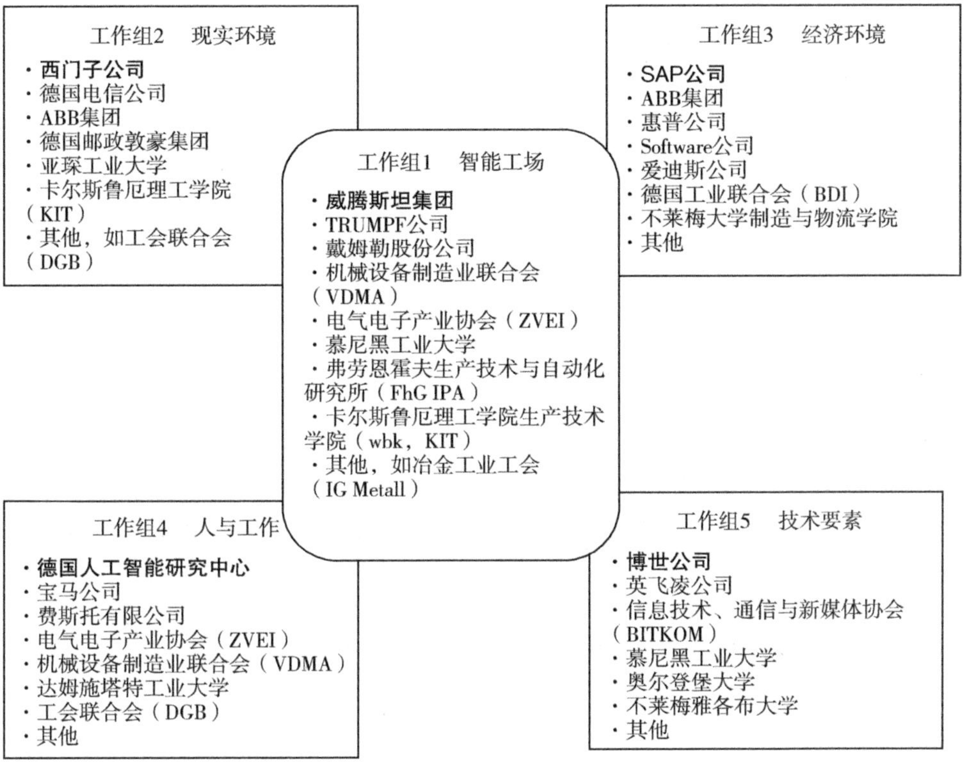

图 5–5　工业 4.0 工作组

（注：黑体字为主管该工作组的机构）

为确保工业 4.0 计划有效实施，使政府、企业、高校和科研机构等相关主体的分工合作关系更为紧密，联邦经济与技术部和联邦教研部在 2013 年成立了“工业 4.0 平台”。“工业 4.0 平台”集聚了 150 多个机构和组织的 350 多名参与者。如图 5–6 所示，联邦经济与技术部部长、联邦教研部部长与科学界、经济界和行业协会的高级代表组成领导组，共同商讨有关产业数字转型的战略和政策问题；由企业主导的指导委员会负责协调、管理平台工作，并推动国际合作；业务组负责研究工业 4.0 的主要挑战，提供实用性指南、讨论文件、行动建议及解决方案；转化—

网络负责开展转化措施，服务中小企业，通过促进转化主体之间的交流，实现协同作用。

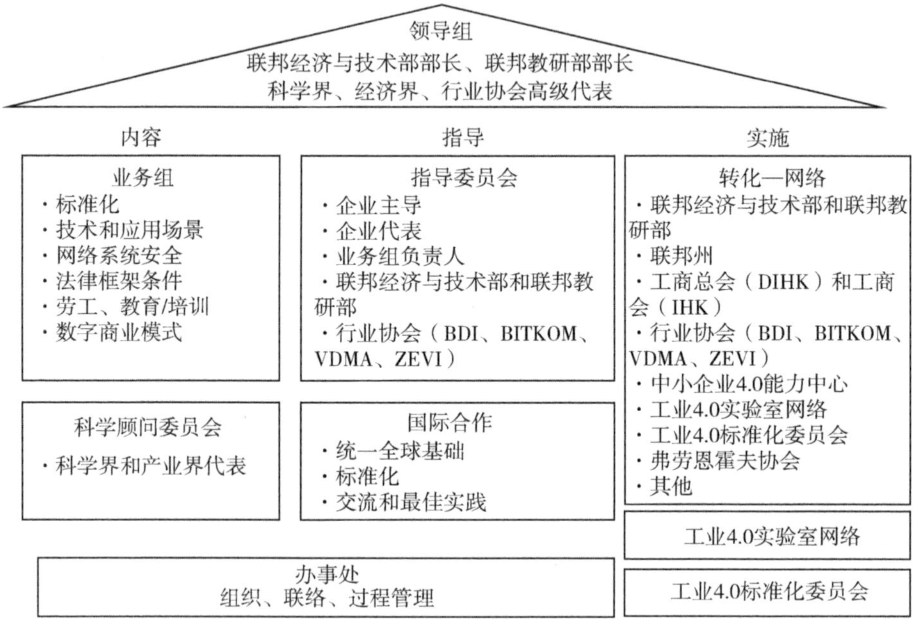

图 5–6　“工业 4.0 平台”①

5.3　产学研创新合作网络 / 平台方面

5.3.1　创新集群

创新集群是由聚集在一定区域内的研究机构、大学、企业、专业科技服务与中介机构等构成，依托产业链、价值链、创新链和知识链形成的有利于创新的战略联盟和合作网络。创新集群为产学研协同合作开辟

① BMWi & BMBF. PlattformIndustrie 4.0[EB/OL].（2021-07-06）[2021-10-11]. https://www.plattform-i40.de/PI40/Redaktion/DE/Downloads/Publikation/plattform-flyer.pdf?__blob=publicationFile&v=7.

了新路径，对凝聚区域创新资源、提升地区创新能力、促进区域经济增长产生积极影响①。

德国是全球最早启动创新集群政策的国家之一。自 20 世纪 90 年代中期开始，德国无论从联邦政府层面，还是州政府层面都开始重视集群的发展，出台多项相关计划（图 5–7），培育了一批具有影响力的创新集群。

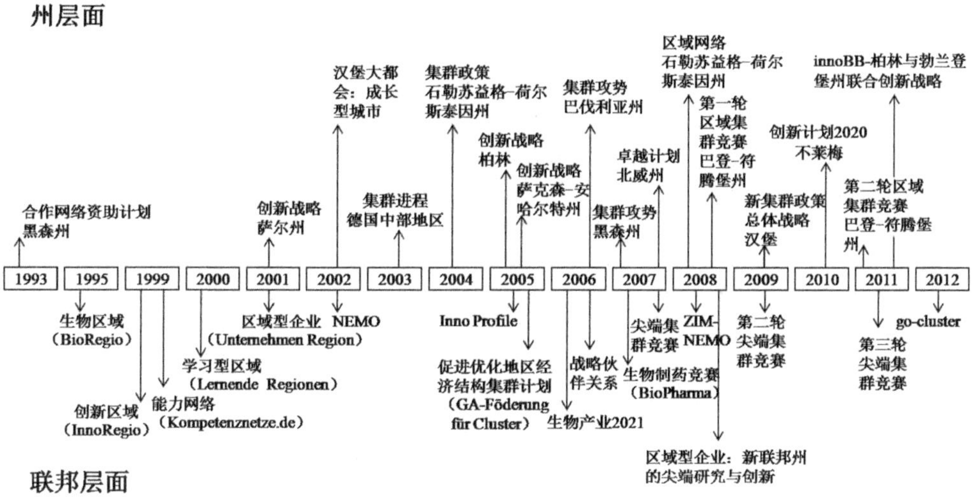

图 5–7 联邦和州层面主要集群计划②

（1）联邦集群政策

联邦政府的集群计划在 20 余年的发展过程中，遵循了从促进单一技术和产业发展，到促进区域平衡发展，再到支持集群多元发展的路径③。

① 邓元慧 . 德国创新集群发展政策的特征与借鉴 [J]. 环球瞭望，2018（6）：25.

② 史世伟，寇蔻 . 中德国家与区域创新体系比较 [M]. 北京：中国社会科学出版社，2018：302.

③ 陈志，丁明磊 . 面向集群的创新政策：德国集群计划的经验 [J]. 科技进步与对策，2014，31（5）：92–95.

1995 年，联邦政府投入 7500 万欧元推出首个国家集群计划——生物区域计划（BioRegio），对生物技术集群给予政策扶持和保障，促进德国生物技术产业发展，扭转德国生物产业在当时相对落后的状况。1999 年，联邦政府投入 2.56 亿欧元出台创新区域计划（InnoRegio），旨在依托创新集群形成的创新凝聚力，提升东部地区技术与产业发展能力，带动东部地区经济增长，缩小东西部地区之间的差距。与生物区域计划相比，创新区域计划并不局限于某个产业，而是面向所有产业和技术领域。后续，联邦政府又通过区域型企业（Unternehmen Region）等一系列针对东德地区的集群计划给予东部地区支持。2007 年联邦政府推出的尖端集群竞赛和 2012 年的 go-cluster 计划则都属于支持集群多元发展的综合类集群计划，对集群的技术和产业领域及区域没有限制，目的是推动本国顶尖集群发展，提高集群的创新能力、管理能力和国际影响力。

尖端集群竞赛是联邦层面最知名、资助金额最多的集群计划，其目的是加强对德国最具竞争能力的集群的支持，使其成为国际领先集群。尖端集群竞赛的预算总额为 6 亿欧元，分 3 轮实施，每轮评选出 5 个尖端集群，覆盖航空、可再生能源、生物医学、机械制造、软件开发、物流技术等领域（表 5-2）。每个集群获得联邦教研部为期 5 年总额 4000 万欧元的资助。资金比例按成员类型分配：高校 20.6%，科研机构 11.5%，大型企业 33%，中小企业 28.7%，其他机构 6.2%。资金用于研发项目、专业人才和后备人才培训与培养、国际合作、集群管理等①。

① 苗晓丹. 德国创新集群下的人才培养模式：以尖端集群为例 [J]. 世界教育信息，2016（7）：22-28.

表 5-2 德国尖端集群分布①

序号	尖端集群名称	领域
1	生物经济集群	白色生物技术
2	冷硅	微电子
3	太阳能谷	太阳能技术
4	纽伦堡医谷	医疗技术
5	慕尼黑生物技术集群	个性化医疗
6	慕尼黑—奥格斯堡—英戈尔施塔特地区碳复合材料	轻量化技术
7	西南电动汽车	汽车制造
8	莱茵河—内卡河地区生物技术	个性化医疗
9	西南微系统技术	微系统技术
10	有机电子论坛	有机电子
11	个性化免疫干预集群	个性化医疗
12	软件集群	信息技术
13	物流效率集群	物流技术
14	It's OWL – 智能技术系统	机械制造
15	汉堡都市圈航空集群	航空技术

尖端集群竞赛对发起和深化产学研合作产生了积极的影响。根据德国莱茵 – 威斯特法伦经济研究所（RWI）2014 年发布的《尖端集群资助计划评估报告》，前两轮获得资助的 10 个集群，其 59% 的合作研究关系是通过尖端集群计划发起或得以深化的。集群内的研究机构和企业分

① EFI. Gutachten zu Forschung，Innovation und technologischer Leistungsfähigkeit Deutschlands 2015[EB/OL].（2015-02-27）[2021-10-11]. https://www.e-fi.de/fileadmin/Assets/Gutachten/2015/EFI_Gutachten_2015.pdf.

别将其研发预算的60%和42%用于合作研发项目①。

专栏5-1 个性化免疫干预集群（Ci3）

位于莱茵河—内卡河地区的尖端集群“个性化免疫干预”（Cluster for Individualized Immune Intervention，Ci3）是尖端集群竞赛的成功例证之一。德国疫苗开发企业BioNTech作为该集群的合作伙伴，在其早期受益于强大的地区网络结构，并且至今仍在继续。

莱茵—美茵—内卡河地区在历史上被誉为“世界药房”，是世界上最富有传统的制药与生物科学地区之一。如今该地区是全球公认的德国最强大的制药工业基地之一，拥有300多家企业。雅培、勃林格殷格翰、BioNTech、费森尤斯、默克雪兰诺、赛诺菲－安万特等全球领先的制药企业的总部或重要基地都设在这里。

Ci3每年的营业额超过200亿欧元，生物技术和制药专利在德国和欧洲领先，是欧洲在经济上最具活力的生命科学地区之一。Ci3的合作伙伴包括法兰克福大学、美茵茨大学、德国癌症转化研究联盟、德国心血管研究中心、美因茨分子生物研究所、弗劳恩霍夫化学技术研究所、马普聚合物研究所等世界一流的大学和研究机构。Ci3通过促进科学界、中小企业、大企业、监管机构及公众之间的合作，为个性化医疗和个体化免疫疗法的进步做出贡献。

---

① RWI. Beleitende Evaluierung des Förderinstruments “Spitzencluster-Wettbewerb” des BMBF[EB/OL].（2014-09-16）[2021-10-11]. https://ideas.repec.org/cgi-bin/get_doc.pl?urn=RePEc%3Azbw%3Arwipro%3A111482&url=https%3A%2F%2Fwww.econstor.eu%2Fbitstream%2F10419%2F111482%2F1%2F82880673X.pdf.

（2）联邦州集群政策

在促进集群发展方面，德国一直采用州政府与联邦政府并行推进的模式。集群促进政策已经成为联邦州经济政策和地区发展战略的重要组成部分。各联邦州在制定集群政策时通常基于各自在技术、经济和创新方面的优势，同时，结合地区特点和结构特征等因素，目的是提升本州的产业竞争力和中小企业竞争力，促进地区经济发展，增加就业岗位。表 5-3 为德国 16 个联邦州集群政策的重点领域。

表 5-3 德国联邦州集群政策重点领域 ①

联邦州	集群重点领域
柏林市	数字化、健康经济、信息与通信技术、传媒与创意产业、光学与光子学、交通与物流技术
勃兰登堡州	食品工业、微电子、材料研究、光纤传感器、光谱技术
汉堡市	生命科学、物流技术、航空、海洋经济、传媒与创意产业、可再生能源
不来梅市	航空航天、风能、海洋经济与物流技术、汽车工业
下萨克森州	数字化、工业 4.0、农业与食品工业、交通、氢能
北莱茵 - 威斯特法伦州	干细胞研究
图林根州	顶尖集群、集群管理、跨领域与跨集群发展
巴伐利亚州	高科技产业；巴伐利亚州传统经济领域，如汽车、化工等
巴登 - 符腾堡州	生命科学、汽车、交通、轻质结构、环境技术、媒体影视
梅克伦堡 - 前波莫瑞州	汽车制造、航空航天、物流技术、农业与食品工业、可再生能源、生命科学、信息技术

① BMBF & BMWi. Länder[EB/OL].（2021-08-10）[2021-10-11]. https://www.clusterplattform.de/CLUSTER/Navigation/DE/Laender/laender.html.

续表

联邦州	集群重点领域
石勒苏益格 - 荷尔斯泰因州	信息与通信技术、传媒、食品工业、可再生能源、生命科学、海洋经济、旅游业
莱茵兰 - 普法尔茨州	生命科学、软件系统、汽车工业、材料科学、能源、微系统技术
萨克森州	微电子、汽车工业、配件工业、机械制造、生物技术、轻质建筑材料、健康纺织品
萨克森 - 安哈特州	集群管理与服务
黑森州	自动化、3D 打印、汽车工业、物联网、个体化医学
萨尔州	信息与通信技术、生命科学、材料、汽车工业

5.3.2 科技园区

科技园区是融科研、教育、生产于一体的科技资源开发区域，其建设的目的是通过促进知识、技术、人才的高度集中[①]，推动产学研深度融合，促进科技成果转化。

位于德国柏林东南部的阿德勒斯霍夫科技园（Adlershof）作为德国最大、欧洲第四的科技园，是德国最成功的高科技园区之一和著名的媒体城，集聚了光子学、可再生能源、微系统和材料、信息技术与传媒、生物技术与环境等领域的企业和科研机构共计 1100 余家，从业人员 2.2 万余人（表 5-4），2020 年销售额约 26.8 亿欧元[②]。

① 世界十大著名科技创新园区 [EB/OL]. [2021-10-11]. http：//www.360doc.com/content/15/0324/08/2198695_457572291.shtml.

② Adlershof. Jahresbericht 2019[EB/OL].（2021-09-07）[2021-10-11]. https://www.adlershof.de/adlershof-in-zahlen/.

表 5-4　阿德勒斯霍夫科技园主要单位和人员构成

单位		数量 / 家	员工 / 人
企业	科技企业	553	8416
	商业和服务类企业	431	7769
	传媒企业	196	3011
科研机构		8	1899
柏林洪堡大学院系		6	1005

（1）阿德勒斯霍夫科技园科技创新的历史沿革

阿德勒斯霍夫科技园的科技创新历史可以追溯到 20 世纪初，德国第一架飞机就诞生于此，后来成立了德国首个航空研究所，是德国航空工业的发源地。

第二次世界大战期间，阿德勒斯霍夫成为军事科技研发重镇。第二次世界大战结束后，承载东德科学院、东德国防部警卫团和东德国家电视台等多项重要国家职能部门。由于东德经济不景气并且缺乏创新人才，阿德勒斯霍夫经历了 30 年的大萧条[①]。东西德合并后，1991 年联邦政府通过决议，决定将阿德勒斯霍夫地区建设为科技园。经过 30 年的发展，阿德勒斯霍夫科技园已发展成为全球 15 个最大的科技园区之一，园区总面积达 4.2 平方千米，形成涵盖基础研究、概念与原型开发、产品设计、实验验证及市场推广的完整的产学研链条。

（2）阿德勒斯霍夫科技园产学研创新合作网络

阿德勒斯霍夫科技园实行“大园区”战略，其建设目标与定位不是

① 徐振强 . 德国“工业 4.0”科技园区创新创业生态体系研究：基于对柏林州 Adlershof 科技园的案例研究 [J]. 中国名城，2015（11）：41-42.

一个简单的工业园，而是科研和产业相结合的高科技创新园区[①]，拥有柏林洪堡大学的 6 个学院、8 家科研机构、1100 余家企业、12 个技术中心和 2 个创业中心，将研发、生产、培训和服务紧密融合、互相渗透，产生了良好的协同效应（图 5-8）。

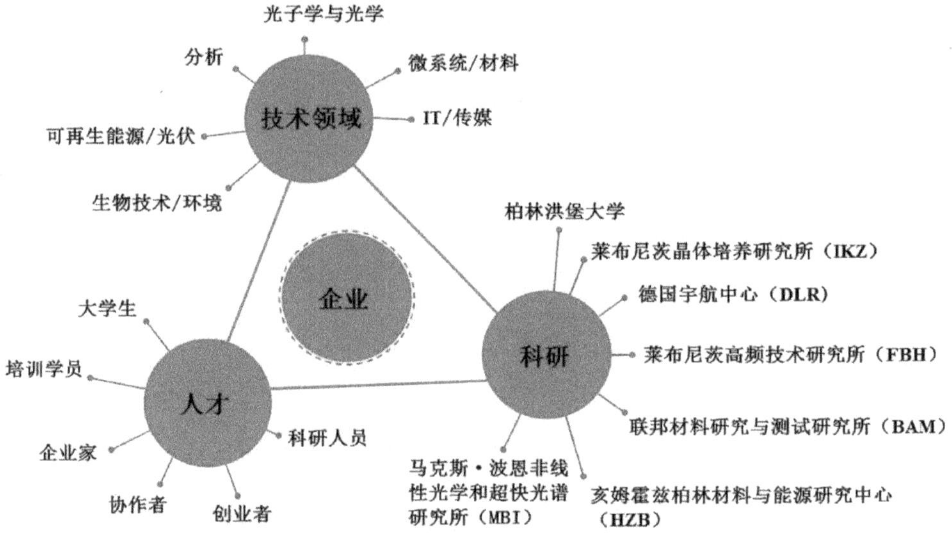

图 5-8　阿德勒斯霍夫科技园创新合作网络[②]

阿德勒斯霍夫科技园的科研力量来自著名的柏林洪堡大学和知名科研机构（表 5-5）。园区同时设立多个技术与创业中心，形成内生性科技创新生态。园区鼓励和支持园区内学校、科研机构和企业之间的互动和联系，实现人才和资源的共享。柏林洪堡大学衍生的科技企业在创办

① 启迪协信 . 科技园区导览 03 德国阿德勒斯霍夫高科技园：“靠知识挣钱”[EB/OL].（2020-12-11）[2021-10-11]. https://www.sohu.com/a/224951409_99991987.

② ADLERSHOF. 30 Jahre Technologiepark Adlershof[EB/OL].（2021-09-22）[2021-10-11]. https://www.adlershof.de/wista30/.

之初可以使用大学和科研机构的仪器设备，而无须马上建立自己昂贵的实验室。在争取第三方经费的过程中，企业从大学和科研机构的智力资源中获益。园区内的8家科研机构早在20多年前就形成了“大学外研究机构倡议联盟”（IGAFA），主要任务是促进跨学科合作，评估产学研合作价值，为园区内科研机构与柏林当地企业和大学之间的合作提供必要支持。

表5-5 阿德勒斯霍夫科技园科研力量

科研机构	大学
·联邦材料研究与测试研究所（BAM） ·德国宇航中心（DLR） ·莱布尼茨高频技术研究所（FBH） ·莱布尼茨晶体培养研究所（IKZ） ·莱布尼茨分析科学研究所（ISAS） ·亥姆霍兹柏林材料与能源研究中心（HZB） ·马克斯·波恩非线性光学和超快光谱研究所（MBI） ·联邦物理技术研究所（PTB）	·柏林洪堡大学化学系 ·柏林洪堡大学计算机科学系 ·柏林洪堡大学数学系 ·柏林洪堡大学物理系 ·柏林洪堡大学地理系 ·柏林洪堡大学心理学系

5.4 产学研人才培养方面

德国教育体制重视对人才技术技能与实践能力的培养，其双元制职业教育和应用技术大学培养出的技能型人才和高层次技术型人才是德国作为工业化强国和创新型国家的保证。

5.4.1 双元制职业教育产学研人才培养

德国双元制职业教育通常指中等职业教育，是德国培养技能型人才的重要模式，体现了产教融合、工学结合的育人特点。

“双元制”具有两层内涵：第一是育人主体的双元，职业学校和企业共同完成育人任务。职业学校负责理论教学，企业负责实践教学，在实际工作场景中培训学生的职业技能。第二是学生身份的双元。学生既是职业学校学生，又是企业学徒工，分别在学校和企业完成学业①。学校培训和企业实践的比例一般在 4 ： 6 ~ 3 ： 7。德国《2020 年职业教育报告》显示，2018 年，德国双元制职业教育学生人数为 133.39 万人，实现连续两年增长；双元制职业教育新生人数为 49.03 万人，占同龄人口的 54.5%；42.7 万家企业开展职业实践教育，占企业总数 19.7%，职教企业数量连续两年增加；双元制职业教育学生占企业员工总量比例为 4.8%②。

如图 5–9 所示，德国双元制职业教育充分体现了产学的分工与合作。第一，职业教育教学标准依据企业具体需求，由政府、行业、企业与职业学校共同协商制定。第二，专业设置由德国工商联合会和负责管理职业学校的教育管理局共同商定，并在一定行政区域内调整分配，学校间不重复设置。第三，职业学校与企业共同完成教学任务。学校传授专业理论知识，企业为学生安排实践教学，支付学徒工在整个培训期间的津贴和实训教师的工资。行业协会负责审核参与职业教育企业的资质，组织过程监管和结果考核，学生通过行业协会等组织的职业资格考试后才能毕业。

① 周彦兵 . 产教融合视域下德国“双元制”模式分析及借鉴 [J]. 教育与职业，2020（12）：65–70.

② 德国发布《2020 年职业教育报告》，职教发展态势良好 [EB/OL].（2021–06–30）[2021–10–11]. https://www.sohu.com/a/406404141_229991.

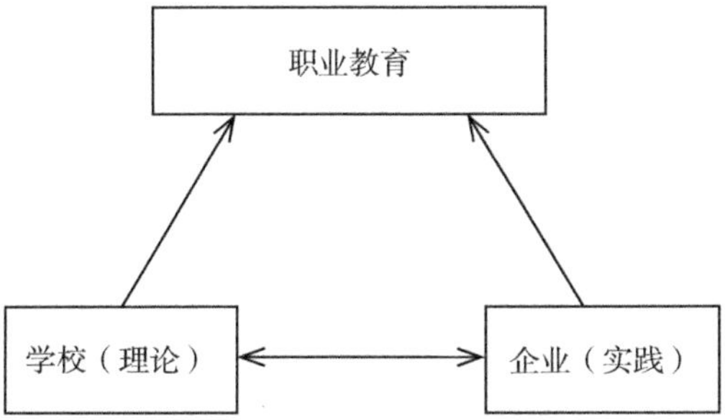

图 5-9 德国双元制职业教育[①]

德国双元制职业教育师资队伍也具有产教融合的属性。职业学校的专职教师不仅要具有相应的学历教育，同时要求具备至少 3 年的工作实践经历，学校教师每隔一段时间要到企业了解和研究企业最新发展动态；对于企业的实训教师，德国专门出台《实训教师资格条例》，对实训教师的任职资格和专业发展进行明确、系统的规定[②]。

德国为双元制职业教育建立了健全的法律法规体系。在国家层面出台《职业教育法》，作为职业教育顶层设计的基本法条。该法与《青少年劳动保护法》《培训条例》《培训师资格条例》《手工业条例》等职业教育的直接立法，以及《企业组织法》《劳动促进法》《劳资协议法》《劳动合同法》等共同构成德国职业教育的完整法律法规体系，为职业教育的规范和顺利推广提供了根本保障[③]。

① 熊火金 . 德国双元制中等职业教育与高等职业教育的层次比较 [J]. 广东技术师范学院学报（职业教育），2012（1）：10.

② 周彦兵 . 产教融合视域下德国“双元制”模式分析及借鉴 [J]. 教育与职业，2020（12）：65-70.

③ 裴钢，江波 . 德国创新能力的基础与源泉 [M]. 北京：社会科学文献出版社，2016：48.

5.4.2 应用技术大学产学研人才培养

应用技术大学（Fachhochschule，FH）是德国大学体系的重要分支，以培养高层次应用技术型人才、服务地方产业发展需求为目标。它是 20 世纪 60 年代后期伴随着德国工业化进程和经济发展而发展起来的一种高等教育类型。

第二次世界大战后，传统的中等职业教育领域的双元制职业教育获得极大成功，为企业培养了大量高素质的产业工人，为德国战后经济腾飞做出了贡献。进入 20 世纪 60 年代，随着工业化进程加快，德国产业对技术创新和生产者素质提出了更高的要求，企业迫切需要兼具理论知识、专业技能和实践能力的高层次应用型人才。而德国传统的研究型大学偏重理论和基础研究，主要培养学术型人才。在此背景下，德国各联邦州长在 1968 年通过《联邦共和国各州高等学校协定》，合并部分基础较好的工程师学校与高级专业学校，创建了应用技术大学[①]。目前，德国共有应用技术大学 216 所，在数量上超过研究型综合大学。2018/2019 冬季学期，应用技术大学注册学生人数为 100.2 万人，占德国大学生总数的比例超过 1/3，每 10 名大学新生中约有 4 人为应用技术大学新生[②]。

应用技术大学作为服务地区经济和社会发展的产物，同企业合作十分紧密，在专业设置、教学模式、师资队伍、学术研究等方面推动校企深度融合。

① 席茹，沈鸿敏 . 德国双元制与高层次应用技术型人才培养 [J]. 世界教育信息，2015（24）：12–16.

② BMBF. Fachhochschulen in Deutschland–Zahlen und Fakten[EB/OL].（2021–07–05）[2021–10–11]. https://www.forschungfachhochschulen.de/de/fachhochschulen-in-deutschland---zahlen-und-fakten-1723.html.

第一，应用技术大学的专业设置适应所在地区企业的需求，侧重企业在生产中有待解决的问题和行业发展对人才知识结构的要求，具有明显的应用性和面向行业企业的特征①。

第二，应用技术大学以校企联合培养、理论与实践相结合的方式组织教学。学校负责理论教学，企业负责实践教学。应用技术大学的学生需要至少完成一个解决企业实际问题的项目作业，时间一般为一个学期，项目选题以企业提出为主。学生的毕业论文题目也基本来自企业，与实际贴合紧密，并有企业参与评价。

第三，应用技术大学同样注重教师的工作经历和实践能力。应用技术大学的教授每 4 年会有一个“研究学期”，到对口企业开展调查研究，了解生产一线的最新发展趋势，更新专业知识②。除了全职教授之外，应用技术大学还会聘请来自企业和其他社会机构的校外教师，将源自实践的新知识、新技术和新问题融入课堂教学。校外特聘教师会定期更换，以保证最新的实践知识不断被带入课堂中。应用技术大学的这种特聘教师制度拉近了高校和企业之间的联系，往往学校聘任一个校外特聘教师，就带来了相关企业的一些研发项目和学生实习的资源③。

第四，应用技术大学教授的科研项目与企业直接挂钩立项④，企业资助大学设立专门的实验室或研究机构，或与大学联合建立研究中心，开

① 许钢，俞晓峰．基于德国“应用科学大学”教育模式探索地方性高校应用型人才培养模式：以安徽工程大学为例 [J]. 吉林广播电视大学学报，2020（7）：15–16.

② 席茹，沈鸿敏．德国双元制与高层次应用技术型人才培养 [J]. 世界教育信息，2015（24）：12–16.

③ 同①。

④ 卢亚莲．德国应用科技大学（FH）应用型人才培养模式及其启示 [J]. 职教论坛，2014（13）：86.

展合作研究。此外，企业会参与应用技术大学的发展与管理，与学校共同决定学校的战略发展规划和专业设置，为新专业的开设和教学内容的选择提供决策咨询[①]。

5.5 创新环境与法律法规方面

德国是典型的创新型国家，近年来，德国政府致力于营造更加良好的创新生态环境，在推动高校、科研机构与企业之间交流合作的同时，也加强知识与技术转化，促进知识产权成果与商业接轨，提升政府科技服务能力。

5.5.1 知识产权保护政策

（1）中小企业知识产权保护政策

“创意保护计划”（SIGNO）是联邦政府一项旨在保护中小企业和发明人的创意，鼓励创意发展为专利和商业应用的资助计划。该计划的前身是1995年联邦教研部设立的“刺激创新计划”（INSTI），目的在于为小企业和发明人营造良好的创新环境。自2008年起，INSTI和其他几个相关创新项目合并，更名为SIGNO，并转由联邦经济部负责[②]。

SIGNO计划下的“SIGNO中小企业专利行动”（SIGNO-KMU-Patentaktion）是一项专门帮助中小企业使用知识产权的政策，被世界知识产权组织评选为最佳实践之一，位列欧盟中小企业知识产权政策范例之首。“SIGNO中小企业专利行动”以提高中小企业的知识产权能力为

① 席茹，沈鸿敏．德国双元制与高层次应用技术型人才培养[J]．世界教育信息，2015（24）：12-16.

② 夏玮，陈志强．德国中小企业专利行动启示[J]．南京工业大学学报（社会科学版），2012（11）：59-62.

目标，具体目标包括：减少中小企业使用专利过程中的障碍，优化中小企业创新管理；增加中小企业有效专利申请的数量；帮助中小企业认识其发明的经济价值和开发价值；改善中小企业对专利信息的利用情况；改善中小企业在获得专利后进行商业化的环境，防止专利被侵权。

“SIGNO中小企业专利行动”对中小企业的专利申请给予资金补贴和公共服务。首次申请专利的中小企业，或是该企业距上次专利申请的时间间隔5年以上，即可申请项目补贴，补贴额度最高为中小企业在申请专利过程中产生的合理费用的50%。

“SIGNO中小企业专利行动”为接受补贴的中小企业提供的具体公共服务涵盖了创新的各个阶段，从最初的设想到最终的市场化。

在创新最初的设想阶段，通过专利数据库进行专利检索，帮助中小企业有效利用技术信息，对技术发展趋势及竞争对手已有专利加以分析。

在研发阶段，帮助中小企业获取研发过程中可能产生的知识产权并进行最优管理，具体包括对企业有关创新的投资和业务进行分析与指导，对企业获得专利的可能性及成本收益进行评估，帮助企业分析是否申请专利保护技术成果或选择通过技术秘密进行保护。

在产业化阶段，帮助企业对其拥有的专利的能力和市场价值进行评估，协助企业建立专利保护战略与实施战略。一方面，通过专利许可等方式将专利作为产品进行买卖；另一方面，通过技术转让，促进专利产品的产业化。

在市场化阶段，帮助中小企业建设商标品牌，实现市场价值。对国外专利申请给予指导，帮助中小企业拓展国外市场。

“SIGNO中小企业专利行动”中，约有6800家企业获得了资助，而这些企业所登记的发明，75%已获得专利。

（2）公共研究成果知识产权保护政策

为强化公共研究成果的经济应用和法律保护，联邦经济部在2016年投入2300万欧元启动了“利用专利和标准促进知识和技术转移资助计划”（WIPANO）。

WIPANO计划主要资助两个方面的内容：一是专利权申请。资助高校、高校外科研机构和企业申请专利权的全过程，从发明的验证直至应用。具体包括6项内容：发明申请的技术摸底，包括查新和咨询（资助金额高校300欧元，企业375欧元）；发明申请的实质论证，包括对技术水平的详细论证、经济实用性论证、成本—效益分析（高校800欧元，企业1200欧元）；专利权申请的相关咨询与协调（高校480欧元，企业2000欧元）；专利权申请（为高校提供35%的专利权申请费用，企业1万欧元）；以一个优先权为基础的专利家族应用，包括营销方案制定、标准咨询、申报商标或设计注册（高校1400欧元，企业3000欧元）；以一个优先权为基础的专利家族投资组合管理，包括产权投资组合维护、保护权和开发战略实施（高校400欧元/年，最长资助10年）。资助期限从2016年1月1日起到2019年12月31日止。二是规范和标准化。资助企业与至少一个公共研究机构合作的项目。项目内容可以是研究成果在国家、欧洲或国际标准层面上的标准化准备；用于支持创新产品、技术或服务向市场渗透的研发项目，如检测试验方法标准的制定，以及制定专业术语、参考架构和标准流程等。每个项目合作伙伴将获得最多20万欧元的资助，项目期限为6～36个月[①]。

① BMWi. Machnig gibt Startschuss für Förderprogramm zum Wissens- und Technologietransfer durch Patente und Normen[EB/OL].（2016-01-05）[2021-10-11]. http：//www.bmwi.de/DE/Presse/pressemitteilungen，did=747950.html.

5.5.2　优化高校和科研机构的创业环境

（1）学术创业计划

“学术创业计划”（EXIST）是联邦经济部在1998年专门针对高校研发力量推出的，旨在鼓励高校与校外经济界、科学界和政府部门建立合作，在学术研究基础上进行创业的资助计划，并由欧洲社会基金会（ESF）、德国弗劳恩霍夫协会（FhG）共同资助。

EXIST计划的目标是，改善德国高校的创业环境，培养学术创业文化，提高大学创办以技能为导向、以知识为基础的初创企业数量。2010年之后，EXIST计划进入新阶段，其目标调整为资助研究型大学向创业型大学的转型。计划包括以下4个方面的内容。

一是促进科技成果的转移转化。帮助高校进行研发规划和科技中介服务，寻找具有潜在商业价值的技术成果，帮助企业提高技术吸纳和转化能力；建立产业研究信息交流平台，全方位提供产业研究创业计划、创业教授招聘、商业竞赛活动等资讯。

二是资助和培育高校有潜力的年轻创业者。2000年，EXIST计划设立了“种子基金计划”（EXIST-SEED），为大学师生提供“EXIST创业者奖学金”（EGS）等创业资金支持，由导师指导其创办企业，训练其专业知识技能、沟通能力、商业敏感性；推出“学子企业家训练计划”，企业向由大学生组成的小型创业团队提供实际产品或者服务，学生可以借此熟悉企业的创设和运作；定期举办“创业年会论坛”，针对“国际创业教育和训练”主题举办系列学术会议，每两年评选出高校创业研究领域的优秀论文奖。

三是在高校培养创业文化和企业精神。2010年，EXIST计划设立

“EXIST—创业文化—创业大学”计划，通过评选“创业大学”，促进高等教育机构的创业文化培育。全德国共有包括慕尼黑工业大学在内的10所大学入围该计划。

四是建立创业教授制度。从1998年起在各大学推动创业教授制度，大学教师被企业聘为创业教授，获得企业资助，为产业界培养优秀的科技人才[①]。

（2）科技创业重要行动领域

为了鼓励科技创业，联邦教研部在2017年9月发布了鼓励科技创业方面的5个重要行动领域。

①促进科技创业文化。激发科研人员和青年人创办企业的兴趣，及早鼓励科研人员将创办企业作为科研成果利用的备选途径。加强相关技能的传授，除经济学知识外，还包括创造力、社会能力、责任感、主动性等创业的关键能力。联合科技界与经济界在德国高校开展加强博士生创业的计划，挖掘青年科技人才的创业潜力。

②扩充科研资助计划对创业和初创企业的资助。在科研资助计划中纳入对创业和初创企业的资助，并针对不同学科、技术和应用领域的需求制定适当的资助形式，逐步消除初创企业的申请障碍。针对信息技术安全、物流技术、材料研究、人机交互、微电子领域的创业提供有吸引力的资助。

③发展有利于促进创业的结构体系（如网络、集群）。推进地区创新发展，加强初创企业与科研机构和其他企业之间的连接。在网络、集群及创新实验室中配备促进创业的基础设施、咨询与服务。鼓励大学和

① 吴亮．德国创业型大学的改革发展及其启示：以慕尼黑工业大学为例[J]. 高教探索，2016（12）：45.

科研机构向初创企业敞开，让初创企业使用其基础设施和仪器设备。

④在资助学术成果转化的技术验证中考虑突破性技术和社会创新的需求。支持高校和科研机构的科研人员对其学术成果进行企业创办可行性验证。

⑤建立有利于促进创业的外部环境。为创业者创建试验与测试空间。在项目资助中制定有利于创业的许可和专利使用规定，减轻信用审查[①]。

5.5.3 挖掘科学界的创新潜力

“学术研究创新潜力验证计划”（VIP）由联邦教研部在2010年设立，旨在从科技可用性与经济潜力两个方面来验证高校和科研机构的研究成果，挖掘学术研究成果的创新潜力，消除学术研究与经济或社会应用之间存在的缺口。该计划在2015年得以延续，并改名为“VIP+”。

VIP计划在学术成果转化为创新成果前，对成果自身的创新潜力、应用机遇及风险开展论证，资助对象为学术成果所在的高校、科研机构和联邦研究机构。申请须阐述学术发现阶段的研究结论、力争达到的创新、国际技术现状、应用阶段的构想和实施计划等。每个论证研究项目都需要由具备专业和商业知识及创新经验的专家对论证研究给予指导，以确保论证研究瞄准市场需要。每个项目的资助额度为每年不超过50万欧元，最长资助3年。在“VIP”计划中共有140个论证项目获得了资助。

① BMBF.Mehr Chancen für Gründungen Fünf Punkte für eine neue Gründerzeit[EB/OL].（2017-09-29）[2021-10-11]. https://www.bmbf.de/pub/Konzept_5_Punkte_Gruenderzeit_mit_IHV.pdf.

5.5.4 法律环境

德国是最早实施知识产权保护的国家之一，拥有完整的知识产权保护法律，除了《专利法》《版权法》等直接相关的法律之外，其他很多法律也都涉及促进科技成果应用和保护的条款[①]。德国《雇员发明法》设立的职务发明报告制度，在促进发明成果的运用与实施方面起到关键作用。

（1）德国建立职务发明报告制度的动因

德国建立职务发明报告制度主要有两个方面的动因：一是为了协调当时现行法律之间的冲突；二是出于保护雇主作为企业重要资源提供者的合法权益。

考虑到发明人对于科技进步的重要性，德国《专利法》在确定专利权归属时，采用"发明人主义"原则，规定"发明创造的专利权归属于发明人"。而德国《劳动法》规定雇员的劳动成果权利归属于雇主。化解《专利法》与《劳动法》之间"雇员优先"与"雇主优先"的立法差异，是德国建立职务发明报告制度的重要立法动因[②]。

另外，随着第二次世界大战新兴技术需求和工业革命的发展，雇主需要投入大量物质技术资源和资金用于研发，并承担较大风险，且发明成果与企业经营发展、科技进步和经济社会发展密切相关，雇主享有发明创造的权利成为必然要求[③]。1957 年，为了保护雇主的合法权益，

① 周华东．德国科技成果转化的经验及其对我国的启示 [J]. 科技中国，2018（12）：22–26.

② 刘鑫．试析职务发明报告制度的废与立：德国《雇员发明法》与我国《职务发明条例》之比较 [J]. 中国发明与专利，2017（5）：23–27.

③ 曾莉，付雪旻．国际视野下职务发明权属制度的经验与启示 [J]. 科技与法律（中英文），2021（1）：44–47.

德国以促进工业企业最大限度地服务于第二次世界大战为根本目的的"Goring Speer Verordnung"法案为蓝本，单独颁布《雇员发明法》，规定职务发明的法律关系[①]。

（2）德国职务发明的界定与权属

根据《雇员发明法》的规定，雇员发明分为职务发明和自由发明。其中，职务发明为"受管理的发明创造"，界定标准采用"履行职务"要件和"利用资源"要件，即如果发明源于雇员在雇用期间的工作任务，或者利用雇主提供的重要的物质技术资源，即利用工作便利或工作经验做出的发明，就属于职务发明。雇员的其他发明则属于自由发明[②]。

无论是职务发明还是自由发明，其专利权都归属发明人。但对于职务发明，《雇员发明法》规定，雇员虽然是专利权的原始权利人，但是有义务向雇主汇报。雇主可以对职务发明提出无限制的权利主张或有限权利主张[③]。如果雇主提出无限制的权利主张，雇员就必须将职务发明的所有权转让给雇主，雇主享有专利权；如果提出的是有限权利主张，则雇主享有非独占许可使用权，专利申请权和专利权依然归雇员所用[④]。

（3）大学职务发明权属

2002年，为促进专利技术的转化，德国修改《雇员发明法》，将大学职务发明的所有权从科研人员转到科研机构。此前，德国长期采用"教授优先"原则，将大学职务发明视为自由发明，教授获得专利权。而这

① 刘鑫．德、法职务发明权属机制比较研究及对我国的启示[J].上海政法学院学报（法治论丛），2017（6）：132-141.

② 同①。

③ 聂常虹，肖尤丹．美日德英立法推进科技创的做法与启示[EB/OL].（2021-07-31）[2021-10-11]. http：//theory.people.com.cn/n/2015/0826/c40531-27521334.html.

④ 李刚．德国雇员发明制度对中国的启示[J].经济研究导刊，2008（19）：173.

一模式被认为既影响了大学科研成果的商业化实施，也限制了政府资助成果的转化应用。因此，德国在2002年公布的《雇员发明法修正案》中取消了“教授优先”的适用例外，改由大学获得职务发明成果的权利，专利所有权和使用权归学校所有。修正案还借鉴了美国《拜杜法案》的规定，确认大学成为政府资助成果的权利人。其后，德国实施“主动运营行动计划”，利用财政资金支持大学建立专利管理与运营机构①。

（4）职务发明人收益

雇主做出职务发明权利主张后，雇员有权取得合理报酬。《雇员发明法》比较系统地规定了发明人的报酬计算方式及数额。劳工部编制的引导性规范《职务发明补偿行政指南》可为职务发明人与单位确定适当合理的报酬比例提供参考，其中特别提出，大学等公共研发机构应当向职务发明人支付专利实施纯收入的30%作为报酬②。

5.6 本章小结

德国在产学研合作推动上具有悠久的历史。20世纪90年代以来，德国政府制定了一系列相关政策和措施，强化在政府主导下的产学研合作，注重发挥企业在合作中的主体作用，将政府过去单向支持大学和科研机构的政策，调整为重点支持产学研合作开展技术创新的政策，以解决科技与经济结合的问题，发挥技术创新对经济增长的重要支撑作用。自2006年实施高技术战略以来，德国从国家战略高度支持产学研合作，

① 聂常虹，肖尤丹．美日德英立法推进科技创的做法与启示[EB/OL].（2021-07-31）[2021-10-11]. http://theory.people.com.cn/n/2015/0826/c40531-27521334.html.

② 同①。

提高产学研合作的战略政策地位。

德国产学研合作支持政策并非单一政策领域，而是与研发政策、中小企业政策、区域政策、工业政策共同交织，强调区域式、联盟式、问题导向式、竞赛式和中小企业式的产学研合作，而产学研合作政策的推动，不仅让学术成果在转化中得以应用，也是德国用来提升区域经济竞争力、解决社会和全球挑战的手段之一。

6 日本新型产学研合作创新支持政策

产学研合作是企业和高校、科研机构在技术开发、生产经营、人才培养、科学研究，以及资源共享、信息互通、人员交流等方面所建立的互利互惠、互补互促的联合与协作关系。在日文中，常用“产学合作”或“产学官合作”来表示产学研合作，其中“产”指企业，“学”指大学和公共研究机构，“官”指政府。日本文部科学省在1999年对产学研合作的定义是“大学、科研机构和企业等产业界之间的研究方面的合作”。

参考日本政府对产学研合作的定义，目前存在于日本社会的产学研合作包括以下3类[①②]。

第一类：合作研究。①共同研究：大学、科研机构接受企业的研究经费，与企业签署合同共同开展研究活动。研究成果一般归双方共同所有。②委托研究：大学、科研机构接受企业的委托，就某个主题开展研究活动。研究成果一般归委托方所有。③产业技术联盟：多个大学、科研机构、政府机构与企业结成共同体，通过合同约定彼此义务，合作研发某项技术。研究成果归属根据合同约定来分配。④捐赠：大学、科研机构接受企业的捐款或有价证券，开展教育和研究活动。⑤共建研究中心：大学、科研机构与企业共同建设用于开展科研的实验室、仪器设备等硬件设施，

---

① 日本文部科学省 . 産学官連携 [EB/OL]. [2021-10-11]. https://www.mext.go.jp/a_menu/shinkou/sangaku/sangakua.htm.

② 兼本雅章 . 日本における産学連携—その変遷と文系産学連携を中心に [J]. 総合政策論叢，2015（3）：47-48.

形成各方共同参与的研究中心，开展合作研究、技术培训等活动。

第二类：成果转化。①专利实施许可：大学、科研机构或个人与企业签署专利实施许可合同，许可企业实施其所拥有的专利，并收取一定的费用。②技术咨询：大学、科研机构对企业在研发或经营活动中遇到的问题提供政策建议、解决方案等，收取一定的费用。③创办初创风险企业：以大学、科研机构的科研成果为基础创办企业。

第三类：人才培养与交流。①专业技术研修：企业派遣研发人员去大学、科研机构学习交流，作为企业研发人员再教育的一种形式。②兼职：大学、科研机构的非公务员编制人员去企业兼职，获得一定的报酬。

日本自20世纪90年代中期开始实施“科技创新立国”战略，颁布了系列法律法规，从技术转移、支持初创风险企业等角度开展了长期的产学研合作探索和实践，积累了一些成功的经验，形成了较为完善的产学研合作创新体系，在攻克关键产业技术、研发尖端前沿科技、助推经济社会发展、培养人才等方面取得了较好的成效。

6.1 国家战略定位与协调机制

回顾日本产学研合作的历史发展脉络，重点梳理1995年实施《科学技术基本计划》以来关于产学研合作的政策、法律，总结日本当前产学研合作的定位与方向，分析管理协调机制。

6.1.1 早期发展脉络

（1）明治维新后至第二次世界大战前：产学研合作的早期实践

明治维新时期，日本提出了“殖产兴业”的政策，以国家力量发展资本主义工业。1870 年成立工部省，作为全面负责推行殖产兴业政策的领导机关，引进西方技术和设备。1871 年在工部省成立了培养技术人才的教育机构——工学寮，1877 年更名为“工部大学校”（后并入东京大学），学生在学校接受工科教育培训，在校外开展实习。例如，电信科的校外实习即在政府实施的电信线路架设作业现场进行监督和技术检查。这种学生在政府主持的作业现场的实习活动，可以视为早期的产学合作形式之一。

在该时期，出现了一批成功实现成果转化的研究人员。[①] 例如，早期实业家、东芝公司的创办者之一——藤岡市助，1886 年携本人研究成果从帝国大学教授岗位辞职，与他人合伙创办东京电灯株式会社，这是日本最早的以大学研究成果为基础创办的企业。1907 年，东京大学教授池田菊苗成功发明味精，并于第二年获得专利。1930 年，京都大学教授代田稔在全球率先成功培育乳酸菌，并于 1935 年开始生产乳酸菌饮料。

需要指出的是，随着日本走向对外扩张的军国主义道路，特别是第二次世界大战期间为了发动战争、开展军事技术研发而使产学研合作得到一定程度“强化”，但是这样的合作研发不仅没有造福民众，反而给包括日本国民在内的亚洲各国人民带来了沉痛的灾难。

（2）战后恢复期：产学合作受到限制

战后初期，为了防止日本军国主义复燃，产学研合作受到限制。例如，1947 年，《国家公务员法》规定国立大学教师有专注于本职工作的义务，《独占禁止法》规范了企业和国立大学教师开展共同研究的行为，《专利法》规定公务员的发明属于国有财产。

但是，日本官方和民间在产学合作教育制度方面进行了政策层面的

① 兼本雅章 . 日本における産学連携—その変遷と文系産学連携を中心に [J]. 総合政策論叢，2015（3）：52.

探索。1955年，通商产业省（现经济产业省）下属的产业合理化审议会提交了关于“产学合作教育制度”的报告。1955年，日本成立由通商产业省指导的民间团体“生产性本部”，该部的领导层由企业负责人、学者、工会代表组成，对经济发展、企业管理等问题进行探讨并向政府提出建议。1957年，生产性本部向政府提出“加强产学合作教育制度”的建议。

（3）20世纪60年代初至70年代末：重建合作的制度基础

1961年，日本颁布《矿工业技术研究组合法》，为官方主导的产学研合作提供了法律依据。1966年，在通商产业省的引领下实施“大型工业技术开发制度”，政府承担必要的资金，联合民间大型企业就关键技术开展联合攻关，建立起了新的产学研合作机制。加之1964年、1970年相继实施的奖学捐赠金制度、委托研究制度，为未来产学研合作的快速发展奠定了制度基础。

（4）20世纪80—90年代初：产学研合作快速发展

日本政府在1981年设立的第二次临时行政调查会提出，为了促进自主研发，必须对研究型公务员制度进行调整，为产学研合作创造有利条件。1983年，开始实施联合企业的“共同研究者制度”，鼓励大学接受企业的研发经费、科研人员，共同开展研发活动。1986年颁布《研究交流促进法》，1987年开始在国立大学设立共同研究中心，肩负研发尖端技术和促进区域发展两项使命。

进入90年代，日本泡沫经济破灭，经济发展进入长期的停滞期，对日本经济社会、科技发展产生了深远影响。于是，包括产学研合作在内的各项政策进入调整期，直到1995年日本制定《科学技术基本法》，日本的产学研合作开始进入有序发展的新阶段。

6.1.2 新阶段的战略定位与方向

1995年，日本政府颁布了第一部有关科学技术的根本大法——《科学技术基本法》，奠定了日本发展科学技术的基本方针，正式确立了科技创新立国的发展战略，明确提出加强产学研合作等内容。从此，日本以5年为一个周期，制订《科学技术基本计划》（后更名为《科学技术与创新基本计划》），成为指导日本科技创新活动的国家战略。

在历次科学技术基本计划中，都对促进产学研合作有专门阐述。以科学技术基本计划为指导，日本政府发布了若干与产学研合作相关的法律或文件，从中介服务、权益保护、人事管理、资金投入等多个方面提出推动产学研合作的措施。第一至第五期科学技术基本计划的相关内容如表6-1所示。

表6-1 历次科学技术基本计划的指导思想、法律政策和主要措施①②

名称	指导思想	法律政策	主要措施
第一期基本计划（1996—2000年）	实施产学研合作，促进人才交流	1997年《关于大学教员等任期的法律规定》	允许大学、科研机构引入任期制，从人事制度上为人员流动创造便利
		1998年《大学等技术转移促进法》（TLO法）	鼓励大学、科研机构设立科技成果转化中介机构（TLO），政府从资金等方面给予支持
		1999年《产业活力再生特别措施法》	规定大学、科研机构接受企业委托所获得的研究成果可以向民间转化
		2000年《产业技术竞争力强化法》	允许大学、科研机构人员在营利性企业兼职

① 日本経済産業省.産学連携機能評価を活用した産学連携活動の改善（平成27年11月）[EB/OL]. [2021-10-11]. https://www.kantei.go.jp/jp/singi/titeki2/tyousakai/kensho_hyoka_kikaku/2016/sangyo_zaisan/dai2/siryou11.pdf.

② 日本文部科学省.産学連携関連施策について（2020）[EB/OL]. [2021-10-11]. https://www.mext.go.jp/content/20200309-mxt_gakkikan-000004497_12.pdf.

续表

名称	指导思想	法律政策	主要措施
第二期基本计划（2001—2005 年）	完善体制机制，促进技术转移	2002 年《知识产权基本法》	制定了关于知识产权创造、利用、保护、人才培养等的系列措施，强调运用知识产权提高日本产品、服务的附加值和竞争力
		2001 年实施产业集群计划；2002 年实施知识集群计划	建立合作网络，使产学研合作贯穿从技术研发到应用的整个阶段，形成富有竞争力和特色的创新集群
		2004 年国立大学法人化改革、科研机构独立行政法人化改革	赋予大学、科研机构独立的法人地位，能以法人主体身份开展技术转移；扩大人事管理自主权，调动人员开展产学研合作的积极性
第三期基本计划（2006—2010 年）	完善机制，视产学研合作为创新的重要手段	2008 年《研究开发力强化法》	确保优秀人才，确立定年制和任期制相协调的人事管理制度，鼓励产学研合作
		2008 年修改《促进特定尖端大型研究设施共同利用的法律》	促进大科学装置开放利用，方便大学、科研机构、企业利用大装置开展产学研合作
		2009 年发布《新增长战略》	通过产学研合作形成一批世界级的研发基地，促进理工科人才的培养和实践，为区域经济发展做出贡献
第四期基本计划（2011—2015 年）	加强产学研知识网络，促进开放创新	2013 公立大学改革计划	将国立大学分为世界顶尖、全国领先、地区核心，赋予顶尖国立大学更多自主性，可以自行扩大产学研合作的对象，促进科技成果转化
		2014 年国立科研机构施行研究开发法人制度	将部分国立科研机构的法人类型确立为“研究开发法人”，实施灵活的人事管理和薪酬制度，鼓励科研人员从事产学研合作
		2014 年《交叉任职制度的基本框架和注意事项》	为科研人员交叉任职提供制度保障

续表

名称	指导思想	法律政策	主要措施
第五期基本计划（2016—2020年）	实施组织间的协作，深入开展产学研合作	2016年、2020年发布并完善《产学官合作共同研究指导纲领》	明确大学、科研机构、企业各自的任务，进一步促进资金、知识、人才的流动，提高产学研合作水平
		2018年实施官民研究开发投资扩大计划（PRISM）	以政府投资吸引民间企业共同参与、投资研发活动，以高水平的产学研合作布局量子、纳米等重要领域
		2020年“研究活动支援伙伴认定制度”	遴选优质企业授予其“研究活动支援伙伴”称号，与大学、科研机构建立良好关系，助推产学研合作

在《第六期科学技术与创新基本计划（2021—2025年）》中，提出“继续深度开展产学研合作，推动交叉前沿尖端技术研发，为发展价值共创型新产业奠定基础，为创新生态系统培养人才”。综上，日本对产学研合作的重视程度日益提高：以“组织对组织”等形式持续、深入地开展合作，攻克产业界面临的技术问题，推动重点领域尖端前沿技术研发；加快大学、科研机构的学术成果返还社会，解决日本经济、社会所面临的问题；吸收产业界资本，夯实日本科研事业的经费基础；形成人才、知识、资金良好循环的系统，构建良好的新型创新生态系统。

6.1.3 管理协调机制

（1）宏观管理结构

日本产学研合作的宏观管理结构如图6-1所示。

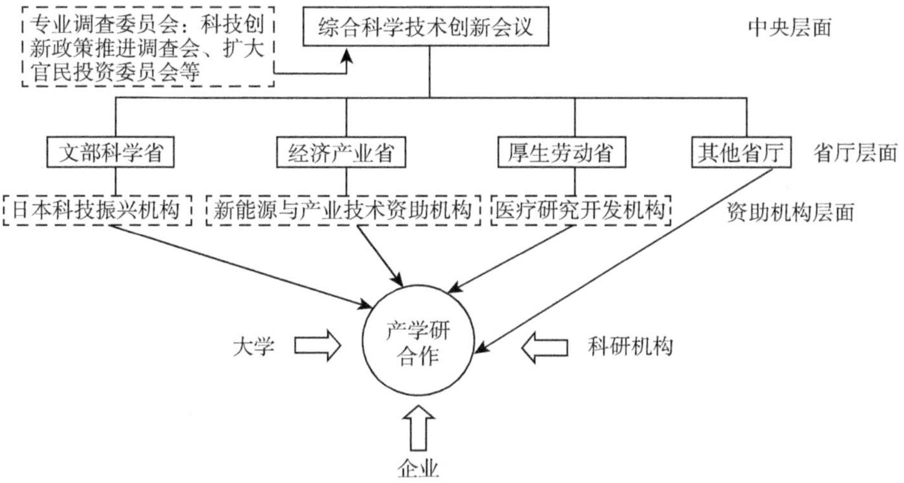

图 6–1　日本产学研合作的宏观管理结构

①中央层面：在日本的科技管理体系中，设置于内阁府的综合科学技术创新会议（Council for Science, Technology and Innovation，CSTI）发挥着核心作用，它是日本关于科学技术的最高咨询、决策机构，也是日本政府管理、指导产学研活动的最高部门。CSTI 由首相任议长，其他成员包括 6 名与科技相关的内阁大臣（文部科学省、总务省、财务省等的负责人），7 名不同领域的专家（科研机构负责人、大学校长、大型企业负责人等）。CSTI 下设多个专业调查委员会，负责对不同领域开展调查和咨询工作，其中科技创新政策推进调查会、扩大官民投资委员会所开展的工作涉及对产学研合作活动开展情况调查、政策建议等。

②省厅层面：文部科学省、经济产业省、厚生劳动省是指导产学研合作活动的主要省厅。文部科学省是管理协调日本教育、科学、文化等工作的政府省厅，不仅对国立、公立大学和国立科研机构进行业务指导，也管辖多个科技资助机构；经济产业省是管理协调日本经济和产业发展的政府省厅，不仅直接制定产业发展政策，而且管辖主要面向产业界的

科技资助机构；厚生劳动省是管理协调日本健康医疗、社会保障等工作的省厅，管辖面向医药开发、健康医疗的资助机构；其他省厅也在产学研合作方面有所涉及。例如，日本政府 2016 年制定、2020 年修订的《产学官合作共同研究指导纲领》便由文部科学省、经济产业省联名发布。

③资助机构层面：文部科学省管辖的科技振兴机构（JST）是日本政府支持产学研合作活动最重要的资助机构；经济产业省管辖的新能源与产业技术资助机构（NEDO）是支持产业技术进步、企业研发的核心资助机构，资助产学研合作研发是其重要使命之一；厚生劳动省下属的医疗研究开发机构（AMED）被称作“日本版的 NIH”，支持医药研发领域的产学研合作。

（2）产学研合作流程和协调机制

从获得科学发现，到创造经济社会价值，中间的产学研合作可以分为 4 步——合作研究、明确权利归属、技术转让、技术孵化（图 6-2）[①]。有 3 类主体在产学研合作的过程中发挥着协调推进的作用。

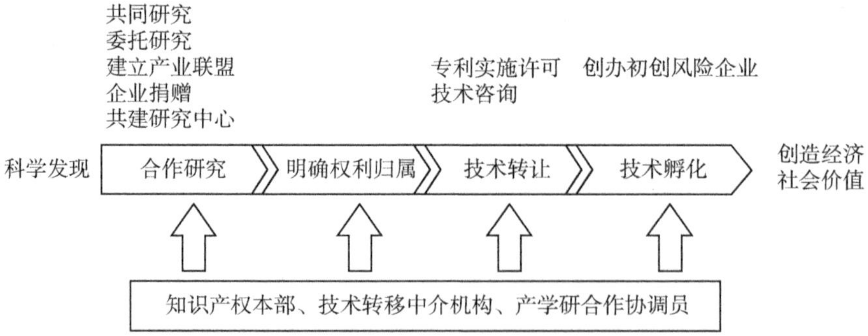

图 6-2　日本产学研合作的流程和协调机制

① 文部科学省 . 総合評価書「大学等の研究成果を社会還元するための知的財産戦略・産学官連携システム」評価結果 [EB/OL]. [2021-10-11]. https://www.mext.go.jp/component/b_menu/other/__icsFiles/afieldfile/2015/04/14/1252763_001.pdf.

①知识产权本部：2003 年，日本启动了“大学知识产权本部事业”，鼓励大学设立知识产权本部，全面负责大学的知识产权管理工作。在签署合作合同时，本部负责对各类风险进行评估，提供咨询建议；在明确权利归属环节，本部将与企业探讨知识产权归属、产权比例等问题；在技术转让环节，提供技术估值、权益保护等服务；在技术孵化环节，可以对初创风险企业提供市场研判、风险评估、创业指导等服务。

②技术转移中介机构（TLO）：此类机构产生较早，蓬勃发展于 1998 年《大学等技术转移促进法》发布之后。TLO 负责发掘大学、科研机构的技术种子[①]，寻找市场需求方；协助技术所有方申请专利，将专利实施许可转给企业，在权利归属、技术转让、技术孵化环节均能发挥重要作用。

③产学研合作协调员：日本政府培养既熟悉技术发展，又了解市场动向的复合型人才担任“产学研合作协调员”，在大学、科研机构开展工作，负责主动发掘技术种子，寻找市场应用场景，促成技术所有方和需求方之间的合作。协调员的工作几乎贯穿产学研合作活动的全过程，在大学、科研机构和企业之间发挥着桥梁的作用。

6.2 实施不同类型产学研合作计划

作为追赶型国家，日本在战后迅速恢复并快速发展，成为亚洲举足轻重的发达国家，其先进的科学技术发挥了关键作用。特别是通过产学研合作开展关键技术攻关，日本攻克了一批当时世界领先的产业技术，

① 技术种子是指能够开创新事业、新应用，但尚未得到充分利用的技术发明。“种子”是指促进研究开发和开创新事业所必需的发明、技术或能力、人才、设备等。

为经济快速发展奠定了基础。进入21世纪，日本实施了一批面向颠覆性创新、跨部门协作等的产学研合作计划，有效促进了战略领域技术研发和经济社会发展。

6.2.1 关键技术攻关的产学研合作计划

日本经济产业省1966—1992年实施的大型工业技术计划，对于形成日本模式的产业技术政策体系影响深远，包括著名的超大规模集成电路研发项目（VLSI），属于典型的面向关键技术攻关的产学研合作模式。20世纪80年代末以后，经济产业省的重大产业技术项目逐步转为由NEDO以委托方式组织企业和国立科研机构参与①。

（1）实施主体②

大部分是技术研究组合，还有一小部分是非营利的公益法人“财团法人”或“社团法人”。技术研究组合是根据日本政府1961年颁布的《工矿业技术研究组合法》所设立，属于由多家（3家以上）企业为开展特定研究开发计划组成的协作组织。技术研究组合基本上是为承担国家的重大产业技术计划而成立，需在政府主管部门注册登记，一般完成目标任务后即解散。日本政府通过立法为之提供一系列财政补助金、各种税制优惠等政策，推动企业积极参与国家重大工业技术项目的研究开发。

（2）实施机制

产学研合作型：政府部门直接或通过其资金分配机构NEDO等间接将项目委托给由企业或企业群（技术研究组合）、大学和科研机构组成

① NEDO. 独立行政法人新エネルギー产业技术総合开発机构 [EB/OL].[2021-10-11].http://www.nedo.go.jp/shortcut_result.html.

② 张晓林，胡智慧，等 . 发达国家科技计划管理机制研究 [M]. 北京：科学出版社，2016.

的技术创新联盟（实用化阶段项目多为提供补助），由技术创新联盟具体实施研究开发，主要是面向应用的共性技术研究开发项目。技术创新联盟的预算分配方案制定一般有3种方式：一是由项目负责人（Project Leader，PL）制定；二是NEDO等资助机构在听取PL意见的基础上制定；三是由项目推进委员会根据预算分配方案，在与各相关方充分协商后制定。

向企业集中投入型：政府部门直接或通过资助机构NEDO等间接将项目委托给特定企业或企业群（技术研究组合），由技术研究组合具体实施研究开发，主要是实用化、商业化阶段的研究开发项目。

两种机制的组织实施模式如图6-3所示。

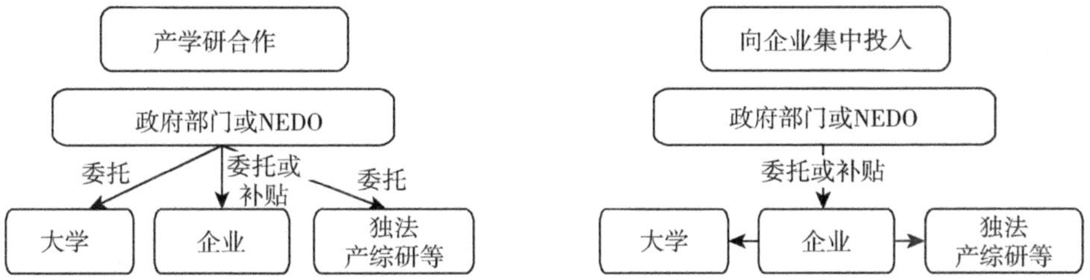

图6-3　经济产业省主导的关键技术攻关科技计划的组织实施模式

（3）管理模式

2001年之后，NEDO实施的项目多通过选定PL进行项目管理。为明确PL的责任与义务，在项目实施前，NEDO与PL签订备忘录，明确其在制订研究计划、研究开发进程与目标管理、实施体制、预算分配、研究人员遴选、研究内容评价等方面的责任与权限。PL的主要职责包括项目总体管理、协调参与方、优化资源配置和研究资金投入方向、吸收项目以外的有益研究成果、灵活机动把握项目的发展方向等。

为了研发超智能社会所必需的关键技术——新型工业机器人，日本于 2020 年 10 月启动了“新型工业机器人产学合作研发计划”①，每个项目均由企业或技术研究组合牵头，大学和科研机构参与，共同开展产学研合作研究（表 6-2）。具体由经济产业省下属的新能源与产业技术资助机构（NEDO）负责。

表 6-2 新型工业机器人产学合作研发计划概况

研究项目	牵头企业	参与大学和机构
工业机器人性能优化和便捷应用基础技术研究	牵头企业：“技术研究组合”工业机器人下一代基础技术研究机构（ROBOCIP） 参与企业：川崎重工、发那科、不二越、三菱电机、安川电机	大阪大学、冈山大学、庆应大学、神户大学、筑波大学、东京大学、东京工业大学、东海大学、名古屋大学、山形大学、产业技术综合研究所
搭载传感器实现多功能作业的末端执行器开发与验证	发那科	东北大学
果菜作物收割系统	洋马	千叶工业大学

1961—2021 年 3 月，日本累计设立了 274 家技术研究组合，自行解散 217 家，目前有 57 家尚在运行，其中在经济产业省注册的有 44 家②。经济产业省正在运行的 44 家技术研究组合涉及材料、机械、能源、信息通信等日本近年重点发展的技术领域，具体所占比例为：材料 20%、机械 20%、新能源 14%、信息通信 16%、生物科技 14%、环境

① 経済産業省 . 産業用ロボットに関する革新的技術創出に向けて産学が連携した基礎・応用研究がスタートします [EB/OL]. [2021-10-11]. https://www.meti.go.jp/press/2020/10/20201016003/20201016003.html.

② 経済産業省 . CIP〔技術研究組合〕の現況について [EB/OL]. [2021-10-11]. https://www.meti.go.jp/policy/tech_promotion/kenkyuu/gikumi_genkyou.pdf.

9%、石油天然气 2%。表 6–3 为部分经济产业省所管辖的技术研究组合概况。

表 6–3　日本经济产业省所管辖的技术研究组合概况（部分）

组合名称	简称	参与机构	设立时间
太阳光发电技术研究组合	PVTEC	住友电气、板硝子、三井化学、产业技术综合研究所等 22 家	1990 年 12 月 27 日
电子商务安全技术研究组合	ECSEC	ECSEC Laboratory、东芝社会基础设施、瑞萨电子等 9 家	2000 年 2 月 28 日
光电子融合基础技术研究所	PETRA	冲电气工业、住友电气产业技术综合研究所、日本电气等 14 家	2009 年 8 月 24 日
有机太阳能电池技术研究组合	RATO	英弘精机、惠和、积水化学等 16 家	2012 年 3 月 8 日
高性能基因设计技术研究组合	TRAHED	味之素、神户大学、安斯泰来制药等 5 家	2012 年 9 月 13 日
二氧化碳储存技术研究组合	GCS	大成建设、INPEX、产业技术综合研究所等 10 家	2016 年 4 月 1 日
下一代氢能源链技术研究组合	AHEAD	三井物业、千代田化工建设、三菱商事等 4 家	2017 年 7 月 3 日
工业机器人下一代基础技术研究机构	ROBOCIP	川崎重工、发那科、不二越等 6 家	2020 年 7 月 10 日
尖端系统技术研究组合	RaaS	日立制作、富士胶片、东京大学等 12 家	2020 年 8 月 17 日
医疗 AI 平台技术研究组合	HAIP	日立制作、三井物产、国立成育与医疗研究中心等 9 家	2021 年 4 月 1 日

例如，参与新型工业机器人产学合作研发计划的针对工业机器人的

技术研究组合——工业机器人下一代基础技术研究机构（ROBOCIP）①，于2020年7月成立，旨在推动机器人研发、生产企业之间的合作，深化研发内容和合作规模。该技术研究组合的成员包括川崎重工、发那科、不二越、三菱电机、安川电机、电装，理事长由发那科技术总监榊原伸介担任。

6.2.2 面向颠覆性创新的产学研合作计划

为应对激烈的国际竞争和严峻的经济社会问题，实现对产业和社会具有巨大影响力的颠覆性创新，日本政府于2013年启动了革新的研究开发推进项目（ImPACT）②，旨在“实现能够为产业和社会带来重大变革的革新性、非连续性科学技术创新，大力推动具有挑战性的‘高风险、高影响’的研究开发活动”。属于典型的面向颠覆性创新的产学研合作计划。

ImPACT计划项目执行期一般为5年，年度预算为550亿日元左右。设定了5个研究主题：突破限制制造业能力提升的资源和创新；建设改变生活方式的生态友好和节能社会；建设超越信息网络社会的高效能社会；建设世界上最适宜居住的环境；控制和减轻人类不可预知的灾难和自然灾害的破坏。

（1）目标

①强调对传统技术发展方式和路径的颠覆。针对深刻的社会经济问

① FANUC.「技術研究組合 産業用ロボット次世代基礎技術研究機構」を設立[EB/OL].[2021-10-11]. https://www.fanuc.co.jp/ja/profile/pr/newsrelease/2020/news20200807.html.

② 内閣府.革新的研究開発推進プログラム（ImPACT）[EB/OL]. [2021-10-11]. https://www8.cao.go.jp/cstp/sentan/about-kakushin.html.

题，支持具有极高挑战性和极高风险的颠覆性创新，以及对未来的经济社会发展方式和路径产生影响的创新项目。②突出对经济社会的重大影响力。针对科技成果应用，能够为未来产业生产、经济增长和社会发展带来根本性转变的创新活动。③强调对国家创新体系的借鉴价值。该计划的目标是将日本建成全球最富创新活力、最富创新精神的国家，通过组织实施该计划为其他领域和创新单元提供参考。

（2）项目经理为核心的管理模式

建立以项目经理（PI）为核心的管理模式。在研发经验的基础上，该计划注重从促进产学研合作、成果产业化的角度遴选 PI。具体遴选标准包括：①具有研究开发、商业化和项目管理方面的经验和实绩，具备潜在的能力；②对研究课题有专业的见解和理解能力，能够准确把握国内外市场需求和研发动向；③能全面洞察技术和市场动向，以多角度的视点形成专业的构想，促进商业化；④能够与研究人员充分沟通，在实现目标的过程中发挥领导才能；⑤具有产学研方面的人脉网络和信息收集的能力；⑥具有为实现技术革新而努力的强烈意识。

PI 对计划享有高度自主权：①项目选题的自主权。项目经理人可根据自己的判断，自主设定相关选题。②团队人员招聘的决定权。ImPACT 计划要求汇集各方的精英力量，项目经理人有权确定团队人员。③项目实施的决策权。项目经理人对其管理的项目可以灵活实施加快、减慢、暂停、改变研究方向等事宜，当出现新的、可能带来重大影响的情况时，经理人可自行灵活调整计划。④经费分配使用权。项目经理人确定经费额度，并决定年度内研究经费额度的调整、跨年度使用。⑤知识产权运用的决定权。ImPACT 计划原则上要求在签署研究开发合同时明确已有知识产权的使用、新产生知识产权的归属、知识产权应用收益分配等相关事宜。

（3）组织和运营机制

设置项目负责人（PM）的支援机构。PM 支援机构依据 PM 的指示，负责处理与项目相关的采购、合约、资金等事务。除此之外，也负责知识产权管理、国际标准化、宣传、技术调查等支持事务。

政府主要集中在计划的宏观管理和政策扶持上。CSTI 设立“革新的研究开发推进会议”（简称推进会议）来运营该项目。CSTI 负责考虑和讨论计划的研究主题、项目经理人的选择、计划整体进展评估等，不干涉计划内部的具体事项。在推进会议下设立“革新的研发推进项目专家会议”。在选题完成后、项目开始前，专家会议将听取 PM 的报告；PM 随时把握项目进展，根据具体情况可以灵活调整计划，如加速、减速、终止或者改变研发方向等；推进会议根据既定的安排，由 CSTI 对 PM 和项目成果进行评价总结。具体如图 6–4 所示。

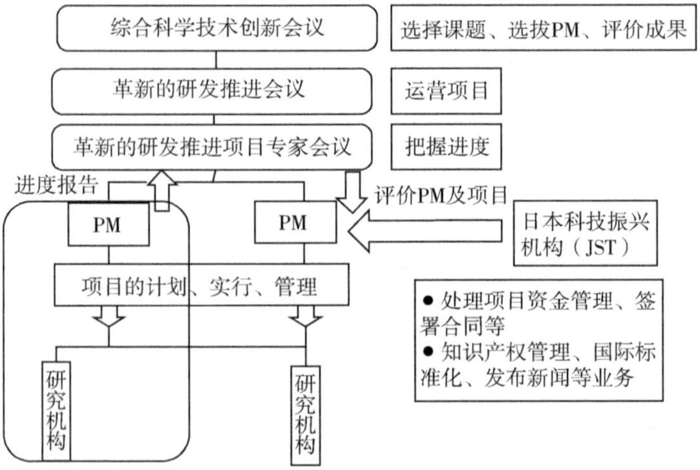

图 6–4　ImPACT 计划的管理和评价方式

6.2.3 跨部门的产学研合作计划

2014 年，日本启动了旨在开辟新领域的战略创新推进（SIP）计划，从基础研究到应用开发全链条进行支持，属于跨部门的大型研发计划。第一期（2014—2018 年）启动了 11 个子计划，第二期（2018 年至今）启动了 12 个子计划。其中，“自动驾驶研发子计划”在两期 SIP 计划中得到持续资助，属于面向市场应用、强调产学研合作的跨部门计划。

（1）概要

SIP 计划是在日本综合科学技术创新会议（CSTI）的指导协调下，通过协调不同省厅间合作而推动的。“自动驾驶研发子计划”的目标是降低交通事故率、实现自动驾驶、建设超智能社会。研发内容包括：①自动驾驶系统的开发和验证，开发信号信息提供技术、收集和利用车辆探测信息的技术、下一代公共交通系统、实现移动服务的环境整合技术等；②开发自动驾驶实用化的基础技术，包括建立虚拟空间安全评估环境，开发高效的数据收集、分析、分发技术等；③培养社会对自动驾驶技术的接受度，包括明确自动驾驶的风险、针对出行受限人员进行调查研究等；④加强国际伙伴关系，包括在国际会议广泛发声、与国外机构开展共同研究等。该项目需要文部科学省、国土交通省、经济产业省、总务省、警察厅等政府部门参与，联合大学、科研机构的力量，以企业为主体开展研发工作。

（2）推进体制

内阁府综合科学技术创新会议（CSTI）是 SIP 计划的管理协调部门。CSTI 根据经济社会发展需求和计划目标，确定 SIP 计划需要资助的重点领域和子计划。CSTI 设立咨询委员会，对 SIP 计划的实施提供咨询建议和事后评价，咨询委员会的成员由 CSTI 的专家议员构成。

在每个子计划中，CSTI 任命 PD（计划负责人）、推进委员会和管理法人。推进委员会由相关省厅的人员构成，负责协调各个省厅的工作，协助 PD 推进计划，具体如图 6–5 所示①。管理法人负责具体的预算管理、跟踪研发进度、制作计划评价书等工作。子计划的预算经费由政府拨付给管理法人，再由管理法人下拨给具体的研发单位。

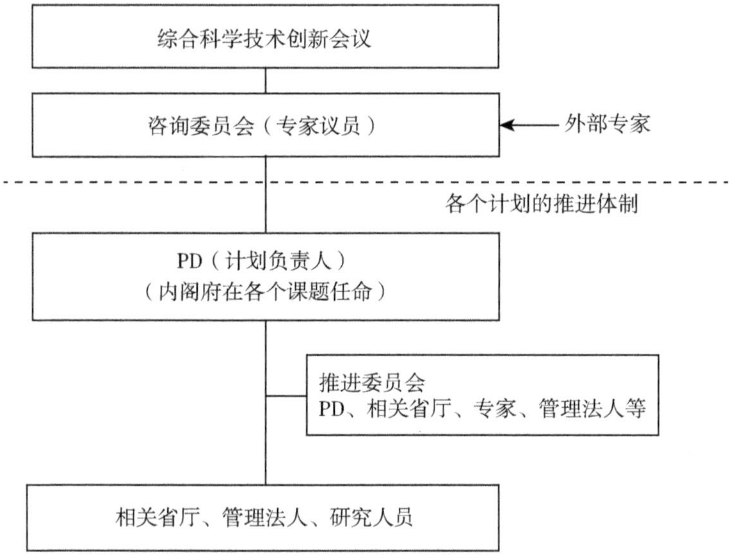

图 6–5 SIP 计划实施体制

以“自动驾驶研发子计划”为例②，PD 由丰田公司先进技术开发中心特别研究员葛卷清吾担任，是该计划的总负责人。推进委员会由内阁

① 内閣府 . SIP（戦略的イノベーション創造プログラム）2020 パンフレット [EB/OL]. [2021–10–11]. https://www8.cao.go.jp/cstp/panhu/sip2020/p6–7.pdf.

② 内閣府 . 戦略的イノベーション創造プログラム（SIP）自動運転研究開発計画 [EB/OL]. [2021–10–11]. https://www8.cao.go.jp/cstp/gaiyo/sip/keikaku2/4_jidosoko.pdf.

官房、警察厅、总务省、经济产业省等有关人员构成，协调与自动驾驶有关的省厅为研发活动提供便利。下设系统应用、服务应用推进、国际合作3个工作组，开展构建交通环境信息系统、探讨自动驾驶通信方式、推进东京临海部应用实验等工作。该计划的管理法人为日本新能源与产业技术综合开发机构（NEDO），辅佐PD和推进委员会开展工作。NEDO还负责制作计划招标书、遴选研究主体、下拨研发经费等工作。具体如图6–6所示。

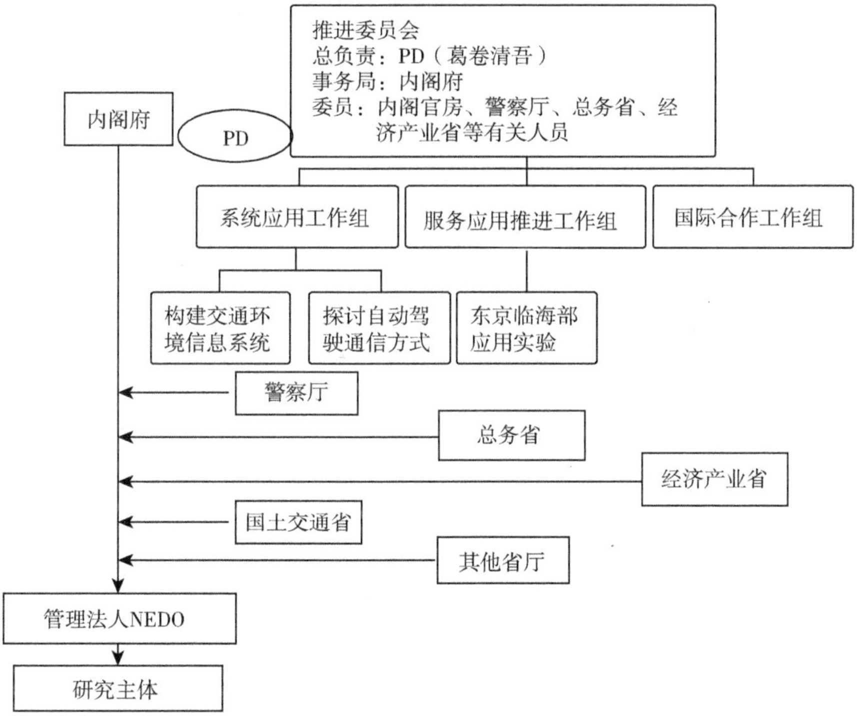

图6–6 SIP“自动驾驶研发子计划”实施体制[①]

① 内閣府．戦略的イノベーション創造プログラム（SIP）自動運転研究開発計画[EB/OL].[2021–10–11]. https://www8.cao.go.jp/cstp/gaiyo/sip/keikaku2/4_jidosoko.pdf.

在第一期（2014—2018 年）计划实施期间，政府共投入 137.8 亿日元（约合 7.8 亿元人民币）[①]，吸引了东京大学、横滨大学、产业技术综合研究所（AIST）、丰田公司、本田公司等机构参与，发表了 48 篇国内外论文，申请了 76 项专利。

6.2.4 资源集聚式基地型计划

日本历来重视设立基地型计划，将人才、资金、技术等资源聚集在一起，促进产学研合作，推动产业技术攻关和经济社会发展。此类计划包括 2006 年设立的“尖端融合领域创新创造基地计划”、2020 年启动的共创环境支援计划（COI-NEXT）、2016 年设立的“产学共创平台共同研究计划”（简称 OPERA，已于 2020 年终止，并入 COI-NEXT 计划）、2013 年设立的“激进式创新创业计划”（简称 COI-STREAM，2021 年已经结束），一般由大学、科研机构牵头，联合产业界共同开展研发活动。

（1）尖端融合领域创新创造基地计划

2006 年，文部科学省设立了“尖端融合领域创新创造基地计划”[②]，针对未来 10 ~ 15 年具有重要创新价值的尖端融合领域，建立一批能够克服“创新死亡之谷”的产学研合作研发基地，创造出能对经济社会发展带来重大影响的成果。

该计划主要面向大学、国立科研机构，申请方需要联合产业界共同申请，参与的企业需要配置与政府投入等量的研究经费。政府为每个基

① 内閣府 . 戦略的イノベーション創造プログラム（SIP）第 1 期課題評価最終報告書 . 3.6 自動走行システム [EB/OL]. [2021-10-11]. https://www8.cao.go.jp/cstp/gaiyo/sip/siphokoku-4.pdf.
② 文部科学省 . 先端融合领域イノベーション創出拠点形成プログラム [EB/OL]. [2021-10-11]. https://www.jst.go.jp/shincho/sentanyugo/base10/base.html.

地提供约10年的支持，资助经费为5亿～10亿日元/年。

基地在首次审批通过后，每3年面临一次再评审，如未通过将终止资助、取消基地称号。自2006年至今，共有21家机构获得了资助，截至2021年7月，尚有12家基地获得该称号，涵盖生物医疗、IT、纳米等尖端融合领域，如表6–4所示。

表6–4　尖端融合领域创新创造基地

基地名称	代表机构	合作机构
制药和医疗创新基地	北海道大学	塩野义制药、日立公司等
微系统融合创新基地	东北大学	丰田汽车、北川铁工、古河电气公司等
高级生物成像创新基地	京都大学	佳能、大冢制药公司等
免疫控制医药创新基地	京都大学	安斯泰来制药公司等
氧化还原医疗创新基地	九州大学	日本电子、岛津制作公司等
光学尖端融合创新基地	大阪大学	日东电工、岛津制作公司等
下一代农工合作创新基地	神户大学	旭化成、帝人公司等
光网络低耗能创新基地	产业技术综合研究所	日本电信电话、古河电气公司等
再生医疗尖端技术创新基地	东京女子医科大学	日本印刷、日立公司等
纳米量子信息协同创新基地	东京大学	日本电气、日立公司等
系统疾病尖端医疗创新基地	东京大学	奥林巴斯、田边制药公司等
修饰蛋白组学医疗创新基地	横滨市立大学	芳珂、富山化学工业公司等

（2）共创环境支援计划

共创环境支援计划（COI–NEXT）于2020年启动，以联合国可持续发展目标（SDGs）为导向，由大学牵头，着眼于新冠肺炎疫情、后疫情时代所面临的挑战，规划并努力实现未来社会应有的景象，将大学、企业、市民等各方聚集起来，形成一批符合国家战略、发挥大学或地区优势的产学官共创基地，为国家与区域发展做出贡献。

在日本科技振兴机构理事长的领导下，下设“共创环境推进会议”，负责设计运营方针、实施方法，掌握各领域的进展并提出建议，协调各领域负责人之间的合作，从宏观上指导整个计划。在“共创环境推进会议”之下分为共创领域、区域共创领域，以及量子技术、环境能源、生物技术 3 个领域方向。每个资助领域设一名项目责任人（PO）和若干名项目顾问（AD），PO 负责该领域的项目遴选、经费分配、项目进度管理、事中和事后评价、各项目间协调等；AD 负责对该项目的具体运行提出建议。具体如图 6–7 所示。

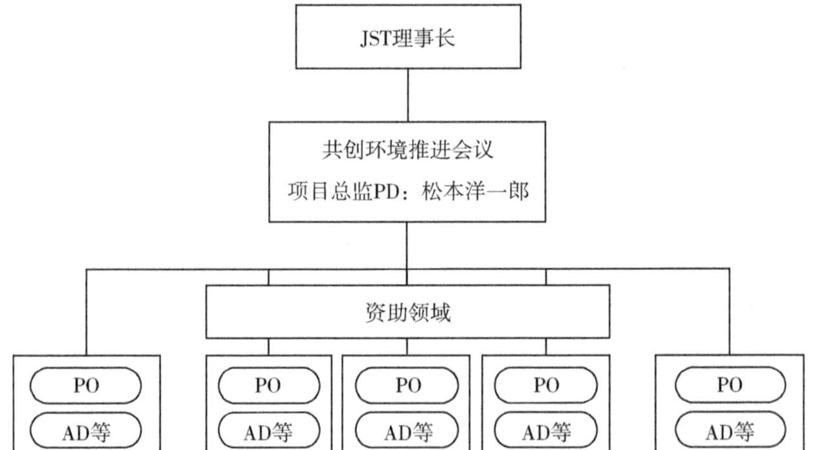

图 6–7 共创环境支援计划的组织运营机制

“共创环境推进会议”由东京大学名誉教授松本洋一郎担任项目总监（PD），成员为一批来自大学、科研机构、产业界的外部专家。各领域的资助方向、实施类型和目标等信息如表 6–5 所示。

表 6–5　共创环境支援计划的资助领域具体情况

	共创领域	区域共创领域	政策重点领域
资助方向	除医学外的全部科学技术领域	除医学外的全部科学技术领域	量子技术、环境能源、生物技术
实施类型和目标	培育型：符合本格型的发展方向 本格型：以大学为中心，发挥大学、区域的优势，形成具有国际水平的可持续的产学官共创基地	培育型：符合本格型的发展方向 本格型：以大学为中心，以该区域未来的发展方向为目标，形成能够解决区域问题、促进区域发展的可持续的产学官共创基地	本格型：以大学为中心，以国家战略需求为导向，形成在国际上有知名度、评价高的产学官共创基地
实施机构	以大学为牵头，3 家机构以上共同实施（至少含 1 家企业）	以大学为牵头，3 家机构以上共同实施（至少含 1 家企业）	以大学为牵头，3 家机构以上共同实施（至少含 1 家企业）
资助经费	培育型：2500 万日元 / 年 本格型：最多 3.2 亿日元 / 年	培育型：2500 万日元 / 年 本格型：最多 2 亿日元 / 年	根据领域情况具体设定
资助时间	培育型：最长 2 年 本格型：最长 10 年	培育型：最长 2 年 本格型：最长 10 年	最长 10 年

另外，围绕创新活动链条，针对不同阶段创新活动的特点，日本设立了一系列产学研资助计划，如 2009 年设立的研究成果最优支援计划（A–STEP）、2012 年设立的初创企业新产业创造计划（START）、2017 年设立的社会加速返还计划（SCORE），涵盖技术种子发掘、实用化验证与开发、创办初创风险企业等整个创新活动链条。这些传统的产学研合作计划既相互独立，又相互配合，通过不同形式的产学研合作促进日

本创新活动高质量发展，为推动日本科技发展、解决经济社会所面临的问题发挥了重要作用，在此不再赘述。

6.3 建设研发开发和成果展示平台

日本重视建设促进产学研合作的各类条件平台，包括大科学装置、成果展示数据库等，为大学、科研机构、企业开展合作提供便利，促进技术信息交流，为高质量的产学研合作提供保障。

6.3.1 建设满足产业需求的大科学装置

自20世纪70年代起，日本开始兴建世界一流的尖端大型科研设施（日文称“特定尖端大型研究设施”），并以此为基地促进产学研合作和共同研究。

（1）大科学装置概况

目前，日本拥有大型放射光设施（Spring-8）、X射线自由电子激光设施（SACLA）（图6-8）、超级计算机（“京”号及其后续机“富岳号”）、高强度质子加速器设施（J-PARC）4项大科学装置。

①大型放射光设施（Spring-8）：1991年开始建造，1997年竣工，属于世界“第三代光源技术”。SPring-8应用于诸多科学和医疗领域的研究，取得了一批卓越的研究成果。

②X射线自由电子激光设施（SACLA）：2006年建设，2011年竣工。使用世界上最短波长的X射线自由电子激光，可以超越技术的极限，解析物质结构，在生命医学、化学、环境科学、地球和宇宙科学等方面都有着广泛的应用。

图 6–8　大型放射光设施（Spring–8）、X 射线自由电子激光设施（SACLA）

③“京”号、“富岳”号超级计算机：“京”号 2006 年建设，2011 年启用，2018 年停用，2011 年取得当时运算速度第一的世界纪录（图 6–9）。“富岳”号 2018 年建设，2021 年正式启用。

图 6–9　“京”号超级计算机

④高强度质子加速器设施（J-PARC）：2001年建设，2008年启用。利用世界最高水平光束强度的质子加速器所生成的中子、中微子等各种二次粒子，广泛应用于生命科学、物质·材料科学、原子核·粒子物理学等领域（图6-10）。

图6-10　高强度质子加速器设施（J-PARC）

（2）大科学装置的产业化应用

一方面，企业参与大科学装置建设，从中获得能力提升。日本的产业界在重大科学装置的建设中发挥了重要作用。在大科学装置的建设过程中，企业往往在设计阶段即参与进来，承担起大型仪器、设备和部件的制造与安装调试工作。日本的大型企业凭借其雄厚的技术研究开发能力和精湛的工艺技术水平，为建造世界一流的科学装置做出贡献，同时在这一过程中提高技术水平，储备技术与人才。

另一方面，依托大科学装置研发具有产业化前景的技术。以大型放射光设施（Spring-8）[①]为例，企业在利用该装置开展研发活动时，若将知识产权与设施管理机构分享，即发表学术成果署名机构名称，并收录在机构的学术资料库，则免去企业的“科研设施使用费”，仅收取“相关耗材费用”；若企业专享学术成果，即发表学术成果不署名机构名称，不进入机构的学术资料库，则收取“科研设施使用费”和“相关耗材费用”。2016年，住友橡胶工业公司综合运用Spring-8、“京”号超级计算机，开发出一种技术，可以从纳米级到微米级连续地分析和模拟橡胶的内部结构，并且已经成功商业化，生产出一种节油轮胎，与传统产品相比其耐磨性提高了51%。

6.3.2 构建研究成果展示综合数据库

研究成果展示综合数据库[②]（JST Science Technology Research Result Database for Enterprise Development，J-STORE）由日本科技振兴机构（JST）建立，以促进研究成果向企业转移、实用化为目的，主要收录了日本大学、公共科研机构和JST开展基础研究所取得的专利信息，供民众免费登录使用。

JST制作了根据技术领域分类的专利地图，民众可以宏观把握某个特定领域大学、公共科研机构的专利情况，企业可以从技术转移、实用化的角度探讨与专利持有方开展合作。

（1）本国专利信息

涵盖1994年以来日本全国的大学、公共科研机构等单位的专利信息。

---

① JASRI. SPring-8 利用案内 [EB/OL]. [2021-10-11]. https://user.spring8.or.jp/?p=605.

② 日本科学技術振興機構 . J-STORE[EB/OL]. [2021-10-11]. https://jstore.jst.go.jp/aboutJstore.html.

民众可登录查阅专利明细，包括申请编号、发明名称、申请人、发明人、发明概要、传统技术和竞争性技术概要、产业应用领域等内容。

部分未公开的专利申请信息。对于JST申请后、1年半以内的未公开专利申请，该数据库提供发明名称、技术概要等未公开的专利申请信息。除了JST拥有的未公开专利申请外，还收录了一些来自大学、公共科研机构的未公开专利申请信息。

（2）外国专利信息

世界知识产权组织（WIPO）的WO国际公开专利、欧洲专利局的EP注册专利、美国专利局的US注册专利等外国专利信息。另外，还特别收录了中国大学的专利申请信息。

（3）其他服务

研究报告检索服务：提供本国大学、科研机构的相关研究报告，检索人可根据关键词搜索相关技术的研究报告。

技术种子信息检索服务：提供本国大学、公共科研机构的技术种子信息，检索人可根据关键词搜索相关领域的技术种子信息。

“技术眼”（Technical Eye）服务：根据数据库的专利信息，JST的专家从实用化的角度，以简洁的文字和图形提供具有发展前景的技术的相关信息，包括背景、概要、与传统技术的比较、现有专利、技术转移方向等，可以为有技术需求的人员提供参考。

6.4 保障人才供给与输出

日本一方面为产学研合作培养管理和服务人才，促进产学研合作高质量发展；另一方面在产学研合作的过程中也培养、输出各类人才，实现产学研合作、人才培养的良性互动。

6.4.1 培养支持产学研合作的管理和服务人才

日本设计了一批人才培养的计划，通过授课、实践、集中研讨等方式提高人员开展产学研合作的管理和服务技能。

（1）PM 培养和实践计划

具有挑战性的研发创新活动，需要广泛吸收国内外的先进成果。因此，必须构建新颖的研发设计，组织跨领域、跨组织的研发团队，拥有优秀的技术种子和研发人员。其中，项目负责人（PM）将扮演重要的角色。2015 年，日本科技振兴机构设立了“PM 培养和实践计划”[①]，培养的 PM 主要从事“设定问题导向的研发课题、提出解决问题的构想、设计研发计划、管理研发计划、促进成果应用”5 个方面的工作，将具备把握社会需求、创造新价值、推动和管理计划 4 个方面的能力。

该计划面向大学、科研机构，以及企业、基金资助机构从事研发活动或项目管理的人员。培养过程分为两个阶段：第一阶段，招收约 20 名学员培训 1 年，教授项目管理基本的知识、技能，协助学员撰写研究开发提案书（草书）。学员在该阶段获得一定金额的资助。第二阶段，招收约 7 名学员培训 1 ～ 2 年，指导学员开展可行性研究、项目管理的实践活动，拓宽学术和人际网络。学员在该阶段将获得最高 500 万日元（约合人民币 28.3 万元）的资助。

该计划聘任来自产业界一线的专家担任培训导师。每个阶段的培训

① 日本科学技術振興機構 . プログラム・マネージャー（PM）の育成・活躍推進プログラム [EB/OL]. [2021-10-11]. https://www.jst.go.jp/innov-jinzai/program/pm/dl/2021_applicatin_guide.pdf.

完成后，为通过考核的学员颁发结业证书。完成学习后，学员将在信息收集、人才交流等方面获得 JST 的长期支持。

（2）技术转移人才培养项目

为了促进大学、科研机构的研发成果快速转化，确保大学、科研机构、成果转化中介机构（TLO）拥有专业的技术转移人才，日本于 2002 年开始实施“技术转移人才培养项目”（又称慧眼人才项目）[①]。

该计划的目标包括：①了解技术转移的全部流程和基础知识；②能够设计面向技术革新的项目，学习项目管理的知识；③总结技术转移的成功和失败案例，提高实践能力；④提高与领域专家合作的能力，提高技术种子的附加值，培养成果转化的能力；⑤通过讨论和交流，构建技术转移方面的人际网络。该计划聘任来自产业界一线的专家担任培训导师，免费向学员授课。

“技术转移人才培养项目”面向大学和科研机构职员、项目管理人员等，属于短期培训项目，包括 3 个方面的培训课程：①研究管理课程（初级）。每期招收 40 名学员进行 4 天授课，系统学习大学、科研机构研发项目推进和管理的必要基础知识，了解产学研合作的整体流程，学习设计研究提案书等。②价值产品课程（中级）。每期招收 30 名学员进行 6 天授课，通过案例研究学习技术商业化所需的知识，提高设计和推动项目的能力。③创业环境支援课程（高级）。每期招收 20 名学员进行 4 天授课，探讨创办初创企业的相关问题，针对创业过程中面临的问题提出解决方案，系统学习创业有关的知识和技能。

---

① 日本科学技術振興機構．目利き人材育成プログラム [EB/OL]. [2021-10-11]. https://www.jst.go.jp/innov-jinzai/program/mekiki/index.html.

6.4.2　通过产学研合作输出各类专业人才

2019年3月28日，日本文部科学省发布了2019年“超智能社会（社会5.0）高级技术人才培养计划”[①]，旨在通过产学研合作加强日本在超智能社会（社会5.0）背景下的高级技术人才培养。

（1）信息技术人才基地建设项目（enPiT）

旨在通过产学研合作建设一批信息技术人才基地，以问题导向的方式（Problem-based Learning，PBL）展开教学和实践活动，加强信息技术人才的培养。该项目于2018年首次设立。

①本科学生实践教育项目。遴选若干大学作为核心建设基地，面向本科生，与企业共同构建信息领域的教育学习网络，完善信息领域的课程，鼓励本科生在学校学习信息课程的同时，在企业开展实践活动。目前遴选了4所大学作为核心建设基地，2019年总预算为4.29亿日元（约合人民币2605万元）。

② IT技术人才技能加强项目。遴选若干大学作为核心建设基地，面向IT技术人员，提供以信息学为重点的专业化学习和实践机会，通过短期的学习实践提高IT技术人员的各项技能。目前遴选了5所大学为核心建设基地，2019年总预算为3.08亿日元（约合人民币1870万元）。

（2）超智能社会数据专家培养项目

旨在通过产学研合作，培养文理兼通、能够广泛活跃于各行各业的数据专家，推动相关行业通过数据挖掘创造新的商业价值。该项目于2018年首次设立。

---

①　文部科学省.2019年度「持続的な産学共同人材育成システム構築事業」の公募について[EB/OL].[2021-10-11].http://www.mext.go.jp/a_menu/koutou/kaikaku/miraikachisouzou/1414911.htm.

遴选若干大学作为核心基地，主要面向相关行业的在职人员，与企业、研究机构共同提供大数据技能的学习和实践机会。目前遴选了5家核心基地，2019年总预算为2.34亿日元（约合人民币1421万元）。

（3）产学合作实践型人才培养项目

旨在以大学为中心，联合企业形成开放创新的生态，为大学培养一批具有实践经验的教师。该项目于2019年设立。遴选4所大学作为核心基地，面向大学教师或有意向在大学担任“实务家教员”[①]的人员，联合相关企业向他们提供短期研修或实践的机会。一方面，提高大学现有教师在人工智能时代的技术水平；另一方面，向有志成为“实务家教员”的人群提供学习课程，并在考核合格后优先推荐其在大学任职。

6.5 构建促进合作的创新环境

日本政府不断完善推动产学研合作的法律法规，增强民众的知识产权意识，打击各类侵权行为。举办了各类宣传推广活动，向社会各界展示最新的技术成果和合作信息，为机构间合作搭建渠道，构建有利于合作的创新环境。

6.5.1 建立健全法律法规，为合作创造条件

日本向来重视立法工作。为了推动产学研合作有序、高效开展，日本制定了一系列法律法规。特别是1995年颁布《科学技术基本法》以来，日本相继发布《大学等技术转移促进法》（1998年）、《产业活力再生

① 与大学专职教师不同，实务家教员是指具有实践经验、来自产业一线、在大学讲授实践型课程的教师。

特别措施法》（1999 年）、《产业技术竞争力强化法》（2000 年）、《研究开发力强化法》（2008 年）等法律，制定了《交叉任职制度的基本框架和注意事项》（2014 年）、《产学官合作共同研究指导纲领》（2016 年）等规定或纲领，且根据实际情况不断修改和完善，从人才交流、成果转化等方面促进产学研合作。

日本十分重视增强民众的知识产权保护意识。不仅在中小学设立了关于知识产权的入门课程，使学生们从小便树立起知识产权保护的概念，而且在网络媒体、社交平台等媒介经常性播放、普及关于知识产权保护的新闻，在民众的日常工作、生活中不断普及宣传知识产权保护的重要性。

另外，日本坚决打击侵犯知识产权的行为。2002 年发布《知识产权基本法》，制定了多条知识产权保护的法律条文，为保护知识产权、打击侵权行为提供了保障。一方面，对于发生在国内的知识产权侵权行为严厉惩处；另一方面，加强国际合作，妥善处理国家间的知识产权纠纷，对于侵犯本国知识产权利益的行为，按照国际贸易相关法律和国家间的有关协议进行惩罚。

6.5.2　开展宣传推广活动，创造有利于合作的社会氛围

通过组织各类宣传、推介活动，在整个社会形成一种鼓励合作、促进创新的氛围，推动产学研合作顺利开展。

（1）创新交易会

自 2004 年起，日本科技振兴机构（JST）每年举办一期“创新交易会”①——日本国内最大规模的产学研合作交易市场，旨在通过该活动

① 日本科学技術振興機構 . 大学見本市 [EB/OL]. [2021-10-11]. https://www.jst.go.jp/tt/fair/.

向社会介绍本国大学、科研机构的研究成果，促进技术转移，将研究成果回报社会。

受新冠肺炎疫情影响，第18届“创新日本2021——大学交易会”（2021年8月23日至9月17日）以在线的形式，通过动画、文本资料等形式展示了400余项研究成果，涵盖超智能社会、纳米科技、仪器和设备、信息通信、医疗、生命科学、材料、防灾、低碳与能源、环境保护与净化、高质量生活与老龄化社会12个领域。来自大学、科研机构、企业的研发人员和产学研合作服务人员等通过参与此次活动，可以了解日本国内具有市场化前景的技术，以及市场动向和需求，促成产学研合作，创办初创企业。

（2）新技术说明会

自2015年起，日本科技振兴机构（JST）定期举办“新技术说明会”[①]，主要面向对新技术和产学研合作抱有兴趣的企业人员，促进大学、科研机构等公立研究机构的研发成果实用化。技术发明人可直接向企业代表展示自己的成果，实现产业界需求与大学、科研机构的成果相配。

“新技术说明会”包括单独会议（针对一个机构的技术成果举办专场会议）、多主体会议（汇聚多个研究机构共同召开会议）、领域会议（针对某个特定领域，汇聚国内多个研究机构的成果）、JST会议（专场介绍JST研发的技术成果）4种形式。

该活动具有以下特色：①展望产学研合作前景。通过分析与传统技术的优劣势、假设未来用途、预测实用化可能出现的问题、了解企业需求等方式，充分分析产学研合作的前景。②提供一对一定制化咨询服务。

① 日本科学技術振興機構．新技術説明会[EB/OL]．[2021-10-11]．https://shingi.jst.go.jp/outline.html.

在整体介绍结束后，可针对有需求的企业提供一对一的名片交流会或个性化的咨询会。③拥有庞大的企业资源。通过定期联系对产学研合作感兴趣的企业，JST的长期服务企业多达4万家以上。④公开共享活动资料。在说明会结束后，JST会在官网公布会议资料，方便国内外企业了解相关信息。

6.6 本章小结

在政府的主导下，日本设立了系列资助计划，建立研究开发、成果展示的条件保障平台，培养管理和服务人才，构建促进合作的创新环境，实现了产学研合作高质量发展，在攻克关键技术、服务产业发展、培养专业领域人才、促进经济社会发展等方面发挥了重要作用，对我国有重要的借鉴作用。

（1）完善法律法规

日本在1961年便颁布了《矿工业技术研究组合法》，为官方主导的产学研合作提供了法律依据，此后更是出台了系列法律法规，形成了一套支持产学研合作的法律体系。而我国现有的《专利法》《合同法》等有关产学研合作的法律法规有待完善，相关规定不符合新时期产学研合作的需要，不同法律制度间还存在交叉矛盾的地方，难以调动研究人员的积极性。今后应进一步完善法律法规，特别在产权归属、成果转化方面提供详细的法律依据。

（2）拓展多样化产学研合作模式

日本的产学研合作形式多样，包括共同研究、委托研究、产业联盟、共建研究中心、开展技术咨询、技术研修等。我国现有产学研合作模式相对单一，没有很好地发挥大学、科研机构的积极性，以及企业在市场化方面的优势。今后应拓展产学研合作的形式，遴选成功案例宣传推广。

（3）构建产学研合作中介体系和合作平台

我国的产学研合作中介机构建设滞后，特别是大学、科研机构对建立成果转化机构积极性不足，提供中介服务的社会机构发展尚不完善，从事中介服务的人员的荣誉感和获得感不高，与日本从官方到民间所拥有的庞大中介体系差距较大。今后要鼓励大学、科研机构建立产学研合作中介机构和合作平台，规范和指导社会商业机构提供此类服务。

（4）构建助推产学研合作的计划体系

日本不仅在追赶期设立了大型产学研合作计划，而且持续完善、建立了一套涵盖整个创新链条的资助计划。我国今后一方面应该建立一批常态化的资助计划，从技术种子遴选、开发验证到实用化进行资助；另一方面对于关键核心技术要发挥新型举国体制的优势，借鉴日本 20 世纪六七十年代的大型计划开展集中攻关。

（5）培养产学研管理和服务人才

我国产学研合作发展尚不充分，一个重要原因便是缺乏专门的管理和服务人才。今后应借鉴日本的人才项目，培养了解本国国情，既了解技术发展规律，又懂得市场规律的专业管理和服务人才，提高我国产学研合作的层次和质量。

7　中美新型产学研合作创新平台政策案例

中美作为世界前两位的经济体，都非常重视制造业发展，相继出台系列战略和政策支持国家制造业创新发展，如中国实施制造业创新工程，美国实施制造业创新网络计划，其核心都是建设制造业创新中心，制造业创新中心的建设得到政府、产业界、学术界等社会各界的关注。制造业创新中心作为新型产学研合作创新平台或网络化中介组织机构建设支持政策体系的重要组成部分，提供了专业知识和各方能力组合，促进企业与大学、研究机构之间建立制度化的公私合作伙伴关系，可以有效弥补先进技术研究与商业化生产之间的鸿沟，以增强企业技术创新能力。下面围绕中美制造业创新中心建设政策开展案例分析与比较。

7.1　中国制造业创新中心政策分析

7.1.1　提出背景

2010 年，我国制造业产值高过美国，跻身世界第一制造业大国。2019 年，中国制造业增加值达 26.9 万亿元，占全球比重为 28.1%。至此，中国已经连续 10 年保持世界第一制造业大国地位。但是，我国制造业生产效率仍远低于美国，制造业人均产值约为美国的 1/8。[①] 同时，我国制

① HUSSAR W J, BAILEY T M, DUNCAN A, et al. IHS Global Insight 2009 [EB/OL]. [2021-10-11]. https://nces.ed.gov/pubs2009/2009062.pdf.

造业发展“大而不强”的特点也十分突出，制造业技术创新体系与能力不强，价值链长期处在中低端，制约短板主要表现为产业共性基础技术供给能力不足、基础研究与应用研究衔接不畅两个方面。面临国内外复杂多变的新环境和新形势，我国不仅要保持制造业体量大、产业全的优势，更重要的是要提高关键领域的技术创新能力，促进制造业迈向中高端。

我国制造业发展已步入爬坡过坎、由大变强的重要关口。2015年5月，国务院印发了部署全面推进实施制造强国的战略文件《中国制造2025》[①]，该文件提出5条方针，实行五大工程，部署十大重点领域。5条方针之一为创新驱动，五大工程之首即制造业创新中心建设的工程，而十大重点领域都需要创设创新中心。这是制造业创新中心建设工程首次被明确提出，可见其重要性。该战略同时提出创新中心的建设目标：围绕行业转型升级和部分重要领域创新发展的重大共性需求，到2020年重点建成15家左右国家制造业创新中心，到2025年建成40家左右国家制造业创新中心。6月，国务院成立国家制造强国建设领导小组，加强对有关工作的统筹规划和政策协调，推进实施制造强国战略；领导小组办公室设在工业和信息化部，承担领导小组的日常工作。

7.1.2 政策设计

新时期，制造业创新中心建设工程应运而生，得到一系列政策支持和管理体制保障。在国家制造强国建设领导小组的领导下，工业和信息化部牵头实施创新中心建设工程。2016年，制造业创新中心工程实施指南、建设指导意见、知识产权指南等支撑我国制造业创新中心建设的指

① 攻克解决一批制约行业发展的共性关键技术瓶颈，转化推广一批先进适用技术和标准，积累储备一批核心技术知识产权，建设发展一批产业共性关键技术的研发应用基地。

导性文件相继印发，在一定程度上标志着我国制造业创新中心建设体制机制设计取得了阶段性成果。2017 年 7 月，工业和信息化部办公厅印发了《省级制造业创新中心升级为国家制造业创新中心条件》，为省级制造业创新中心升级为国家制造业创新中心开辟了渠道，也为省级制造业创新中心之间的竞争提供了激励。2018 年，考核评估管理办法、创新中心建设领域总体布局等指导性文件也相继出台，制造业创新中心建设的政策设计不断完善。具体政策文件如表 7–1 所示。

表 7–1　制造业创新中心建设主要相关政策文件

发布部门	发布时间	文件名称
工业和信息化部、国家发展改革委、科技部、财政部	2016 年 4 月 12 日	《制造业创新中心建设工程实施指南（2016—2020 年）》
工业和信息化部	2016 年 8 月 19 日	《关于完善制造业创新体系，推进制造业创新中心建设的指导意见》
工业和信息化部办公厅	2016 年 11 月 15 日	《制造业创新中心知识产权指南》
工业和信息化部办公厅	2017 年 7 月 12 日	《省级制造业创新中心升级为国家制造业创新中心条件》
工业和信息化部办公厅	2018 年 5 月 24 日	《国家制造业创新中心考核评估办法（暂行）》
工业和信息化部办公厅	2018 年 9 月 30 日	《国家制造业创新中心建设领域总体布局（2018 年新增）》
工业和信息化部	2019 年 8 月 29 日	《关于促进制造业产品和服务质量提升的实施意见》

《制造业创新中心建设工程实施指南（2016—2020 年）》明确了制造业创新中心功能定位、建设模式、管理与运行机制、认定与评估等方

面的内容。

功能定位。明确国家制造业创新中心是国家级创新平台的一种形式，是由企业、科研院所、高校等各类创新主体自愿组合、自主结合，以企业为主体，以独立法人形式建立的新型创新载体。具体功能如下：①加强产业前沿和共性关键技术研发。面向战略必争的重点领域，开展前沿技术研发及转化扩散，强化知识产权战略储备与布局，突破产业链关键技术屏障，支撑产业发展；面向优势产业发展需求，开展共性关键技术和跨行业融合性技术研发，突破产业发展的共性技术供给瓶颈，带动产业转型升级。②促进技术转移扩散和首次商业化应用。打通技术研发、转移扩散和产业化链条，形成以市场化机制为核心的成果转移扩散机制。通过孵化企业、种子项目融资等方式，将创新成果快速引入生产系统和市场，加快创新成果大规模商用进程。③加强制造业创新人才队伍建设。集聚培养高水平领军人才与创新团队，开展人才引进、人才培养、人才培训、人才交流，建设人才培训服务体系，为制造业发展提供多层次创新人才。④提供制造业创新的公共服务。提供技术委托研发、标准研制和试验验证、知识产权协同运用、检验检测、企业孵化、人员培训、市场信息服务、可行性研究、项目评价等公共服务。⑤积极开展国际交流与合作。广泛开展国际合作，积极跟踪国际发展前沿，通过项目合作、高水平技术和团队引进、联合研发、联合共建等形式，促进行业共性技术水平提升和产业发展。探索国际创新合作新模式。

建设模式。以企业为主体，依托已有产业技术联盟，或引导鼓励企业、科研院所、高校，尤其是转制院所，自愿选择自主结合，构建各类产业技术联盟，创建创新中心。同时发挥地方政府积极性，在有条件、地方综合实力较强的省市，鼓励开展制造业创新中心建设。据参与成员和所在行业特征，创新中心的组织结构由参与创建的各成员单位协商决定，采取企业法人等形式。

管理与运行机制。创新中心自主决策、自我管理。包括：①建立科学的决策机制与决策机构，机构负责创新中心的人事、战略等工作，机构成员组成一般含成员单位代表、产业界与科技界杰出人士。②建立技术专家委员会作为内部咨询机构，具体由来自学术界、企业界和政府委派的专家组成，负责研判行业发展重大问题并筛选确定研究方向。③根据市场需求，自主开展各类经营活动。主要模式为吸收单位成员的创新资源与研究成果，据此进行技术研发，并将成果辐射到行业，为企业尤其是中小企业提供新工艺、新设备、新知识等。

认定与评估。创新中心认定原则包括：一是优先考虑制造业创新发展急需的重点行业领域；二是按照“高起点、有特色”的标准，宁缺毋滥，支持具有良好技术创新基础、具备良好体制和运行机制、具有广泛影响力的创新中心建设。创新中心的认定分为专家评审、现场考察、认定批准等环节。由工业和信息化部组织建立制造业创新中心专家组，成员包括来自经济、技术、产业、管理、法律等领域的专家，对创新中心进行论证考察。认定程序主要包括：①工业和信息化部明确创新中心设立的领域、条件和时间、应准备的有关材料等。②创新中心创建单位按照要求制定创新中心创建和运行方案，报送材料。创新中心设立后，工业和信息化部将对创新中心组织年度评估和定期（3 年一次）考核，评估内容是创新中心提交的运行发展报告和定量定性指标的完成情况等。考评办法中明确了对制造业创新中心进行考评的具体内容，从设定目标的完成程度、创新资源集聚情况、核心定位情况、协同化、市场化、产业化水平及可持续发展状况等 7 个方面全面衡量创新中心的建设和运营状态，对创新中心建设运营效果开展全方位、审计式的评价。

7.1.3 建设现状

工业和信息化部负责组织创新中心的试点和创建工作。未来 3 ~ 5 年，我国将在 36 个重点领域内总体布局，包括《国家制造业创新中心建设领域总体布局（2018 年新增）》中新增的 14 个重点建设领域，要逐步推进国家制造业创新中心建设，充分集聚行业创新资源。国家制造业创新中心建设要求每个领域内只建设 1 家国家制造业创新中心，针对改变行业竞争规则的新技术、新产业、新模式和新业态，指向性比较明确，重点突破行业关键共性技术。

截至 2020 年 6 月，我国已经启动建设 17 家国家制造业创新中心，具体如表 7-2 所示。整体上，已建设的国家制造业创新中心主要聚焦于基础材料、核心器件、关键工艺、重大装备及软件等领域，以解决其关键核心技术攻关和成果转化等问题；从载体注册资本看，国家动力电池创新中心、国家智能网联汽车创新中心、国家先进轨道交通装备创新中心分别居前 3 位，均属于大交通行业。

表 7-2 我国国家制造业创新中心

序号	机构名称	核心载体 / 运营单位	载体注册资本	总部地点	创建时间
1	国家动力电池创新中心	国联汽车动力电池研究院有限责任公司	9.3 亿元	北京	2016 年 6 月
2	国家增材制造创新中心	西安增材制造国家研究院有限公司	1.35 亿元	西安	2016 年 12 月

续表

序号	机构名称	核心载体 / 运营单位	载体注册资本	总部地点	创建时间
3	国家印刷及柔性显示创新中心	广东聚华印刷显示技术有限公司	1.2 亿元	广州	2017 年 10 月
4	国家信息光电子创新中心	武汉光谷信息光电子创新中心有限公司	1.6 亿元	武汉	2017 年 10 月
5	国家机器人创新中心	沈阳智能机器人国家研究院有限公司	2 亿元	沈阳	2018 年 6 月
6	国家智能传感器创新中心	上海芯物科技有限公司	1.06 亿元	上海	2018 年 7 月
7	国家集成电路创新中心	上海集成电路制造创新中心有限公司	1.5 亿元	上海	2018 年 7 月
8	国家数字化设计与制造创新中心	武汉数字化设计与制造创新中心有限公司	1.4 亿元	武汉	2018 年 9 月
9	国家轻量化材料成形技术及装备创新中心	北京机科国创轻量化科学研究所有限公司	2.56 亿元	北京	2018 年 8 月
10	国家先进轨道交通装备创新中心	株洲国创轨道科技有限公司	4.8 亿元	株洲	2019 年 1 月
11	国家农机装备创新中心	洛阳智能农业装备研究院有限公司	1.2 亿元	洛阳	2019 年 6 月
12	国家智能网联汽车创新中心	国汽（北京）智能物联汽车研究院有限公司	9 亿元	北京	2019 年 5 月
13	国家先进功能纤维创新中心	江苏新视界先进功能纤维创新中心有限公司	1 亿元	苏州	2019 年 6 月
14	国家稀土功能材料创新中心	国瑞科创稀土功能材料有限公司	1 亿元	内蒙古和江西共建	2020 年 3 月
15	国家高性能医疗器械创新中心	深圳高性能医疗器械国家研究所有限公司	1 亿元	深圳	2020 年 5 月

续表

序号	机构名称	核心载体 / 运营单位	载体注册资本	总部地点	创建时间
16	国家集成电路特色工艺及封装测试创新中心	华进半导体封装先导技术研发中心有限公司	2.34 亿元	无锡	2020 年 5 月
17	国家先进印染技术创新中心	山东中康国创先进印染技术研究院有限公司	1 亿元	泰安	2020 年 6 月

资料来源：依据中国电子信息产业发展研究院编制的《2019—2020 年制造业创新中心白皮书》及网络资料总结。

7.1.4 国家智能网联汽车创新中心案例

（1）功能定位与聚焦任务

2019 年 5 月，工业和信息化部正式批复同意国汽智联组建国家智能网联汽车创新中心，国汽智联正式通过工业和信息化部“国家智能网联汽车创新中心”的资格认定；12 月，国家智能网联汽车创新中心正式建设启动。[①] 该创新中心由 20 多家行业领军企业共同组建成立一家企业，为法人实体，以围绕智能网联汽车领域关键共性技术开展基础技术研究；技术转移扩散、首次商业化应用和创新公共服务为主要目标，着力培育一批在智能网联汽车领域具有国际竞争力的企业，持续高效引领和支撑行业发展。主要任务：一是要针对共性基础问题、前瞻性问题进行联合行业共同研究；二是与企业、零部件商或将来的用户携手，共同从需求到转化，从技术到验证，协同推进智能网联汽车安全体系的建设。具体来讲，在工业和信息化部的指导下，结合行业发展方向，聚焦攻克智能网联汽车行驶环境融合感知、智能网联决策控制、复杂系统重构设计、

① 资料来源：中国智能网联汽车产业创新联盟官网（http://www.china-icv.cn/）。

智能网联安全和多模式测试评价四大关键共性技术，重点建设集研发设计平台、中试验证基地、公共测试平台、共性技术服务平台、成果转化基地于一体的创新中心，支撑行业和产业良性发展。

（2）建设模式与运行模式

创新中心依托国汽智联①建立，实际上可以将国汽智联与国家智能网联汽车创新中心同等看待。国汽智联的主管人员与创新中心基本一致，如国汽智联技术委员会主任同时是创新中心主任，国汽智联董事长同时是创新中心执行主任。目前，创新中心本身的组织架构尚不明朗。国家智能网联汽车创新中心主要采用“公司＋联盟”的运行模式。联盟为中国智能网联汽车产业创新联盟②，即联盟中的成员与国汽智联合作得更紧密频繁，最后形成产业协同创新的枢纽和生态系统。具体来说，该系统以国汽智联为核心；中国智能网联汽车产业创新联盟中的部分成员是与国汽智联共同开展项目及业务合作、共性技术研发的非股权投资主体单位，这些单位的研究部分作为国汽智联研发方向的补充，与国汽智联构成紧密的合作伙伴关系；国汽智联科技创新的成果应用转化辐射层主要是联盟成员单位，各联盟成员是成果受让主体。

① 国汽智联：由中国汽车工程学会、中国汽车工业协会及中国智能网联汽车产业创新联盟共同发起筹建，于 2018 年 3 月 19 日成立，注册地址为北京市经济技术开发区，注册资本 11 亿元。23 家股东单位均为整车、零部件、信息通信等领域的领军企业和科研机构。

② 中国汽车工程学会、中国汽车工业协会在工业和信息化部的指导支持下，于 2017 年 6 月 12 日组建成立“中国智能网联汽车产业创新联盟”。该联盟是由国内企业、高校、研究机构、行业组织等自愿组成的联合体，包括来自汽车、信息通信、交通等领域的理事单位 64 家，普通成员单位 429 家。联盟按照约定工作机制，在政策和战略研究、关键共性技术研发、标准法规、测试示范、产业化推广、学术交流与国际合作、人才培养等方面开展工作，已经成为国内推动智能网联汽车产业发展的重要平台。

（3）取得的初步成果

国汽智联已申请48项专利、15项软件著作权，主导或参与制定国家标准12项、国际标准3项，基本完成考核指标。开展中国智能网联汽车（ICV）系统架构规划与设计、中国ICV场景库、自动驾驶操作系统、高精动态地图基础平台等7个重点项目。2020年9月，创新中心发布《车路云一体化融合控制系统》白皮书，核心是提出设计智能网联汽车云控基础平台及其应用；10月，发布车辆安全漏洞预警与分析平台（CVVD），打造信息安全基础平台，开展智能网联安全和云控系统两项关键核心技术工作。

7.2 美国制造业创新中心政策分析

7.2.1 提出背景

从20世纪70年代开始，美国本土制造业发展受到比较大的冲击，2008年金融危机后，工业空心化问题更加突出。但是，美国的基础研究、科技创新在世界上的优势和影响力仍然很强，可见，美国并非因创新能力的萎缩而导致制造业的落后。美国总统科技顾问委员会（PCAST）认为，美国制造业发展受到影响的本质因素并非是工人高额的工资①，而主要是由于创新体系的“前端”（基础研究）和“后端”（商业化应用）之间的衔接出现了问题，也就是说，转化研究比较薄弱，基础研究方面的成果难以转化为新技术的商业化应用。

基于这样的背景，2009年，美国提出将重振制造业作为美国经济

① Revitalize American Manufacturing and Innovation Act of 2014[EB/OL].(2014-09-16) [2021-10-11]. https://www.manufacturingusa.com/pages/program-details.

长远发展的重大战略。同年 12 月，美国政府出台《重振美国制造业框架》，详细分析了重振制造业的理论基础及优势，提出 7 个方面的政策措施，成为美国发展制造业的战略指引。2010 年 8 月，美国国会通过了《美国制造业促进法案》，使其正式成为法律，旨在降低在美国生产的成本，刺激出口。2011 年 6 月，联邦政府设立“先进制造合作伙伴计划”（Advanced Manufacturing Partnership， AMP 计划），呼吁美国加强政产学研合作，以帮助美国重夺全球制造业领先地位。2012 年 3 月，奥巴马政府宣布联邦投资 10 亿美元打造国家制造业创新网络（National Network for Manufacturing Innovation，NNMI），以德国弗劳恩霍夫研究所为蓝本，主要由 15 个相互联系的制造业创新研究所（Institute for Manufacturing Innovation， IMI）构成。可见，上述是国家制造业创新网络（NNMI）政策提出前的相关战略考虑过程。

后续，美国完善了 NNMI 建设发展的支撑政策。2013 年 7 月，美国进一步提出 10 年内使制造业创新研究所的数量达 45 个；2014 年 12 月，美国国会通过《振兴美国制造和创新法案》（*The Revitalize American Manufacturing and Innovation Act*，简称《RAMI 法案》），正式确立了国家制造业创新网络计划的法律地位，也涉及绩效评估和战略规划，具体政策如表 7–3 所示。从美国出台相关政策过程来看，联邦政府逐步推进制造业创新研究所的设计与组建工作，如出台《先进制造合作伙伴计划》《振兴美国制造和创新法案》等，开展国家创新网络试点工作并逐步完善，2014 年正式将国家制造业创新网络确认为国家法定计划，通过立法加以督促落实。

表 7–3 美国国家制造业创新网络（NNMI）相关支持政策

提出时间	政策内容
2013 年 1 月	《国家制造业创新网络初步设计》——为国家制造业创新网络计划厘清建设思路
2013 年 7 月	进一步提出 10 年内使制造业创新研究所的数量达 45 个
2014 年 12 月	《振兴美国制造和创新法案》——正式确立了国家制造业创新网络计划的法律地位，成为 NNMI 正式设立的标志
2015 年 8 月	《创新研究所绩效指标指南：国家制造业创新网络》——初步构建创新研究所的评价框架和指标体系
2016 年 2 月	《国家制造业创新网络计划战略规划》——NNMI 项目的第一个战略规划

7.2.2 政策设计

（1）制造业创新网络计划层面

国家制造业创新网络计划（NNMI 计划）由商务部国家标准与技术研究院（NIST）主管，具体由商务部国家标准与技术研究院的美国先进制造业国家项目办公室（Advanced Manufacturing National Program Office，AMNPO）进行统一组织、管理、协调和评价考核。AMNPO 是一个由美国制造业相关的联邦机构参与的跨部门机构，参与机构包括美国商务部（DOC）、国防部（DOD）、能源部（DOE）、教育部（ED）、国家航空航天局（NASA）、国家科学基金会（NSF）等。主要职责包括：①监督制造业创新网络计划的实施进展；②制定并定期更新制造业创新网络计划的战略规划；③建设与制造业创新网络计划活动相关的公共信息交流中心；④担当美国制造业创新网络计划的召集人。

《NNMI 计划战略规划》[1] 提出了美国制造业创新网络计划的愿景、使命、宗旨和战略目标等内容。愿景：确保美国在先进制造领域的全球领导地位。使命：将人才、想法和技术等创新要素结合起来，解决先进制造领域面临的各种挑战，提高制造业竞争力，促进经济增长，保障国家安全。宗旨：①提供有助于先进制造业发展的创新环境；②促进国内大力发展变革性制造技术；③促进公共与私营部门共同投资，加大先进制造竞争前技术开发基础设施投入；④促进先进制造技术快速扩散和市场应用；⑤提供领导力和创造力的培养方案，以培养先进制造企业所需的创新型人才。战略目标：①提升美国制造业的竞争力；②促进新技术的规模化应用，培育更加经济、高效的本土制造能力；③加速满足先进制造需求的劳动力发展；④支持帮助创新研究所探索有利于机构稳定、可持续发展的商业模式。

评估。《RAMI 法案》和《国家制造业创新网络计划战略规划》提出，要定期对国家制造业创新网络计划的执行情况进行评估，并向有关部门报告。一是商务部每年要向国会提交国家制造业创新网络计划的年度报告；二是委托美国审计总署（GAO）等机构开展第三方评估并提供报告；三是每家接受政府资助的创新研究所要提交年度报告和接受 3 年一度的综合绩效评估[2]。

评估机制涉及法律保障和机构支撑两个层面。一是从法律层面提供该计划评估工作保障。美国政府问责局要对计划实施情况开展定期评估

① Executive Office of the President, National Science and Technology Council, Advanced Manufacturing National Program Office. National Network for Manufacturing Innovation Program Strategic Plan[R]. 2016.

② 张华胜 . 美国国家制造业创新网络建设及管理模式 [J]. 全球科技经济瞭望，2019，34（1）：15-25.

和最终评估工作。定期评估最少应两年一次向国会提交实施情况评估报告，应于2024年12月31日前提交总体成效最终评估报告。主要职责包括：①对项目管理、协调和行业效用的综合评价；②对计划在多大程度上实现了既定目标的专项评价；③审计长认为适宜的有利于改进该计划实施的立法和行政措施建议；④对审计长提出的全部计划实施改进建议是否得到执行和采纳的评估。二是从机构层面提供该计划评估工作支撑，先进制造业国家项目办公室设有绩效评估工作组，负责研究制造业创新网络计划和制造业创新研究所绩效评价问题，制定绩效评估原则和度量指标，已在《联邦公报》上发布《国家制造业创新网络研究中心绩效指标草案》征集公众意见的公告，并最终形成《研究中心绩效指标指南：国家制造业创新网络》，阐述研究中心绩效评估指标、评估方法、评估程序等。

（2）制造业创新研究所建设层面

主要任务。主要包括：①研究开发与应用，进行先进制造领域新技术的应用研究、发展和示范，降低新技术发展和推广的成本和风险；②教育，在各层面开展教育和培训工作；③供应链延伸，发展创新的手段方法，提高供应链的整合能力，扩大整个供应链的容量；④扶持中小企业参与，把霍林斯制造业扩展伙伴关系计划（MEP）并入NNMI方案规划，确保NNMI计划涵盖中小企业；⑤共享基础设施。①

选取方法。聚焦起步阶段及商业化之前的技术创新，即技术可以进行小批量生产但未能产业化规模生产。同时，以技术成熟度（TRL）为指标进行量化评价，成熟度在4 ~ 7的技术为重点对象。

① 王志玲，蓝洁，燕光谱．美国制造业创新中心建设对青岛的启示[J]. 全球科技经济瞭望，2016，31（8）：6–11.

资金支持。采用政府引导的多元渠道投资方式，国防部、能源部和商务部等部门提供联邦资助，州政府、企业、研究型大学、社区学院、非营利机构等提供配套资金。联邦资助和配套资金的具体比例一般小于1 ∶ 1，联邦政府的资助期为5 ～ 7年，出资总额一般在0.7亿～ 1.2亿美元，以逐年递减的形式投入。[①] 前3年，联邦政府资金主要用于购买设备、启动资金和项目资助；后续，联邦政府资助以部署竞争性项目为主。创新研究所在5 ～ 7年发展成熟后脱离联邦财政，后期自主筹措资金。

管理模式。创新研究所的日常管理一般交由一个独立的非营利组织，该非营利组织必须是美国本土机构，并能够整合“产学研政”各界资源；实行以董事会或其他管理委员会的形式独立运行的商业治理模式，董事会成员来自会员机构。[②] 创新研究所一般采用会员制，设金牌会员、银牌会员、铜牌会员等，不同层级的会员缴纳的会费不同，享受管理运营、项目决策、项目知识产权分享、设备使用等的权利也不同。[③]

创新研究所评价。根据《创新研究所绩效指标指南：国家制造业创新网络》和《国家制造业创新网络计划战略规划》评价框架和指标体系，创新研究所自行开展评价或委托第三方机构对创新研究所开展评价，由AMNPO汇总评价结果并对社会公布，频率为每年一次，其评价体系注重

① 石敏杰，任海峰，何颖 . 美国制造业创新中心建设与运营研究 [J]. 新材料产业，2017（11）：42–46.

② 国务院发展研究中心“激发创新主体的活力”课题组 . 美国制造业创新中心的运作模式与启示 [J]. 发展研究，2017（2）：4–7.

③ 同①。

结果导向。①

7.2.3 建设现状

目前，美国政府已经建成 15 家制造业创新研究所。从地域上看，各创新研究所多聚集于东部地区，尤其是东北部传统工业区；从领域上看：各创新研究所的研究领域聚焦于制造业前沿关键核心技术领域。具体如表 7–4 所示。这种地域布局与美国东北部传统制造业发展空心化现象日益严重密切相关，美国通过设立制造业创新研究所，借助已有产业基础实力，重新构筑产业竞争力优势，带动当地产业转型升级。

表 7–4 美国制造业创新研究所

序号	机构名称	技术领域	资助部门	总部地点	创建时间
1	美国制造创新研究中心（AM）	增材制造	国防部	俄亥俄州扬斯敦	2012 年 8 月
2	制造业时代数字化（MxD）（原名数字制造与设计技术创新研究中心）	数字制造和设计 / 制造中的网络安全	国防部	伊利诺伊州芝加哥	2014 年 2 月
3	未来轻质创新研究中心（LIFT）	轻量化金属制造	国防部	密歇根州底特律	2014 年 2 月
4	电力美国创新研究中心（PowerAmerica）	宽带隙半导体制造	能源部	北卡罗来纳州罗利	2015 年 1 月
5	先进复合材料制造创新研究中心（IACMI）	纤维增强聚合物复合材料	能源部	田纳西州诺克斯维尔	2015 年 6 月
6	集成光子制造创新研究所（AIM Photonics）	集成光子学制造	国防部	纽约州罗切斯特和奥尔巴尼	2015 年 7 月

① 郭英，宋亮，何颖 . 中美两大制造业创新载体评价体系对比研究 [J]. 机器人产业，2020（4）：12–15.

续表

序号	机构名称	技术领域	资助部门	总部地点	创建时间
7	柔性混合型电子制造业创新研究中心（NextFlex）	柔性电子器件和传感器制造	国防部	加利福尼亚州圣何塞	2015 年 8 月
8	美国先进功能纤维制造研究中心（AFFOA）	纤维材料与制造工艺	国防部	马萨诸塞州剑桥	2016 年 4 月
9	智能制造的清洁能源制造创新研究中心（CESMII）	智能制造	能源部	加利福尼亚州洛杉矶	2016 年 12 月
10	先进组织生物制造创新中心（BioFabUSA）	生物加工与制造	国防部	新罕布什尔州曼彻斯特	2017 年 2 月
11	先进机器人制造中心（ARM）	机器人制造	国防部	宾夕法尼亚州匹兹堡	2017 年 1 月
12	国家生物制药创新中心（NIIMBL）	生物医药制造	商务部	特拉华州纽瓦克	2017 年 3 月
13	过程强化部署快速推进中心（RAPID）	面向清洁生产的模块化分子化学流程能量集约化	能源部	纽约州纽约	2017 年 3 月
14	节能减排创新中心（REMADE）	可持续减排碳排放与清洁能源制造	能源部	纽约州罗切斯特	2017 年 5 月
15	生物工业制造与生态系统设计（BioMADE）	生物工业技术	国防部	明尼苏达州圣保罗	2020 年 10 月

资料来源：根据 Manufacturing USA 官网（https://www.manufacturingusa.com/institutes）及《制造业美国年度报告（2018 财年）》整理。

7.2.4 集成光子制造创新研究所案例

美国集成光子制造创新研究所①（American Institute for Manufacturing Integrated Photonics，AIM Photonics）于 2015 年 7 月由美国副总统拜登在纽约州罗切斯特宣布成立，以提高美国光电制造能力。其愿景是为政府、

① 资料来源：依据中心官网相关资料整理。

工业界和学术界建立技术、商业和教育的框架，加速光电子集成在商业和国防应用领域从创新走向成熟制造；AIM Photonics 已将其主要活动瞄准制造准备水平（MRL）4—7，并具有向 MRL 8—9 过渡的能力。其使命是探索先进光电集成制造技术；提供行业内最先进的制造、封装和测试能力；推动集成光子生态系统发展，建立适应的光电集成劳动力，以满足行业的需求并提升本土企业的竞争力，最终满足商业、国防及民用机构对这一迅速发展的技术的需求。

AIM Photonics 总部位于纽约州，关键技术由加州大学圣巴巴拉分校、麻省理工学院、罗切斯特大学、亚利桑那大学和罗切斯特理工学院等机构合作开发。AIM Photonics 由联邦政府和州政府分别出资 1.1 亿美元和 5 亿美元成立集成光学制造产业联合体，成员单位包括工业界主要的半导体公司和学术界的高校。该研究所由国防部主导，始创成员有 124 家企业，以及纽约州立大学研究基金会领导的非营利机构和大学。

AIM Photonics 注重研发成果的快速商业化，已开发出可替代传统电子交换机的高容量光子互联系统；建立硅光工艺平台；发展电子和光子设计自动化，多项目晶圆 / 组装，在线控制和评估、测试、组装等领域基础设施。此外，研究所由学术、工业和政府合作伙伴组成的团队入选 DARPA 的通用微型光学系统激光器（LUMOS）项目，获得 1900 万美元的研究项目资助，该项目旨在将高性能激光器引入先进的光子学平台，主要通过 3 个不同技术领域解决几项商业和国防应用问题。

7.2.5 相关评估

总体上，美国政府问责局（GAO）和先进制造业国家项目办公室（AMNPO）开展相关评估工作。例如，依照《复兴美国制造业和创新法案》，美国政府问责局（GAO）向国会递交了国家制造业创新网络计划（NNMI）的第一期评估报告（2017 年 4 月）和第二期评估报告（2019 年 5 月）。先进制造业国家项目办公室负责完成国家制造业创新网络计划的年度报告，商务部国家标准与技术研究院（NIST）公开发布，国防部也发布其负责资助的相关制造创新研究所的报告。这些不同层面和不同机构的系统评估相互印证支撑，受社会监督，多方位反映基本情况和现实问题，形成建议完善该计划发展。

从完善政策层面来讲，美国政府问责局（GAO）第一期评估报告认为①：一是通过调查分析表明，加入该研究所的成员可获得各种好处，如获得知识产权和网络机会。二是商务部、国防部和能源部共同制定了初步绩效指标，以跟踪法定目标的进展情况。据此次审查结果，商务部还计划与国防部和能源部合作，进行修订并形成一致的一套措施。商务部在评估该计划时可能面临挑战，如需要衡量评估结果的时间范围。三是商务部已使用各种机制来协调计划。但是，并不确保非赞助机构对该计划贡献的角色和责任。例如，美国劳工部（DOL）并未规定非赞助机构要承担提供相关信息或专业知识的责任，也并未积极参与帮助增加先进制造业熟练工人数量的自由裁量补助计划治理体系。建议：强调与所有相关联邦机构合作，充分确定非赞助机构如何为该计划承担责任和做出贡献。

美国政府问责局（GAO）第二期评估报告认为②，目前该计划运行情

① ADVANCED MANUFACTURING：Commerce Could Strengthen Collaboration with Other Agencies on Innovation Institutes[EB/OL]. [2021-10-11]. https://www.gao.gov/products/gao-17-320.

② ADVANCED MANUFACTURING：Innovation Institutes Have Demonstrated Initial Accomplishments，but Challenges Remain in Measuring Performance and Ensuring Sustainability[EB/OL]. [2021-10-11]. https://www.gao.gov/products/GAO-19-409.

况良好，并提出存在的主要问题与建议：一是认为计划的长期目标没有给出时间表，且没有可测量的短期目标。建议商务部应指示 NIST 主任与其他赞助联邦机构合作，制定实施统一的 NNMI 绩效目标，以及可测量的目标和时间框架。二是认为还未把 NNMI 绩效评估瞄准预设目标。建议商务部应指示 NIST 主任与其他赞助联邦机构合作，以确保评估绩效指标与绩效目标、制造业战略目标、NNMI 计划目标及《RAMI 法案》设定目标一致。三是认为还未分析和制定标准评估在没有联邦政府资助的情况下，创新研究所能否维持发展。建议商务部应指示 NIST 主任制定标准，以评估商业赞助机构在达成初始协议后是否能够在没有额外联邦财政援助的情况下维持其运营。如果需要额外的联邦财政援助来帮助研究所维持其运作，那么，商务部应该考虑立法建议修改 RAMI 法案的相关规定。此外，建议国防部应指示国防部制造业美国研究所主任制定标准，以评估国防部赞助的研究所在达成初始协议后是否能够在没有额外联邦财政援助的情况下维持其运营；建议能源部应指示能源部美国制造业研究所主任制定标准，以评估能源部赞助的研究所在达成初始协议后是否能够在没有额外联邦财政援助的情况下维持其运营。

7.3 中美案例解析

7.3.1 模式机制

政府组建制造业创新中心属于多螺旋合作创新模式，是将分散的各方力量有机结合成一个“资源共享，优势互补”的系统过程，通过内生动力和外生动力共同作用而实现合作创新。这种模式需要充分了解不同创新主体的实际情况、迫切需求、合作研究前景及市场信息等，积极调动企业、大学/研究机构、非营利性机构等主体参与，扩大参与主体范围，整合整个行业内最顶尖的资源力量，达成一致性发展目标，形成巨大合力，攻关影响力更大。实质上，制造业创新中心是企业主导的新型产学研合作机制的一种探索模式，主要围绕产业重大创新发展需求与问题，包括产业关键共性技术研究开发，组织企业主导的联合创新攻关模式，体现市场导向的创新互动。

更重要的是，这个系统过程强化各自供给能力和能力建设，能力匹配的主体间可以形成互相推动的良性发展循环机制。各主体创新能力不相上下，能够相互匹配，可以提供各自的资源和能力。大学有能力提供所需领域上游创新活动，如应用基础研究、技术原理与机制阐述等；科研机构有能力提供所需领域实验型创新活动，如关键共性技术原型设计开发等；企业有能力提供所需领域下游创新活动，如技术试验开发、成果转化应用及规模化应用。政府有识别能力和统筹协调能力，考察和组织具有优势的企业和相应优势学科、具有研究能力的大学/科研院所形成合作创新联盟，也就是说，政府制定政策不仅是简单的经费投入，还更重视强化从整体上对关键共性技术的研发、扩散和应用进行规划和主导，以集中资源、突出共性、突破重点。主体间协同有机发展，产生协同效应，不同创新主体都可以得到发展、能力获得提升。大学可以增加知识价值创造，科研机构可以提高研究能力，企业可以创造更高端价值、获取更大利润，政府识别与组织能力得以强化，不同主体最终形成合力，创造出重大科技创新成果，完成总体的攻关预期目标。

7.3.2 中国评析

主要从政策设计和创新载体两个层面进行评析。

政策设计层面：①创建机构的主管部门相对单一。在国家制造强国建设领导小组的领导下，工业和信息化部牵头实施创新中心建设工程，负责组织创新中心试点和创建工作。主管部门并没有其他政府部门参与。②与其他部门主管的合作创新平台之间的衔接考虑欠缺。较少从国家层面出发考虑总体目标设置，中央和地方建设的布局统筹考虑不足，同时，暴露了目前相关的不同平台主管部门之间相对割裂，反映了跨部门间统筹系统部署合作创新平台也有待加强。例如，国家布局的重点领域中仍然有先进陶瓷材料、存储器、先进操作系统等 3 个领域未建设国家和省级制造业创新中心。智能网联汽车制造领域已经有国汽智联、中国智能网联汽车产业创新联盟，这些平台之间关系是什么，从主管部门层面将其梳理清楚也很有必要。③没有涉及整体评估。在评估方面，其他部门与机构的参与并没有考虑，如审计署评估与建议，需要从国家层面进行系统化多方评估。同时，创新中心汇总评估情况与建议也有待提出，以及国家先进制造发展相关战略目标的总体绩效评估等。

创新载体层面：①中心遴选机制不清晰。紧紧围绕《中国制造2025》确定的新一代信息技术、高档数控机床和机器人、航空航天装备、海洋工程装备及高技术船舶、先进轨道交通装备、节能与新能源汽车、电力装备、农机装备、新材料、生物医药及高性能医疗器械等十大重点领域建设创新中心，但具体聚焦什么阶段的创新活动并没有明确，前期重大技术创新领域遴选机制并没有涉及。②资金供给思路不清晰。政府定位与资金投入机制不清晰，如投入资金总量、结构情况，以及其他参与单位机构配套资金比例不清晰。③发展定位多元化。不仅要成为制造业创新生态系统核心载体，攻关关键核心技术，也要做公共服务，提出整体服务解决方案。④项目运作模式不清晰。仅建立了决策机构、技术专家咨询委员会机构，具体项目运作机制并不清晰，如研究开发计划制订、资金筹集、招标方式、技术开发转化资源提供等。⑤评估比较单一化。没有考虑分阶段评估，没有提及评估理论与方法、评估周期、评估原则、评估程序、评估方式、评估结果与建议。

7.3.3 美国评析

总体来看，制造业创新研究所的组建与发展总体上呈现“系统性、生态性、一体化、网络化、平台化”等特征。一是系统性，如研究所的设计、布局、评估等整体思路清晰，体系化建设运行；二是生态性，强调该领域不同创新主体参与其中，注重生态体系构建；三是一体化，强化整个创新链从研究到应用集成的一体化发展；四是网络化，强化研究所之间与研究所内部的资源整合；五是平台化，提供不同条件支持包括标准制定等工作。下面具体分析几点。

发展目标与定位清晰。美国结合地区传统优势产业发展建设布局制造业创新研究所，研究所针对某一具体细分产业领域，研发符合当前产业发展需求且具备良好发展前景的关键制造工艺或制造技术。研究所整合整个行业内最优秀的科技创新资源，拓展传统的优势大型企业和科研机构小范围合作局面。其定位不仅解决单个关键技术问题，未来可能提供系统解决方案。创新研究所关注领域相互联系，如数字化制造和设计创新中心与先进机器人制造创新中心、美国制造与先进组织生物制造创新中心的研究领域相互联系、相互支撑。

组织模式与管理模式。创新研究所初期由联邦政府主导，后期实现自主发展。联邦政府在研究所建设初期承担主导作用，投入启动资金，后续投入资金不断减少，其他主体逐步加入并提供相应的匹配资金，这样可以降低其他主体在研究所建设初期投入成本过高的风险。研究所采取董事会治理模式，运营主体独立经营，结合不同制造领域，运营主体多元化。

政府与产业界互动确定支持领域。创新研究所关注的领域既考虑国家未来发展的战略必争领域，又兼顾制约产业高端发展的关键技术领域。例如，美国国防部和能源部一般是预先定好领域并征集提案，以布局资助该领域项目；商务部通过开放式竞标选定主题，以资助该领域项目。

经过多年组建运行，美国制造业创新研究所取得的成果得到多方认可。例如，美国国家科学技术委员会 2016 年向美国政府提交的《国家制造创新网络计划年度报告》[①] 中指出，制造业创新研究所能够为实现政府、企业和学界的合作共赢提供良好的协作平台，将成为美国制造工艺技术升级的核心原动力。美国信息技术与创新基金会 2021 年发表《确保美国先进技术领先地位的下一步行动》[②]，建议扩大美国制造业研究所计划，为其可持续发展提供基础。

7.4 本章小结

中国和美国的制造业创新中心构建是基于三螺旋理论框架指导，试图根据市场需求集合政府、企业、大学、科研机构和社会组织等多方力量，构建开放的创新和合作平台，进行关键技术攻关，成为国家制造技术创

① Executive Office of the President National Science, Technology Council Advanced Manufacturing National Program Office. National network for manufacturing innovation program annual report[R]. 2016.

② Information Technology and Innovation Foundation. Next Steps for Ensuring America' s Advanced Technology Preeminence[R]. 2021.

新体系的重要组成部分。理论基础由三螺旋模式向多螺旋模式扩展，整合包括政府、学界、科研机构、企业和其他社会组织等多方资源利益主体，构建一个开放的协同创新和合作平台。中美制造业创新中心政策体系设计有所差异，各有侧重，从整体布局、领域选取、组织模式、运行机制、评估方式等方面都有所体现。

8　国际政策趋势与我国政策不足

8.1　新型产学研合作创新政策发展趋势

综合前文有关中国、美国、英国、德国、日本等世界主要国家的分析，发现新型产学研合作创新政策呈现五大趋势，具体如下。

一是越来越强化政府统筹协调职能和重视国家目标导向。由于新型产学研合作创新涉及范围广而深，不同部门、不同领域跨界融合、共同创新的趋势凸显，深化了产学研合作的发展空间。政府在新型产学研合作创新中不仅提供资源，而且已广泛、深入地参与到产学研合作中，并强化其统筹、组织、监管、协调、指导等职能，尤其在推进实施国家科技战略、国家相关计划、国家科技创新平台等方面，加强与科技界、企业界的协作。进一步讲，政府支持产学研合作项目，尤其是重大科技项目，主要集中于扶持那些能提高国家竞争力和实力的关键技术和产业共性技术，深入参与产学研合作创新，政策目标体现国家战略意图，满足国家需求，目标层次升级，更加重视实现重大创新联合攻关。

此外，国家层面越来越关注前沿技术或颠覆性技术创新支持，由于这类技术创新的前瞻性、突破性更强，主要通过设立特殊机构和特殊资助方式给予支持，通过遴选项目经理人，将领域内产学研优秀资源调动起来共同完成。例如，早期美国国防高级研究计划局（DARPA）经过探索积累经验，形成针对这类技术创新的资助政策与模式，产生比较大的影响。后来，美国其他部门和领域也引入类似机制，成立国土安全高级研究计划局（HSARPA）、情报高级研究计划局（IARPA）、能源高级研究计划局(ARPA-E),拜登政府计划建设卫生高级研究计划局(ARPA-H)、气候高级研究计划局（ARPA-C）。其他国家也开始行动，德国2019年成立联邦颠覆性创新机构（SPRIN-D），英国2021年创建高级研究与发明局（ARIA）等。

二是越来越突出国家战略层面整体性、连续性部署。美国、德国、日本等国家从战略布局层面，非常重视持续推进产学研合作创新发展，不同时期战略部署与发展方向有所侧重，以制定符合各自国家发展现实与特点的部署方略，解决各自国家的实际问题，并进行前瞻性、整体性布局。例如，美国政府先后发布3个版本的《美国创新战略》，又发布《关键技术和新兴技术国家战略》，以及制定《美国创新和竞争力法案》；德国政府连续4次出台高技术战略；日本政府持续发布6期的科学技术基本计划，第六期更名为《科学技术与创新基本计划》。这些战略与计划均体现了一种基本导向，且这个基本导向被不断调整优化。

具体以德国为例，德国2006年、2010年、2014年、2018年分别出台“高技术战略”“高技术战略2020”“新高技术战略”“高技术战略2025”，这4期战略都注重建立产学研战略合作伙伴关系，支持科学与产业深入合作，整合科学界和经济界的创新力量，促进科学与经济、科研成果与产品的紧密结合。例如，第一期高技术战略明确能源、环境、交通、信息与通信技术等17个技术领域，德国联邦政府第一次制定全面的集群战略，作为开展这些技术领域创新的关键性配套措施；“高技术战略2025”确立拓展科研机构与企业及社会的合作形式为德国未来研究与创新资助的12项使命之一；联邦政府通过集群、合作网络、研究园区、能力中心、创新实验室等多种结构性资助措施，进一步加强产学研主体在创新中的相互作用，为研究成果快速转变为创新产品和商业理念铺平道路。

三是越来越支持设置前沿重点领域相关计划及考虑其迭代发展。美国政府1990年实施先进技术计划（ATP），旨在加强政府与产业合作，推动有前景、有潜力的新技术研发，加速大学或国家及企业实验室科技成果转化；2007年技术创新计划（TIP）取代先进技术计划（ATP），更加强调高风险、高收益研究，解决国家关键需求领域的挑战。在机器人领域，美国2011年的国家机器人计划（NRI）在2017年发展为国家机器人计划2.0：无所不在的协作机器人（NRI–2.0），2021年发展为国家机器人计划3.0：机器人集成创新（NRI–3.0），机器人计划连续性升级，为该领域持续发展提供有力保障。在半导体领域，美国20世纪80年代为重新夺回半导体产业世界领导地位，成立半导体制造技术科研联合体（SEMATECH，1987），以政企学联合方式促进半导体产业发展；后续又相继实施“焦点中心研究计划”（FCRP，1997）、“半导体先进技术研发网络”（STARnet，2013）、“联合性大学微电子计划”（JUMP，2018），以支撑美国半导体保持世界领先发展的迫切需求。日本政府先后启动大型工业技术计划、革新的研究开发推进项目（ImPACT）和开辟新领域的战略创新推进计划（SIP），开展产业关键技术攻关和颠覆性创新，有效促进日本经济社会发展。

四是越来越强化构建合作网络平台和创新生态系统。新型产学研合作创新政策更加关注把技术供应方和技术需求方联系在一起，通过平台或计划等方式构建网络化产学研合作系统，促进关键技术的遴选、开发与应用，推进技术跨越从科研到生产的“死亡之谷”。产学研合作系统不限于产学研主体间的相互合作，还有政府、金融机构、中介组织等机构甚至用户的广泛参与。该系统中各主体相互合作、联合开发，共享信息、共用设备设施，覆盖整个创新链条，集成创新，优化合作伙伴、提高合作水平，加快重大科技创新成果产出与应用。

目前，主要国家财政资金倾斜支持公共技术研发平台、产学研基础设施、创新服务机构等建设，促进企业与大学、研究机构间建立制度化的公私合作机制，增强企业、大学与研究机构、政府等各主体的创新能力。例如，美国建设制造业创新研究所，能够整合产学研政各界资源，以解决创新体系的“前端”（基础研究）和“后端”（商业化应用）之间的衔接问题，形成一个良好的联合开发与共享的创新生态平台；各研究所之间也有联系，形成一个大网络平台，强化研究所之间与研究所内部的创新生态系统。英国建设弹射中心，集中科研界和产业界的科技资源，进行产业共性、关键或前瞻性技术研发，能够贴近市场需求，弥合创新企业和研究界之间的鸿沟，提供研发基础设施、专业知识和专长，建立伙伴关系和协作能力，以及业务支持；各中心之间也进行有效连接，中心节点组成弹射中心网络，共同实现重大技术创新。

五是越来越重视相关法律法规与政策环境系统支持。战略、规划与政策成体系，在国家宏观战略与规划指明方向下，相关政策配套支持跟上，真正发挥政策力量。国家层面制定相关法律法规、战略和政策，避免政策碎片化，要体现政策的体系化、整体化、协同化。例如，考虑不同部门之间的协同，从财政投入、税收优惠、人才供给、平台支撑、市场环境、成果转化、知识产权保护等方面体系化设计相关配套政策，政策措施系统性落到实处、落到细处，各部门政策协同激励。通常提到的举国体制发挥作用其实是一整套政策体系组合支持，包括地方的支持。同时，创造有利于推动产学研各方合作发展的法律环境，大力调动政府、学校、产业和企业的积极性，有利于合作。例如，美国国家合作研究相关的法案实施，日本研究开发力强化与特定尖端大型研究设施共同利用的法律实施等。

8.2 我国新型产学研合作创新政策分析

目前，中国的产学研合作创新政策体系已经比较丰富和完善，极大地推动了产学研合作创新，在关键核心技术攻关和科技成果转化方面产生了一定的效果。中国的新型产学研合作创新政策设计，从国家战略与规划层面的重视与指导，到设置重大科技计划与相关计划促进不同主体参与，以及组建国家级科技创新平台促进技术联合攻关，也从法律层面完善法律法规制度环境，整体上鼓励和支持产学研合作创新，形成多样化灵活性发展合作模式。2019 年，中国产学研合作促进会指导支持产学研界构建 25 个产学研协同创新战略联盟，并吸收这些联盟为中国产学研合作促进会团体会员；认定中国产学研合作创新示范试点单位 23 家，中国产学研合作创新示范企业 83 家。2019 年，中国产学研合作创新与促进奖[①]达到 874 项，激励和推动了“产学研、政金介、商媒用”各方深度融合和有效对接，促进了产学研合作创新成果转移转化。

但是，从前文梳理的政策中可以发现，从整个系统和衔接视角看，

① “中国产学研合作创新与促进奖”是经国家科技奖励工作办公室批准设立，是在构建以企业为主体、市场为导向、产学研深度融合的技术创新体系中，面向产学研界设立的协同创新最高荣誉奖，旨在表彰在推进政产学研用一体化中做出突出贡献的先进单位及个人。该奖由中国产学研合作创新与促进奖奖励委员会及各奖项专家组评审。

我国支持新型产学研合作创新的政策体系还存在一些不足，主要表现在以下方面。

一是政策体系中针对合作研究的法律制度薄弱。我国已经建立涵盖法律法规的多层次政策内容体系，涉及教育、科技与经济等多个领域，但是，目前促进产学研合作创新的政策大多数以国务院及各部委发布部门规章的形式提出，分散在不同的法律、行政法规及部门规章中，还没有制定产学研合作创新方面的专项法律，没有形成具有普遍指导意义的法律制度。美国联邦政府从1984年出台的《国家合作研究法案》，到1993年出台的《国家合作研究与生产法》，再到2004年出台的《合作研究与技术提升法》，所涉及的优惠政策大大激励了产业界和大学参与联合研发生产项目，有力推动大学、公共部门和私营部门之间的合作研究，促进美国研究合作伙伴关系的形成与发展，释放巨大合作潜力，值得关注与思考。

与发达国家相比，我国需要进一步完善政策发展空间。例如，在产学研合作的企业捐赠制度方面，日本政府为了进一步推动日本高等教育的“产学合作”，积极提倡和鼓励民间企业、社会团体和个人向高等院校捐赠款项，以此来改善高等院校的办学条件，提高其教学和科研水平。1987年，日本文部省发布法令规定：捐赠者首先将其捐款交给国家，国家再将其交付给接受捐赠的高等院校。随着经济发展和社会进步，我国企业或个人经济财富积累越来越多，出现一些社会资本捐赠高校、投资教育回馈社会等现象，但是，我国社会资本资助普遍性不足，程度较弱，需要探索相关的捐赠制度来促进大学等相关机构的创新发展与人才培养。

二是部门之间政策协调与衔接薄弱。涉及新型产学研合作创新的法律与政策内容繁杂重叠、相互重复，甚至存在矛盾，梳理现有的法律与政策，以解决相互重叠、协调性差、矛盾与冲突，乃至违法性问题很有必要。以《促进科技成果转化法》与《专利法》之间的衔接为例，新修订的《促进科技成果转化法》中没有提到“专利”两字，并且在某些具体内容上与《专利法》及其他相关的规定不同。例如，①明订职务发明奖酬的法定比例。转让、许可为净收入的 50%（《专利法实施细则》第 76 条则为许可他人实施使用费的 10%），作价投资为股份或者出资比例的 50%（《专利法》无明确规定），自行实施或合作实施为成功投产后连续 3 ~ 5 年营业利润的 5%（《专利法实施细则》第 75 条则为实施发明或者实用新型专利的营业利润 2%、外观设计 0.2%）；②职务发明奖酬获得者。依据《促进科技成果转化法》，可以获得职务发明奖酬的，不但是对“完成”该项科技成果做出重要贡献的人员，还包括了对“转化”该项科技成果做出重要贡献的人，而所谓的“转化”是指对既有科技成果所进行的“后续试验、开发、应用、推广”活动，这与《专利法》第 16 条规定仅有职务发明人或设计人才能获得奖励和报酬也有所不同。[①]

此外，国家科技创新平台政策之间的衔接也有待加强。当前的国家产业创新中心、国家制造业创新中心、国家技术创新中心这类重要科技创新平台，分属国家发展改革委、工业和信息化部、科技部等不同部门批复与管理，职能主要是围绕国家战略需求及产业创新发展需要，开展关键核心技术研发与应用研究。可以看出，建设这类平台缺乏国家层面整体上的制度设计，功能定位区分度不大，各类平台之间相互支撑不够，存在大量交叉重复建设问题，国家资源配置比较分散，不利于聚焦国家急需的关键核心技术攻关研究，也会降低资源配置效率。以美国国家制

① 孙远钊 . 论科技成果转化与产学研合作：美国《拜杜法》35 周年的回顾与展望 [J]. 科技与法律，2015（5）：1008–1037.

造业创新中心建设为例，其在政策设计过程上从酝酿上升到法案实施大概经历了5年左右，不仅是单独考虑中心建设，还要从美国国家制造业高端价值创造发展需求出发，既考虑中心建设整个网络情况，与其他不同战略计划之间的衔接、迭代效应等，以法律形式来督促落实，又兼顾考虑后续中心建设的总体设计、领域遴选与协同、区位条件等，以及中心建设的一整套建设规划、系统性评估、经费投入与方式、相关支持政策、政策实施期限等。

三是政策体系发展迭代效应薄弱。政策制定与完善更倾向考虑横向扩展政策功能，长期积累下来大而全，覆盖内容越来越多，重点目标和功能受到影响，政策发展的迭代性优势没有发挥出来。例如，国家科技重大专项和国家重点研发计划的发展目标和功能定位比较类似，计划部署横向铺开发展，从基础研究、研究开发到商业化、产业化等整个创新链条部署项目任务，进行关键核心技术攻关，比较而言，区别主要体现在资助金额方面。而国外多数计划组织实施体现出迭代性优势。例如，美国先进技术项目（ATP）由《综合商业与竞争法》（1988年）授权设立，目的是培育联邦政府、产业界和学术界间的合作，以项目形式直接资助，面向市场需求，利用和整合各种资源，降低风险和成本，共同开发具有巨大经济潜力和商业化能力的竞争前技术和产业关键共性技术。之后，技术创新项目（TIP）代替先进技术项目，2007年由《美国竞争力法案》设立，旨在强化大学与产业界之间高风险、高回报的技术研究，支持和加速美国国家急需领域技术创新。

进一步讲，我国政策设计的时间期限考虑不到位，如设立计划和组建平台等支持模式常常缺乏政策期限设置。由于公共资源的稀缺性，设计政策时除了要考虑政策支持的范围、方式、力度等内容外，更重要的是要考虑时间效应，政策支持有选择性同时代表着不公平，如果没有时间限制而持续支持，从长远看会造成发展的不平衡和矛盾，也无法发挥政策的迭代效应优势，相关领域的择优连续性支持也会受到影响。

四是支持企业尤其是民营企业参与合作创新的力度薄弱。目前，政策中比较突出国有企业的地位。例如，2018年科技部、国资委《关于进一步推进中央企业创新发展的意见》中强调：强化中央企业在国家创新体系中的重要作用；在集中度较高、中央企业具有明显优势的产业领域，将中央企业的重大创新需求纳入相关科技计划项目指南，支持中央企业牵头承担国家科技重大专项、重点研发计划重点专项和“科技创新2030—重大项目”；支持中央企业参与编制国家科技创新规划和相关技术领域发展专项实施方案，在科技专家数据库中增加中央企业技术专家数量和比重，更多吸收来自中央企业的专家参与国家科技计划项目评审和验收。

从企业自身来讲，我国企业总体上技术创新能力不足，大部分关键领域的创新引领型企业少之又少，在合作创新中企业的作用与能力普遍不明显，一些国家科技计划项目的遴选、立项、经费、评审过程仍然主要限于政府、高校和科研界，与产业发展、企业需求联系仍然不紧密，对市场需求了解不够。2016年，国家重点研发计划50个已启动重点专项的评审专家中，30.6%的专家来自事业型研究单位、50.3%的专家来自大专院校、14.1%的专家来自企业、5.0%的专家来自医疗机构等其他单位。企业参与程度仍然比较低，计划中设置企业参与条件比较流于形式，企业合作动力仍然没有发挥。例如，日本实施大型工业技术计划，主要是由多家企业组成的技术研究组合负责实施，与大学/科研机构合作开发，充分发挥企业的引领发展与需求提出能力。